Kohlhammer

Die Autorin

Dr. med. Helga Simchen war zunächst Oberärztin der Kinderklinik und dann wissenschaftlich sowie klinisch in der Kinder- und Jugendpsychiatrie und Neurologie der Medizinischen Akademie Magdeburg tätig. Dort arbeitete sie in enger Kooperation mit dem Institut für Neurobiologie und Hirnforschung auf dem Gebiet der Aufmerksamkeits-, Lern- und Leistungs- sowie Verhaltensstörungen bei Kindern und Jugendlichen. In der ehemaligen DDR galt sie als Spezialistin für die Problematik der hyperaktiven Kinder. Schwerpunkte waren dabei die Früherfassung von Teilleistungsstörungen (z. B. Legasthenie), der Komorbiditäten des Hyperkinetischen Syndroms (HKS) sowie der Tic- und Tourette-Symptomatik. Im Vorstand der Gesellschaft für Rehabilitation war sie über viele Jahre als Arbeitsgruppenleiter tätig. Sie hielt Vorlesungen über Kinder- und Jugendpsychiatrie und Entwicklungsneurologie und hatte einen Lehrauftrag am Institut für Rehabilitationspädagogik. Ihr Arbeitsschwerpunkt waren die neurobiologischen und psychosozialen Ursachen der Aggressivität bei Kindern und Jugendlichen.

Dr. med. Helga Simchen hat eine abgeschlossene Ausbildung als Fachärztin für Kinderheilkunde, Kinder- und Jugendpsychiatrie und Neurologie, Verhaltenstherapie und tiefenpsychologische Psychotherapie, Hypnose und Systemische Familientherapie. Der breite Fundus ihres Wissens und die täglichen Erfahrungen aus ihrer Spezialpraxis für AD(H)S und Teilleistungsstörungen in Mainz verleihen ihr eine besondere Befähigung, sich mit dem zukunftsweisenden Thema der Begleiterscheinungen und Folgeerkrankungen des AD(H)S zu beschäftigen. Dabei behandelt sie nicht nur die betroffenen Kinder und Jugendlichen, sondern ebenso die mit dem AD(H)S verknüpfte Problematik der Familie und des sozialen Umfeldes in deren Psychodynamik.

Helga Simchen

Die vielen Gesichter des AD(H)S

Begleit- und Folgeerkrankungen
richtig erkennen und behandeln

7., aktualisierte Auflage

Verlag W. Kohlhammer

Dieses Werk einschließlich aller seiner Teile ist urheberrechtlich geschützt. Jede Verwendung außerhalb der engen Grenzen des Urheberrechts ist ohne Zustimmung des Verlags unzulässig und strafbar. Das gilt insbesondere für Vervielfältigungen, Übersetzungen und für die Einspeicherung und Verarbeitung in elektronischen Systemen.

Pharmakologische Daten verändern sich ständig. Verlag und Autoren tragen dafür Sorge, dass alle gemachten Angaben dem derzeitigen Wissensstand entsprechen. Eine Haftung hierfür kann jedoch nicht übernommen werden. Es empfiehlt sich, die Angaben anhand des Beipackzettels und der entsprechenden Fachinformationen zu überprüfen. Aufgrund der Auswahl häufig angewendeter Arzneimittel besteht kein Anspruch auf Vollständigkeit.

Die Wiedergabe von Warenbezeichnungen, Handelsnamen und sonstigen Kennzeichen berechtigt nicht zu der Annahme, dass diese frei benutzt werden dürfen. Vielmehr kann es sich auch dann um eingetragene Warenzeichen oder sonstige geschützte Kennzeichen handeln, wenn sie nicht eigens als solche gekennzeichnet sind.

Es konnten nicht alle Rechtsinhaber von Abbildungen ermittelt werden. Sollte dem Verlag gegenüber der Nachweis der Rechtsinhaberschaft geführt werden, wird das branchenübliche Honorar nachträglich gezahlt.

Dieses Werk enthält Hinweise/Links zu externen Websites Dritter, auf deren Inhalt der Verlag keinen Einfluss hat und die der Haftung der jeweiligen Seitenanbieter oder -betreiber unterliegen. Zum Zeitpunkt der Verlinkung wurden die externen Websites auf mögliche Rechtsverstöße überprüft und dabei keine Rechtsverletzung festgestellt. Ohne konkrete Hinweise auf eine solche Rechtsverletzung ist eine permanente inhaltliche Kontrolle der verlinkten Seiten nicht zumutbar. Sollten jedoch Rechtsverletzungen bekannt werden, werden die betroffenen externen Links soweit möglich unverzüglich entfernt.

Umschlagsbild: Login – stock.adobe.com

7., aktualisierte Auflage 2025

Alle Rechte vorbehalten
© W. Kohlhammer GmbH, Stuttgart
Gesamtherstellung: W. Kohlhammer GmbH, Heßbrühlstr. 69, 70565 Stuttgart
produktsicherheit@kohlhammer.de

Print:
ISBN 978-3-17-045786-7

E-Book-Formate:
pdf: ISBN 978-3-17-045787-4
epub: ISBN 978-3-17-045788-1

Inhalt

Vorwort 7

1 AD(H)S hat viele Gesichter **9**
   1.1   Viele fragen: »Woran erkenne ich ein AD(H)S vom Unaufmerksamen Typ?« 9
   1.2   Auch das ist AD(H)S – Berichte über Kinder, Jugendliche und Erwachsene mit AD(H)S 29
   1.3   Die positiven Seiten des AD(H)S 55

2 Wenn Üben allein nicht ausreicht **58**
   2.1   AD(H)S und Störungen in der Informationsverarbeitung ... 58
   2.2   Die Bedeutung von Motorik und Bewegung 64
   2.3   Blicksteuerungsschwäche und gestörtes dynamisches beidäugiges Sehen 70

3 Häufige Begleiterkrankungen des AD(H)S **74**
   3.1   Das Asperger-Syndrom 75
   3.2   Lern- und Teilleistungsstörungen 77
   3.3   Der soziale Reiferückstand 96
   3.4   Fehlentwicklungen rechtzeitig erkennen 104
   3.5   Aggressives Verhalten muss nicht sein 107
   3.6   Die häufigsten psychosomatischen Beschwerden 116
   3.7   Drohende seelische Behinderung bei Kindern und Jugendlichen 127

4 Folgeerkrankungen des AD(H)S **129**
   4.1   Die Angststörung 129
   4.2   Zwangstörungen bei AD(H)S 133
   4.3   Depressionen 136
   4.4   Tics und Tourette-Syndrom 138
   4.5   Anfallsleiden 139

5 »Liebe allein genügt nicht!« **141**
   5.1   Kinder und Jugendliche mit AD(H)S brauchen mehr als Zuneigung 141
   5.2   Auf die richtige Erziehung kommt es an 151

	5.3	Wie Geschwister eine erfolgreiche Behandlung verhindern können	156
6		**»Fahren mit angezogener Handbremse«**	**158**
	6.1	Ein Leben zwischen Nichtwollen und Nichtkönnen	158
	6.2	Träume und Fantasien – eine Flucht aus der Wirklichkeit ...	160
	6.3	Die erlernte Hilflosigkeit	161
	6.4	Frustabbau durch Aggressionen und Zwänge	163
	6.5	Essstörungen als Komorbidität bei Jugendlichen und Erwachsenen mit AD(H)S	167
	6.6	AD(H)S und Allergien	172
7		**»Niemand versteht mich!«**	**174**
	7.1	Impulssteuerungsschwäche	174
	7.2	Borderline-Persönlichkeitsstörung	179
	7.3	Sucht	184
	7.4	Depressionen oder depressive Reaktionen?	190
8		**Die Bedeutung der Frühdiagnostik und Frühbehandlung**	**194**
	8.1	»Nichts gelingt mir!« – Auf das Selbstbewusstsein kommt es an	194
	8.2	Die Bedeutung des sozialen Umfeldes und der Schule	198
	8.3	Die Notwendigkeit der Behandlung	213
9		**AD(H)S erfolgreich behandeln – Erfahrungen aus der Praxis**	**220**
	9.1	Eltern im Dschungel gegensätzlicher Meinungen	220
	9.2	Goldstandard der AD(H)S-Behandlung	227
10		**Mit AD(H)S sein Leben gut meistern**	**239**
		Empfohlene Ratgeber und Fachliteratur	**244**
		Hilfreiche Webseiten	**247**
		Erwähnte Testverfahren	**248**
		Sachwortverzeichnis	**249**

Vorwort

AD(H)S verstehen heißt, seine Dimensionen zu begreifen.
AD(H)S erkennen bedeutet, sein Labyrinth zu durchschreiten.
AD(H)S behandeln heißt, Mensch und Umwelt als Einheit zu sehen.

Das Aufmerksamkeitsdefizitsyndrom (AD(H)S) wird nicht nur wegen seiner Akutsymptomatik behandelt, sondern – und das vor allem – um seine Spätfolgen zu vermeiden. Der Ausgangspunkt dafür ist meist eine seelische Krise, die mit einem schlechten Selbstwertgefühl einhergeht.

Es gibt eine Fülle von AD(H)S-assoziierten Begleit- und Folgekrankheiten. Obgleich eine diesbezügliche wissenschaftliche Forschung erst noch am Anfang steht, geben die Erfahrungen aus der psychotherapeutischen und psychiatrischen Praxis mit Jugendlichen und Erwachsenen dafür eindeutige Hinweise. Diese Begleit- und Folgeerscheinungen sollten durch eine frühzeitige Diagnostik und Behandlung des AD(H)S möglichst vermieden bzw. rechtzeitig behandelt werden.

Noch immer warten jedoch zu viele AD(H)S-Betroffene und ihre Angehörigen mit dem Besuch bei einem Facharzt zu lange ab und ebenso zögern leider noch immer zu viele Ärzte und Therapeuten eine Stimulanziengabe so lange hinaus, bis ihre Patienten unter einer schwerwiegenden seelischen und/oder körperlichen Beeinträchtigung leiden. Auf diese Weise vergeht viel Zeit, in der Kinder und Jugendliche wichtige Entwicklungsphasen für sich hätten besser nutzen können. Stattdessen haben sie nun mit Defiziten zu kämpfen, die sie noch zusätzlich belasten.

Die wichtigsten Begleiterscheinungen und Folgeerkrankungen des AD(H)S sind:

- Ein oppositionelles Verhalten, das in 40–60% der Fälle als ein aufsässiges Benehmen infolge eines unbehandelten oder nicht optimal behandelten AD(H)S auftritt
- Eine Lese-Rechtschreib- Schwäche (Legasthenie) und eine Rechenschwäche (Dyskalkulie), die sich bei etwa 50% aller Kinder mit AD(H)S nachweisen lassen
- Entwicklungsstörungen der Sprache, die sich häufig als ein Leitsymptom für ein beginnendes AD(H)S manifestieren
- Beeinträchtigungen der Fein-, Grob- und Visuomotorik
- Auditive Wahrnehmungsstörungen, die bei zwei Dritteln aller AD(H)S-Kinder vorkommen
- Ticstörungen, insbesondere bei hyperaktiven Kindern

- Depressionen, Angst- und Zwangsstörungen, unter denen oft Erwachsene und Jugendliche mit AD(H)S leiden
- Zu viel Stress, innere Verunsicherung bei negativ geprägtem Selbstwertgefühl können die Entwicklung einer Essstörung begünstigen
- Eine besondere Art von Epilepsie
- Einnässen und Einkoten, die – besonders wenn sie tagsüber auftreten – als mögliche Hinweise auf ein AD(H)S mit Beeinträchtigung der körperlichen und seelischen Entwicklung ernst genommen werden sollten
- Eine Tabak- und Alkoholabhängigkeit, vor allem bei Erwachsenen, die nicht selten den gelegentlichen bzw. regelmäßigen Konsum weiterer »leichter« Drogen wie Haschisch mit einbezieht und rasch in eine Abhängigkeit mündet
- Ein Medikamentenmissbrauch, speziell bei AD(H)S-Betroffenen mit chronischen Kopfschmerzen sowie Angst- und Zwangsstörungen
- Eine erhöhte Unfallrate, da hyperaktive Kinder im Vergleich zu ihren Altersgenossen häufiger zu Unfallopfern werden und zudem verhältnismäßig schwerer verunfallen

Rechtzeitig und richtig behandelt, muss sich AD(H)S nicht in jedem Fall nachteilig auf die Persönlichkeitsentwicklung von Kindern und Jugendlichen auswirken. Man kann im Leben mit AD(H)S gut zurecht- kommen, viel erreichen und – gerade auch aufgrund des AD(H)S – beruflich sehr erfolgreich sein.

Mit AD(H)S richtig umgehen zu lernen, bedeutet einen Weg zu beschreiten, der manchmal nicht ganz einfach ist. Dennoch lohnt es sich, nach ihm zu suchen. Anfangs ist an Kreuzungen und Kurven zeitweilig professionelle (ärztliche bzw. therapeutische) Hilfe erforderlich. Anliegen dieses Buches ist es, allen Betroffenen, Angehörigen, Lehrern, Ärzten und Therapeuten diesen Weg aufzeigen. Im Kern geht es darum, Kindern, Jugendlichen und Erwachsenen die unnötigen Folgen des AD(H)S zu ersparen und ihnen aufzuzeigen, wie sie von den positiven Seiten ihres AD(H)S profitieren können.

> AD(H)S hat viele gute Seiten,
> man muss nur die Hierarchie der Besonderheiten erkennen,
> sie nicht bekämpfen, sondern sich ihrer bedienen,
> um seine Persönlichkeit voll entfalten zu können.

Januar 2003 für die 1. Auflage
November 2019 für die 5. Auflage
Helga Simchen

1 AD(H)S hat viele Gesichter

1.1 Viele fragen: »Woran erkenne ich ein AD(H)S vom Unaufmerksamen Typ?«

»AD(H)S ist eine Modekrankheit, AD(H)S hat heute jeder«, so Meinungen aus der Praxis, die häufig geäußert werden. Weder das eine noch das andere stimmt. Richtig ist, dass AD(H)S heute – im Vergleich zu früher – öfter diagnostiziert und mehr behandelt wird, doch längst noch nicht ausreichend, was die tägliche Arbeit der Ärzte beweist, die sich auf die Diagnostik und Behandlung von AD(H)S spezialisiert haben.

Das Aufmerksamkeits-Defizit-Syndrom (ADS) gibt es mit und ohne Hyperaktivität, deshalb wird es korrekterweise jetzt in der Fachliteratur AD(H)S genannt. Beide Formen des AD(H)S unterscheiden sich deutlich in ihrer Symptomatik, wobei die wesentlichen Diagnosekriterien immer vorhanden sein müssen. Die beiden Subtypen beschreibe ich mit ihren unterschiedlichen Symptomen und Verläufen in diesem Buch ausführlich. Das ADS vom Unaufmerksamen Typ, dass ich auch gern als hypoaktive Variante bezeichne, wurde viel später erst als solches wissenschaftlich anerkannt. Deshalb wird das ADS jetzt korrekterweise als AD(H)S bezeichnet, als Oberbegriff für ein ADS mit oder ohne Hyperaktivität. Manchmal liegt aber auch ein sog. Mischtyp vor.

Die Disposition, d.h. die Veranlagung zum AD(H)S mag häufig sein, aber behandlungsbedürftig werden Kinder, Jugendliche und Erwachsene erst dann, wenn ihre Entwicklung und Lebensqualität deutlich beeinträchtigt sind. Unerkannt und unbehandelt führt AD(H)S zur inneren Verunsicherung der Betroffenen mit psychischer Instabilität und schlechtem Selbstwertgefühl. Kinder, Jugendliche und Erwachsene werden dann schnell zum Außenseiter und fühlen sich von ihrer Umwelt unverstanden. Sie wissen, dass sie vieles können und durchschauen, aber sie sind nicht in der Lage, dies aufs Papier zu bringen und es ihren Angehörigen, Freunden und Kollegen verständlich zu machen.

Das ist aber nur die aktuelle Seite der AD(H)S-Problematik. Viel schwerwiegender ist die Gefahr der späteren psychischen Instabilität mit einer hohen Rate an sekundären seelischen und körperlichen Erkrankungen. Das Selbstwertgefühl entwickelt sich in der Kinder- und Schulzeit, etwa in der Zeit vom achten bis elften Lebensjahr, und es entscheidet mit darüber, wie das betroffene Kind sein weiteres Leben in den verschiedenen Bereichen meistern wird. Deshalb die große Bedeutung der Frühdiagnostik und Frühbehandlung des AD(H)S.

1 AD(H)S hat viele Gesichter

Die Symptomatik des AD(H)S ist sehr vielfältig und nicht anhand von Tabellen oder Skalen zu erfassen. Diese dienen mehr der Verlaufskontrolle und der Orientierung, wann an ein AD(H)S gedacht werden sollte. Die Kinder und Jugendlichen selbst merken nur, dass sie anders reagieren und dass sie trotz Anstrengung und fleißigem Lernen auch bei guter Intelligenz keinen für sie ausreichenden Erfolg in der Schule und im Beruf haben. Sie spüren ihre innere Unruhe und den Drang, sich immer bewegen zu müssen. Manche müssen alles anfassen, immerzu reden oder ständig jemanden provozieren. Sie lernen nicht aus Fehlern und hören schlecht zu. Was sie aber hören wollen, hören sie ganz genau. Sie können sich auch konzentrieren, wenn sie etwas interessiert, aber es gelingt ihnen nicht immer, selbst dann nicht, wenn sie es möchten.

In ihren Zeugnissen steht sehr oft sinngemäß der Satz: »Du kannst, wenn du willst, das hast du schon bewiesen.« Sie wollen ja, aber sie können die Daueraufmerksamkeit nicht halten, wenn Nebengeräusche oder andere Dinge sie ablenken. Sie beginnen voller Freude und Elan das erste Schuljahr und merken bald, dass sie den Anforderungen nicht gewachsen sind. Sie resignieren langsam und ziehen sich zurück oder sie werden zum Klassenclown, um sich so Bestätigung zu holen. Manche entwickeln psychosomatische Beschwerden. Je nachdem, ob das Kind hyper- oder hypoaktiv ist, neigt es zu Aggressionen oder Ängsten als Folge seiner inneren Verunsicherung.

Viel Leid könnte manchem Kind erspart bleiben, wenn das Krankheitsbild des AD(H)S Eltern, aber auch Lehrern, Psychologen und Ärzten besser bekannt wäre und hilfesuchende Eltern rasch fachkundige Unterstützung erhielten.

Das Aufmerksamkeitsdefizitsyndrom (AD(H)S) wird definiert als eine neurobiologisch bedingte, spezifisch veränderte Steuerungsdynamik der Wahrnehmung, der kognitiven und emotionalen Verarbeitung und der sich daraus ergebenden Reaktions- und Verhaltensbildung. Aus epidemiologischen Untersuchungen[1] ist bekannt, dass in Deutschland ca. eine Million Kinder und Jugendliche eine AD(H)S-Konstitution mit beratungs- bzw. behandlungsbedürftigen Entwicklungsbeeinträchtigungen haben. Im Erwachsenenbereich liegt die Zahl der Betroffenen bei etwa 1,5 Millionen. Diese leiden zudem häufig ebenso unter Depressionen, Suchterkrankungen und Angststörungen.

Liegt ein AD(H)S vor, ist die Reizverarbeitung beeinträchtigt

- Wahrnehmungen sind oberflächlich und »hüpfend«
- Wegen der Reizfilterschwäche wird das Arbeitsgedächtnis überlastet
- Äußere Reize können nicht ausreichend nach Wichtigkeit gefiltert werden
- Durch Reizüberflutung bilden sich zu viele Leitungsbahnen
- Es werden auch unwichtige Informationen abgespeichert
- Botenstoffmangel beeinträchtigt die Weitergabe von Informationen vom Arbeitsgedächtnis ins Langzeitgedächtnis
- Die Umstellung von einer Tätigkeit zur anderen kann beeinträchtigt sein

---

1 Quelle: Artikel von Droll und Huss im ADD-Forum Berlin, Sept. 1998.

1.1 Viele fragen: »Woran erkenne ich ein AD(H)S vom Unaufmerksamen Typ?«

- Ein schneller Ver-/Abgleich mit »Erinnerungen« ist nicht möglich
- Gelerntes und Handlungsabläufe automatisieren sich sehr langsam
- Abgespeichertes Wissen kann nicht schnell genug abgerufen werden

Die Symptomatik des AD(H)S ist in jeder Altersgruppe etwas unterschiedlich. Sie wird im Wesentlichen dadurch bestimmt, ob eine Hypo- oder Hyperaktivität vorliegt.

Die Schwere der Symptomatik und damit auch das Ausmaß des Leidensdruckes hängen von vielen Faktoren ab. Eine gute Intelligenz, ein verständnisvolles soziales Umfeld und geringe Anforderungen bilden schützende Faktoren.

Symptome des AD(H)S

- Aufmerksamkeits- und Konzentrationsstörung
- Störung der Wahrnehmung und Informationsverarbeitung
- Störung der Merkfähigkeit
- Innere und motorische Unruhe
- Mangelhafte emotionale Steuerung
- Frustrationsintoleranz
- Impulssteuerungsschwäche
- Störung der Feinmotorik
- Teilleistungsstörungen

Symptome des AD(H)S im Säuglingsalter

Die Symptome des AD(H)S beginnen sich zumeist allmählich, vom ersten Lebensjahr an, zu entwickeln. Häufig fallen sie zunächst noch nicht merkbar auf, da sie je nach Ausmaß der Beeinträchtigungen, der Höhe der Anforderungen und der vorhandenen Ressourcen zuweilen noch über einen längeren Zeitraum kompensiert werden können. Die ersten Anzeichen einer AD(H)S-Problematik sind bereits im Säuglingsalter zu finden. Sie sind aber noch unspezifisch und lassen nur bei familiärer Veranlagung einen Verdacht zu. Die Kombination folgender Symptome – die von Eltern von AD(H)S-Kindern häufig beobachtet wurden – könnte im Säuglingsalter auf eine AD(H)S-Veranlagung hindeuten:

AD(H)S-Symptome im Säuglingsalter

- unstillbares Weinen (phasenhaft)
- oberflächlicher Schlaf, hellwach
- können Streicheln nicht genießen
- unruhig und unausgeglichen
- kein Krabbeln
- zeitiges Laufen
- kein ausdauerndes »Spielen«

- Trinkschwierigkeiten
- Hautallergie

Gibt es in einer Familie bereits AD(H)S-Betroffene, sollten die genannten Symptome Anlass für eine gezielte weitere Beobachtung sein. Eine frühe Diagnose ermöglicht es sodann, den betroffenen Kindern von Anfang an eine strukturierte Betreuung mit viel Verständnis und individueller Förderung zu geben.

Neben den Babys und Kleinkindern, bei denen Eltern die Symptome frühzeitig bemerken, gibt es ebenso völlig unauffällige Säuglinge, die ausgesprochen »pflegeleicht« sind. Sie entwickeln erst später eine meist hypoaktive oder eine zwischen den beiden Subtypen liegende AD(H)S-Form.

Trinkschwierigkeiten sind oft die Folge der manchmal vorhandenen unregelmäßigen Atmung und der gestörten Mundmotorik. Hautallergien und Neurodermitis haben besonders hyperaktive Säuglinge. Viele von ihnen leben gleich nach ihrer Geburt im Stress und verunsichern ihre Eltern durch ihre Unruhe. Möglicherweise leiden sie unter einem Noradrenalinüberschuss im Rahmen ihres angeborenen Ungleichgewichts (dysbalance) der Neurotransmitter (Botenstoffe). Dieser Dauerstress destabilisiert das Immunsystem der Kinder und macht ihren Körper für allergische Reaktionen anfällig. Nicht wenige Eltern berichten, wie anstrengend die Pflege ihres später hyperaktiven Kindes im Säuglingsalter war. Oft konnten sie sich aus diesem Grund zu keinem weiteren Kind entschließen.

Dass seelisches Wohlbefinden und Immunsystem miteinander verknüpft sind, zeigt die Tatsache, dass sich eine Allergie bei einem AD(H)S-Kind unter der Behandlung nicht selten deutlich bessert oder gar verschwindet.

Symptome des AD(H)S bei Kleinkindern

AD(H)S-Symptome beim Kleinkind (1.–3. Lebensjahr)

- hochgradige motorische Unruhe oder auffallend ruhig und brav
- spielt nur kurzzeitig, schnell wechselnd in der Beschäftigung, ohne sie zu beenden
- verzögerte Sprachentwicklung
- fein- und grobmotorisch ungeschickt
- lernt schwer, sich allein anzuziehen
- motzt schnell und unangemessen stark
- fällt »über die eigenen Beine« und weint leicht
- Auffälligkeiten in der Mundmotorik (offener Mund, sabbert lange)
- hat Umstellungs- oder Anpassungsprobleme
- überängstlich, klammert, sehr anhänglich
- kann nicht warten, bis es an der Reihe ist
- empfindlich oder extrem unempfindlich gegenüber Außenreizen

1.1 Viele fragen: »Woran erkenne ich ein AD(H)S vom Unaufmerksamen Typ?«

Das hyperaktive Kleinkind ist sehr unruhig, umtriebig und schwer lenkbar. Es ist dauernd in Bewegung, klettert überall hoch, macht alle Schränke auf und reagiert nicht auf Zuruf. Es wird schnell wütend und schlägt gleich zu. Solche Kinder sind für ihre Eltern eine große Herausforderung und für ihre Geschwister nicht selten eine Belastung. Ihr Kommentar lautet oft: Der oder die »nervt«...

Hyperaktive Kinder fallen frühzeitig durch die Hauptsymptome des AD(H)S

- motorische Unruhe,
- Impulssteuerungsschwäche mit Spontanhandlungen sowie
- verminderte Konzentration und Daueraufmerksamkeit

auf und grenzen sich durch die Intensität und Beständigkeit dieser Symptome von den lebhaften, temperamentvollen Kindern ab.

Weniger fallen dagegen die *hypoaktiven* Kinder auf.

Symptome des hypoaktiven Kindes im Vorschulalter (4.–6. Lebensjahr)

- verhält sich ängstlich und unsicher
- weint und motzt leicht, ist stimmungslabil
- begreift manches langsam, kann nicht zuhören, sagt gleich: das kann ich nicht
- Auffälligkeiten in der Mundmotorik, spricht undeutlich
- Auffälligkeiten in der Sprache, verwechselt Konsonanten
- motorische Probleme, malt und bastelt nicht gern
- Probleme beim Schwimmenlernen und beim Fahrradfahren
- selten Kontaktaufnahme zu gleichaltrigen Kindern
- im Kindergarten Rückzugs- und Regressionstendenzen
- spielt gern allein in der Puppen- oder Bauecke (oft stundenlang)
- hat über viele Jahre immer den gleichen Freund
- in seiner Tätigkeit viel zu langsam oder viel zu schnell
- zieht sich aus dem Stuhlkreis zurück, kann nicht zuhören
- kann sich nicht allein beschäftigen, langweilt sich immer
- vergisst und verliert immer wieder Gegenstände

Die oben genannten Symptome des hypoaktiven Kindes werden zwar häufig übersehen, können jedoch in ihrer Summe seine seelische Entwicklung maßgeblich beeinträchtigen. Unerkannt, unbeachtet und unbehandelt kann das AD(H)S schwere Folgen für die Lebensqualität und Leistungsfähigkeit bis hin zum Erwachsenenalter haben.

Bei ausgeprägter Symptomatik sollte das AD(H)S schon vor der Einschulung diagnostiziert und behandelt werden, wenn nötig auch schon medikamentös mit Stimulanzien. Dies, damit sich das betroffene Kind nach der Einschulung nicht als »Versager« erlebt.

Symptome des hyperaktiven Kindergartenkindes (4.–6. Lebensjahr)

- motorisch sehr unruhig, immer in Bewegung
- spricht schnell und laut, schreit herum
- regt sich leicht und übermäßig stark auf
- reagiert spontan und oft unüberlegt, schlägt schnell zu
- fragt viel, wartet aber oft die Antwort gar nicht ab
- kann nicht lange zuhören, vergisst und verliert viel
- bei Unsicherheit schnell aggressiv
- hat Sprachprobleme: Stammeln, Schwierigkeiten einige Konsonanten auszusprechen
- hält den Stift verkrampft und drückt ihn viel zu sehr auf
- kann schlecht malen und Linien einhalten
- hält sich nicht an Regeln, vergisst sie und redet immer dazwischen
- will immer bestimmen, motzt schnell, ist schnell beleidigt
- hat mit sich und anderen keine Geduld
- hat einen großen Gerechtigkeitssinn, verzeiht auch schnell
- will im Sport immer der erste sein, bei sozialen Diensten sehr eifrig
- schläft spät ein, braucht wenig Schlaf
- nässt tagsüber manchmal noch ein, seltener auch nachts
- kann sich zu Hause anders als im Kindergarten verhalten

Im Kindergartenalter sind zwischen dem hypo- und hyperaktiven Subtyp schon verschiedene Übergangsformen zu beobachten. Das hypoaktive Kind ist angepasst und ängstlich, das hyperaktive Kind dagegen verhaltensauffällig und aggressiv. Sowohl die Ängstlichkeit als auch die Aggressivität sind jedoch beide Zeichen einer inneren Verunsicherung, die bereits den Beginn einer reaktiven Fehlentwicklung anzeigen.

Symptome des AD(H)S bei Schulkindern

Im Schulalter werden die Unterschiede zwischen hypo- und hyperaktiven Kindern deutlicher sichtbar, wobei zwischen beiden AD(H)S-Varianten viele Übergänge und Zwischenstufen existieren: Ein Kind kann z.B. in seinem äußeren Auftreten hyperaktiv, in seinem Denk- und gezielten Handlungsvermögen jedoch hypoaktiv geprägt sein.

Symptome des hypoaktiven Schulkindes

- ist unkonzentriert, verträumt und viel zu langsam
- hat Probleme in der Feinmotorik, beim Schreiben und Malen
- leicht ablenkbar, vergisst und überhört viel
- innerlich und motorisch unruhig, im Denken langsam und umstellungsschwert

1.1 Viele fragen: »Woran erkenne ich ein AD(H)S vom Unaufmerksamen Typ?«

- ist zu empfindlich, weint leicht, ist schnell gekränkt
- kann Kritik nicht vertragen, fühlt sich ungeliebt und missverstanden
- macht zu Hause stundenlang und nicht allein Hausaufgaben
- ist ängstlich und traut sich nichts zu
- bleibt in der sozialen Reife zurück, spricht manchmal in Babysprache
- hat oft Kopf- oder Bauchschmerzen
- lässt sich leicht ärgern, kann sich nicht entsprechend wehren

Im Folgenden sei der Kommentar einer Lehrerin zum Abschlusszeugnis der ersten Klasse eines Jungen (Tobias) wiedergegeben, der ein Jahr später – trotz sehr guter Intelligenz – die zweite Klasse wiederholen musste (siehe unten). Die Gründe dafür lagen vor allem in einem zu langsamen Arbeitstempo des Jungen sowie in seinen zu vielen Fehlern im Diktat und beim Rechnen. Zu Hause war Tobias ständig unzufrieden mit seinen Hausaufgaben, bei denen er mehr radierte als er schrieb. Da er sich zwischendurch sehr erregte und weinte, brauchte er für die Hausaufgaben ein bis drei Stunden. Lautes Lesen verweigerte er. Die Ursache dafür war ein AD(H)S ohne Hyperaktivität mit Lese-Rechtschreib-Schwäche infolge multipler Störungen in der Informationsverarbeitung.

Wenn man dieses Zeugnis genau liest, lassen sich schon am Ende der ersten Klasse Schwierigkeiten erkennen, die von der Lehrerin sehr gut beobachtet und beschrieben wurden. Nach deren Ursachen wurde zunächst allerdings leider nicht weiter geforscht, sonst wäre dem Jungen einiges erspart geblieben.

Kommentar zum Abschlusszeugnis der ersten Klasse von Tobias

Tobias hat nach wie vor große Schwierigkeiten, sich im Schulalltag zurechtzufinden. Mit den anderen Kindern kommt er meist gut zurecht. Häufig muss er noch daran erinnert werden, die vereinbarten Regeln einzuhalten. Manchmal stört er durch Dazwischenreden und lautes Lachen den Unterricht. Leicht ablenkbar kann er diesem nur phasenweise folgen und sich nur für kurze Zeit konzentrieren. Seine Mitarbeit ist noch zu gering. An Gesprächen beteiligt er sich äußerst selten und muss zur Mitarbeit immer erst aufgefordert werden. Meist ist er gedanklich mit anderen Dingen beschäftigt, träumt, schaut aus dem Fenster – dadurch bekommt er viele Erklärungen nicht mit.

Erst in den letzten Wochen gelang es ihm, Arbeitsanweisungen, die für alle gegeben wurden, auch auf sich selbst zu beziehen und umzusetzen. Dabei muss er sein Arbeitstempo noch erheblich steigern und seine Hefte sorgfältiger führen.

Erst sehr spät verstand Tobias das Leseprinzip. Allerdings kennt er noch nicht alle Buchstaben sicher und hat große Mühe, sie zu unterscheiden. Er liest noch sehr stockend, bei längeren Wörtern muss er noch lautieren, sodass er den Sinn des Gelesenen nicht versteht. Schriftliche Arbeitsanweisungen kann Tobias erst nach persönlicher Erklärung umsetzen. Er sollte täglich lautes Lesen üben.

Tobias' Stifthaltung ist noch sehr verkrampft, sein Schriftbild sehr eckig und ungleichmäßig. Vorgegebene Reihen werden nicht eingehalten. Beim Abschreiben macht er wenig Fehler, aber es erfolgt viel zu langsam. Bei Diktaten sind nur ganz wenige Wörter lesbar. Nach intensivem Üben kann er auch fast fehlerfrei schreiben.

Tobias erzählt gern von eigenen Erlebnissen, dabei zeigt er einen reichhaltigen und differenzierten Wortschatz. Hier ist er den meisten Kindern seiner Klasse weit voraus.

Im Rechnen hat er den erarbeiteten Zahlenraum weitgehend erfasst. Einfache Plus- und Minusaufgaben rechnet er meist richtig. Für neue und ungewohnte Aufgaben braucht er noch zu viel Zeit. Bei Sachaufgaben findet er selten den Rechenweg allein.

Musische Tätigkeiten scheinen ihn eher zu langweilen, aber im Sportunterricht ist er für alle Bewegungsspiele schnell zu begeistern und bemüht sich immer der Erste zu sein.

Das hyperaktive Kind zeigt dagegen ein anderes, fast gegenteiliges Erscheinungsbild, wenngleich beiden AD(H)S-Varianten die wesentlichsten Symptome gemeinsam sind, da bei beiden die gleiche Grundstörung vorliegt.

Symptome des hyperaktiven Schulkindes

- ist motorisch unruhig, immer in Bewegung und zappelt viel
- unkonzentriert, kann nicht zuhören und vergisst viel
- spielt und arbeitet unbeständig, wechselt schnell von einer Beschäftigung zur anderen
- hat motorische Probleme, kann seine Kraft schlecht dosieren
- guter Beobachter, bemerkt alles, kann andere gut durchschauen
- nimmt alles wahr, kann schlecht zwischen wichtig und unwichtig unterscheiden
- antwortet oft, noch bevor die Frage richtig gestellt wurde
- glaubt, alles zu können, und überschätzt sich leicht
- lernt nicht aus Fehlern, fühlt sich schnell ungerecht behandelt
- ist sehr laut, aber selbst oft geräuschempfindlich
- kann schlecht mit den Hausaufgaben anfangen und unterbricht sie oft
- will immer bestimmen, kann Gefahren schlecht einschätzen
- setzt sich für andere ein, auch wenn es dadurch selbst Ärger bekommt
- kommt mit Gleichaltrigen schlechter aus als mit Älteren oder Jüngeren
- sammelt nutzlose Dinge

Viele Schulkinder, ob hyper- oder hypoaktiv, haben Probleme beim Lösen von Textaufgaben und beim Aufsatzschreiben.

Die neurobiologisch bedingten Defizite können bei AD(H)S-Kindern im Schulalter aufgrund der erhöhten Anforderungen im Leistungs- und Verhaltensbereich zu verschiedenen Funktionsstörungen führen, die in ihrer Vielfalt bei jedem einzelnen Kind in eine unterschiedliche individuelle Symptomatik münden. Diese weist ein immer gleiches Grundmuster auf, das jedoch in verschiedener Schwere ausgeprägt ist.

1.1 Viele fragen: »Woran erkenne ich ein AD(H)S vom Unaufmerksamen Typ?«

normaktiv hyperaktiv hypoaktiv

Abb. 1.1: Verschiedene Formen des AD(H)S

Einteilung und Beschreibung des AD(H)S durch das DSM-5

Das zurzeit am besten standardisierte diagnostische Manual ist das amerikanische DSM-5 aus dem Jahre 2014. Dieses teilt das Aufmerksamkeitsdefizitsyndrom in drei Gruppen ein, nämlich AD(H)S

- mit vorwiegend Unaufmerksamkeit
- mit Hyperaktivität und Impulsivität
- den Mischtyp, der von beiden etwas hat

Das DSM-5 (= das diagnostische und statistische Manual psychischer Störungen der amerikanischen psychiatrischen Gesellschaft) wird auch in den deutschsprachigen Ländern für die Diagnostik seelischer Erkrankungen verwendet. Die USA sind uns in der Diagnostik und Behandlung von AD(H)S und seiner Akzeptanz in der Bevölkerung jedoch weit voraus. Das mag nicht zuletzt daran liegen, dass in den Vereinigten Staaten von Amerika besonders viele Personen vom AD(H)S betroffen sind. Dies beruht zu großer Wahrscheinlichkeit nicht zuletzt darauf, dass diese Störung vererbt wird. So wissen wir heute, dass es für AD(H)S eine genetische Veranlagung gibt, die auf die nächste Generation übertragen werden kann.

> **Der unaufmerksame AD(H)S-Typus nach DSM-5**
>
> - beachtet häufig Einzelheiten nicht oder macht Flüchtigkeitsfehler bei den Schulaufgaben, bei der Arbeit oder anderen Tätigkeiten
> - hat oft Schwierigkeiten, längere Zeit die Aufmerksamkeit aufrechtzuerhalten
> - scheint häufig nicht zuzuhören, wenn andere sprechen
> - führt Anweisungen anderer nicht vollständig durch und kann Schulaufgaben oder andere Pflichten nicht zu Ende bringen
> - hat Schwierigkeiten, Aufgaben und Aktivitäten zu organisieren
> - vermeidet Aufgaben oder macht solche nur widerwillig, die eine längere geistige Tätigkeit erfordern

- verliert häufig Gegenstände, die benötigt werden
- lässt sich leicht und oft durch äußere Reize ablenken
- ist bei Alltagstätigkeiten oft vergesslich
- flüchtet häufig in eine Traumwelt

Der hyperaktive AD(H)S-Typus nach DSM-5

Dieser Typus liegt vor, wenn bei einer mindestens sechs Monate bestehenden Störung mindestens acht der folgenden Anzeichen vorhanden sind. Der/die Betroffene

- wird leicht durch äußere Reize abgelenkt
- hat Schwierigkeiten, bei Aufgaben und Spielen längere Zeit aufmerksam zu sein
- kann nur schwer sitzen bleiben, wenn dies von ihm verlangt wird
- zappelt häufig mit Händen und Füßen oder windet sich in seinem Sitz (bei Jugendlichen kann sich dies auf subjektive Empfindungen von Rastlosigkeit beschränken)
- kann nur schwer ruhig spielen
- kann bei Gruppen- und Spielsituationen nur schwer warten, bis er an der Reihe ist
- unterbricht oft andere und drängt sich diesen auf, platzt z. B. in das Spiel anderer Kinder hinein
- redet häufig übermäßig viel
- platzt oft mit der Antwort heraus, bevor die Frage vollständig gestellt ist
- scheint häufig nicht zuzuhören, wenn andere mit ihm sprechen
- hat Schwierigkeiten, Aufträge anderer vollständig auszuführen (nicht bedingt durch oppositionelles Verhalten oder Verständigungsschwierigkeiten), beendet z. B. die Hausaufgaben nicht
- wechselt häufig von einer nicht beendeten Aktivität zur anderen
- verliert häufig Gegenstände, die er für Aufgaben oder Aktivitäten zu Hause oder in der Schule benötigt (z. B. Spielzeug, Bleistifte, Bücher, Anweisungen)
- unternimmt oft ohne Rücksicht auf mögliche Folgen körperlich gefährliche Aktivitäten (nicht aus Abenteuerlust), rennt z. B. ohne zu schauen auf die Straße

Bei der besonders schweren Form des AD(H)S mit Hyperaktivität sind noch weitere Symptome vorhanden, die mit einer Störung der sozialen Anpassung an die Familie und an Gleichaltrige sowie mit einer deutlichen Beeinträchtigung der schulischen Leistungsfähigkeit verbunden sind.

Die Symptome sind Folge einer Funktionsbeeinträchtigung des Stirnhirns durch Mangel einzelner Botenstoffe mit der Folge einer »Dysbalance« (d. h. dass das Verhältnis der einzelnen Botenstoffe zueinander verschoben ist). Dies führt zum Beispiel zu einer veränderten Wahrnehmung, die wiederum mit zu schnellen oder zu langsamen Reaktionen verknüpft ist.

Die wichtigsten Symptome des AD(H)S im Kindesalter im Detail

Mangel an Konzentration und Daueraufmerksamkeit

Ist ein AD(H)S-Kind von einer Sache fasziniert, kann es sich sehr gut konzentrieren. Wird es aber abgelenkt und die Beschäftigung uninteressant, lässt seine Konzentration erheblich nach, sie kann dann auch nicht willentlich aktiviert werden. Ein AD(H)S-Kind kann seine Aufmerksamkeit nicht über einen länger andauernden Zeitraum aufrechterhalten und schon gar nicht, wenn es gelangweilt ist. Dann hat es mit seiner inneren Unruhe zu kämpfen, die für ihn bei Nichtbeschäftigung erträglich wird. Dann muss es sich körperlich intensiv bewegen oder durch Provozieren Ärger erzeugen.

AD(H)S-Kinder sind aber auch in der Lage, stundenlang mit Lego-Bausteinen zu spielen, fernzusehen, mit dem Game-Boy zu spielen oder anderen »Lieblingsaktivitäten« nachzugehen, soweit diese ihr Belohnungssystem aktivieren. Auffällig ist, dass Computerspiele fast alle Kinder, Jugendlichen oder Erwachsenen mit AD(H)S faszinieren. Dies hat seinen Grund darin, dass der Computer das menschliche Gehirn durch seine schnell wechselnden Bildfrequenzen besonders stimuliert.

Mangelnde Strukturierung

AD(H)S-Kinder können sich schlecht für eine komplexe Aufgabe motivieren und diese erfolgreich strukturieren. Kinder mit AD(H)S stehen deshalb häufig vor großen Problemen beim Lösen von Textaufgaben. Sie nehmen zu oberflächlich wahr und können nicht ordnen. Sie schreiben ebenso die Schulaufsätze sehr oft viel zu kurz und mit Gedankensprüngen. Dabei achten sie weder auf die Rechtschreibung noch auf die Zeitform. Sie wechseln in ihrer Schilderung ständig zwischen Vergangenheit und Gegenwart. Bei Klassenarbeiten setzen sie sich häufig zu sehr unter Druck: Infolge ihrer emotionalen Steuerungsschwäche verbunden mit Stressintoleranz gelingt ihnen dann gar nichts mehr, ihr logisches Denken ist unter Stress beeinträchtigt. So kommt es – trotz guter Vorbereitung und ausreichendem Wissen – nicht selten zum regelrechten Black-out.

Hausaufgaben werden zum Problem Nr. 1

Das Erledigen von Hausaufgaben wird zu Hause und in der Schule zu einem schwerwiegenden Problem, wenn AD(H)S-Kinder keine Lust dazu haben. Sie besitzen kein Zeitgefühl, denken in Stunden und können sich gar nicht erst überwinden, anzufangen. Beginnen sie endlich nach langen Diskussionen mit den Aufgaben, muss die Mutter daneben sitzen und immer wieder zum Weiterarbeiten ermuntern. Verlässt die Mutter das Zimmer, wird sofort aufgehört und gespielt, aus dem Fenster geschaut oder gemalt. Das AD(H)S-Kind steht während der Hausaufgaben mehrmals auf, um irgendetwas ganz »Dringendes« zu erledigen.

Handeln, ohne vorher nachzudenken

Das impulsive Handeln, ohne vorher nachgedacht zu haben, ist für AD(H)S-Kinder typisch. Zunächst in Ruhe nachzudenken, fällt den Kindern schwer, da ihr Stirnhirn nicht einwandfrei funktioniert. Unser Tun und Handeln wird vom Stirnhirn kontrolliert und mit den Erfahrungen aus dem Langzeitgedächtnis verglichen und dann erst »freigegeben«. Bei Menschen mit AD(H)S muss jede Idee jedoch sofort umgesetzt werden. Sie können schlecht abwarten, bis sie an der Reihe sind, weil sie bis dahin sonst alles wieder vergessen haben. Auch jedes Gefühl wird deshalb unmittelbar und unkontrolliert geäußert. AD(H)S-Betroffene lernen nicht aus Fehlern und können gemachte Erfahrungen nicht direkt mit dem aktuell Erlebten vergleichen. Die Aktivierung des Langzeitgedächtnisses und dessen Informationsweiterleitung gelingen infolge von Botenstoffmangel und eines viel zu dichten und weit verzweigtem neuronalen Netzes deutlich langsamer. Deshalb können diese Kinder schlechter aus Fehlern lernen und ihnen bekannte Regeln einhalten. Sie stehen ihnen im Moment des Handelns nicht so schnell zur Verfügung. Denn ein AD(H)S-Kind braucht für die Automatisierung von Leistungen im Denken und im Handeln um ein Vielfaches mehr Zeit als ein anderes Kind. Man muss also einem AD(H)S-Kind wichtige Informationen mehrmals direkt mitteilen und diese wiederholen lassen, erst dann ist es in der Lage, diese abrufbereit zu speichern. Interessant und auffällig ist, dass AD(H)S-Kinder zugleich fähig sind, sich dagegen Dinge zu merken, die schon längst Vergangenheit und für andere uninteressant und unbedeutend sind. So besteht bei ihnen besonders für kränkende Ereignisse ein Riesengedächtnis. Das AD(H)S-Kind kann meist schnell auswendig lernen, ist aber nicht in der Lage, aus einem längeren Text das Wesentliche zu erfassen. Der Text bedeutet Chaos, Wichtiges und Unwichtiges zu unterscheiden fällt schwer.

Schlechte Steuerung der Gefühle

Das Stirnhirn ist auch dafür verantwortlich, dass AD(H)S-Kinder ihre Emotionen nur schwer steuern können. Die Kinder können ihre Gefühle bei Motz- oder Wutanfällen nicht abfangen und sie sozial angepasst abreagieren. Sie weinen rasch und fühlen sich leicht angegriffen. Dabei sucht das hypoaktive Kind immer die Schuld bei sich, das hyperaktive dagegen meist bei anderen, mit einem »immer ich!« weist es lautstark alle Beschuldigungen energisch zurück.

Vergesslichkeit und Lügen

AD(H)S-Kinder verfügen im Gehirn nur über einen durch Reizüberflutung überlasteten Arbeitsspeicher, der die Reize der Umgebung nicht nach ihrer Wichtigkeit sortieren kann. Sie nehmen ihre Umwelt nur oberflächlich wahr und ersetzen Erinnerungslücken als Selbsthilfe durch ihre sehr gute Fantasie. Tatsächlich können sie sich im Moment an nichts anderes erinnern und halten die auf diese Weise konstruierten Wirklichkeiten für real. Sie werden deshalb schnell als Lügner beschimpft, womit man ihnen Unrecht tut. Kommen sie innerlich zur Ruhe, fällt ihnen die wirkliche Begebenheit wieder ein – nur unter Stress gelingt dies eben nicht.[2]

Eine zu langsame bzw. zu schnelle Arbeitsgeschwindigkeit

Die Arbeitsgeschwindigkeit von AD(H)S-Kindern fällt je nach AD(H)S-Typ entweder viel zu langsam oder viel zu schnell aus, besonders im Rahmen schriftlicher Arbeiten. Das Ergebnis entspricht dann nicht der eigentlichen Intelligenz und dem Leistungsvermögen der Kinder, trotz reichlichem Üben. Ihre Schrift ist krakelig, die Buchstaben hängen zwischen den Linien und sind oft unleserlich. Weder Rand noch Datum, nur viele Kleckse und Eselsohren. Oder die Kinder liefern eine gezirkelte Schrift mit perfektionistischer Ordnung ab, ohne jedoch den Stoff der Schulstunde je zu schaffen. Beide Male wird mit verkrampfter Hand und mit viel zu viel Druck geschrieben.

Motorische Beeinträchtigungen

Motorische Beeinträchtigungen können sich als Probleme in der Fein-, Grob-, Grapho-, Sprech- und/oder Augenmotorik sowie in der Koordination äußern. Die Körperbewegungen von Kindern mit AD(H)S wirken dann nicht fließend, sondern unharmonisch mit schlechter Kraftdosierung. Ihre Schrift automatisiert sich nicht, d. h. mit zunehmendem Schreibtempo wird sie eckig, »krakelig«, meist gelingt Druckschrift besser. Bei beeinträchtigter Körperkoordination können Hampelmannsprung, Radfahren oder Schwimmen nur mühsam erlernt werden. Ist die Sprachmuskulatur betroffen, gelingt eine deutliche Aussprache von Wortenden oder einiger Konsonanten nicht immer, z. B. der S- und Z-Laute; es kommt zum Lispeln. Ist der Sprachrhythmus gestört, tritt unter psychischer Anspannung zeitweiliges Stammeln auf. Sind die Augenmuskeln betroffen, kann es zum gestörten dynamischen beidäugigen Sehen kommen, d. h. die Augen bleiben bei Bewegung nicht ständig in Parallelstellung, sodass kurzzeitig das Gelesene unscharf erscheint oder sich nach oben oder unten verschiebt.

---

2 Beispielhaft sei hier der Fall von Timo erwähnt: Er kam im Winter ohne Anorak von der Schule nach Hause und schwor, auch am Morgen so in die Schule gegangen zu sein. Die Mutter suchte sofort in der Schule nach dem Anorak, jedoch vergeblich. Timo konnte sich nicht mehr erinnern, wo er sich am Vormittag in der Schule überall aufgehalten hatte. Am nächsten Morgen rief die Mutter den Hausmeister an, der den Anorak im Schulkeller bereits gefunden hatte. Dort haben Timo und sein Freund ihr Pausenversteck, wo er den Anorak auszog und liegen ließ.

Das Selbstwertgefühl leidet

AD(H)S-Kinder leiden je nach der Schwere der Symptomatik unter einem verminderten Selbstwertgefühl. Dieses bleibt, sofern das Kind sich weiterhin nur negativ erlebt und nicht bald Anerkennung und Lob erhält, lebenslänglich negativ besetzt. Häufig bemühen sich die Kinder, ihr schlechtes Selbstwertgefühl zu kompensieren: Sie suchen die Anerkennung der Gleichaltrigen durch die Aufgabe eigener Interessen oder durch das »Erkaufen« von Freundschaften. Sie wagen Mutproben, die kein anderer machen würde, oder fallen in die Rolle des Klassenclowns. Manche kompensieren ihr schlechtes Selbstbild auch durch einen unangepasst »starken Willen«.

Ordnung halten fällt sehr schwer

AD(H)S-Kinder sammeln tausend Dinge, die ihnen in die Hände fallen; alles muss direkt griffbereit sein und nichts wird nach System abgelegt. Die Kinder sind nicht in der Lage, ihre Zimmer systematisch aufzuräumen: Die Spielsachen werden nicht auf-, sondern einzig umgeräumt.

AD(H)S-Kinder sind in ihrer sozialen Reife zurück

AD(H)S-Kinder zeigen in Situationen der Unsicherheit oft kleinkindhaftes Verhalten. Sie spielen grundsätzlich lieber mit jüngeren oder auch älteren Kindern und entwickeln nur wenige Freundschaften, diese aber dafür umso intensiver. Sie suchen verstärkt Kontakt und intensive Zuwendung zu einzelnen Erwachsenen und sind für diese in ihrer großen Anhänglichkeit nicht selten anstrengend. Von ihren Klassenkameraden werden sie oft ausgegrenzt, da sie sich schlecht in eine Gruppe eingliedern können. Die Hyperaktiven wollen immer bestimmen, die Hypoaktiven erwarten eine besondere »Einladung« mitzumachen. Die übrigen Altersgenossen merken, dass das Verhalten der AD(H)S-Kinder anders ist. Untereinander verstehen sich AD(H)S-Kinder gut, allerdings gibt es oft Ärger, der aber schnell vergessen wird.

Die oben beschriebenen Symptome müssen nicht in ihrer Gesamtheit bei allen Kindern mit AD(H)S vorhanden sein. Neben einer ausgeprägten AD(H)S-Symptomatik gibt es eine Veranlagung zum AD(H)S mit diskreter Symptomatik und die verschiedensten Erscheinungsbilder zwischen der Hyper- und Hypoaktivität. Die Hyperaktivität schwächt sich meist im Laufe des Jugendalters ab, was aber bleibt, ist die emotionale Steuerungsschwäche, die innere Unruhe und der Mangel an Daueraufmerksamkeit.

1.1 Viele fragen: »Woran erkenne ich ein AD(H)S vom Unaufmerksamen Typ?«

Abb. 1.2: Ein Jugendlicher mit AD(H)S hat »aufgeräumt«

Symptome des AD(H)S bei Jugendlichen

Im Folgenden sind zum einen allgemeine Auffälligkeiten bei Jugendlichen mit AD(H)S, zum anderen spezifische Symptome bei hyper- und hypoaktiven Jugendlichen aufgeführt.

Auffälligkeiten bei Jugendlichen mit AD(H)S

- sehr stark ablenkbar
- innere und äußere Unruhe
- schlechte Gefühlssteuerung mit Impulsivität
- unzureichende Fähigkeit, den Tagesablauf zu organisieren
- geringe Zielstrebigkeit
- Leistungsabfall unter Stress
- negatives Selbstwertgefühl

- schneller Verlust der Selbstkontrolle
- Einnahme von anregenden oder beruhigenden Mitteln als Selbstbehandlung
- Schlafschwierigkeiten und häufiges Grübeln
- Energiemangel
- Geräuschempfindlichkeit bei selbst lauter Sprache
- schlechtes Schriftbild
- Handeln unüberlegt, ohne an die Folgen zu denken
- sind überempfindlich
- fallen bei Trennung in ein »Loch«

AD(H)S-Symptome bei Jugendlichen

- spätere Pubertät als bei Gleichaltrigen, aber intensiver und länger
- Selbstwertproblematik mit Versagensängsten und Selbstwertkrisen
- mangelnde Selbstkontrolle mit starken Stimmungsschwankungen
- sehr sensibel mit großem Gerechtigkeitssinn
- extreme Reaktion bei Trennung, Verlust und Enttäuschung
- schneller Wechsel von Interessen und Freunden oder Rückzug in die Isolation
- Probleme bei der Berufsfindung, können sich nicht entscheiden
- starker Wille, wenn von etwas überzeugt und begeistert
- kein Zeitgefühl, Leben zwischen Langeweile und Zeitstress
- Schwierigkeiten, konzentriert zu lernen und das Gelernte zu behalten
- Schwarz-Weiß-Denken mit depressiven Löchern
- Impulssteuerungsschwäche mit Panikattacken und Blackout-Reaktionen
- Frustrationsintoleranz
- Selbstgefährdung, um sich zu spüren und sich abzureagieren
- Neigung zum Nikotin- und Alkoholmissbrauch und Drogenkonsum
- Freude an Geschwindigkeit und Computerspielen oder Rückzug in eine Traumwelt

Symptome des AD(H)S bei Erwachsenen

Die meisten Erwachsenen mit AD(H)S klagen über:

- eine innere Unruhe,
- ein schlechtes Selbstwertgefühl,
- Schwierigkeiten bei der Gefühlssteuerung,
- Konzentrationsschwäche,
- mangelhafte Wahrnehmung,
- nicht verstanden zu werden.

1.1 Viele fragen: »Woran erkenne ich ein AD(H)S vom Unaufmerksamen Typ?«

Die häufigsten AD(H)S-Symptome bei Erwachsenen sind:

- Hohe Ablenkbarkeit, Konzentrationsschwäche
- Gefühl innerer und äußerer Unruhe
- Affektlabilität, Aggressivität, Impulssteuerungsschwäche
- Probleme bei der Selbstorganisation und der emotionalen Steuerung
- Bei der Tagesstrukturierung Schwierigkeiten, Ordnung und Zeit einzuhalten
- in der Lebensplanung oft Mangel an Zielstrebigkeit und eigener Perspektive
- Leistungsabfall unter Stress, der sich nur verzögert abbaut
- Mangel an Problemlösungsstrategien
- Geringes Selbstvertrauen oder Selbstüberschäzung bei beeinträchtigter Wahrnehmung
- Reiferückstand in der sozialen Kompetenz
- Bedürfnis nach anregenden Mitteln zur Selbstbehandlung
- Ein- und Durchschlafschwierigkeiten
- Energiemangel bei Interesse, aber sehr leistungsfähig
- Immer wieder vergesslich trotz gelobter Besserung

Einige Eltern von AD(H)S-Kindern berichten, dass sie selber in der Grundschule unter einer AD(H)S-Problematik litten, die zuweilen mit einer Rechtschreib- und/oder Rechenschwäche verknüpft war. In einigen Fällen habe sich die Problematik von der 5. Klasse an deutlich gebessert. Diese Berichte bestätigen die Tatsache, dass es durchaus eine spontane Besserung der AD(H)S-Problematik gibt, wie sie sich auch unter der Behandlung in der Praxis zeigt.

Ist erst einmal die Pubertät überstanden, verliert bei vielen Erwachsenen das AD(H)S an Dramatik. Finden sie einen interessanten Beruf, der ihnen die Entfaltung ihrer vielen positiven Fähigkeiten gestattet, und einen passenden Lebenspartner, der Verständnis, Struktur und Toleranz mitbringt, so können sie ein erfülltes Leben mit guter Qualität genießen. Vorausgesetzt, ihr Selbstwertgefühl hat in der Kindheit nicht zu sehr gelitten. In der Familie sind Erwachsene mit AD(H)S sehr harmoniebedürftig, sehr feinfühlig und manchmal leider zu inkonsequent, was sodann auch die Erziehung ihrer Kinder (ohne und eventuell mit AD(H)S) betrifft. Im Beruf sind sie fähig, besonders hohe Leistungen zu vollbringen, zu denen nur sie so in der Lage sind. Sie verausgaben sich dabei schnell, klagen über eine starke Erschöpfung und Kraftlosigkeit nach der Arbeit. Sie sind dann so müde und ausgebrannt, dass sie sich abends weder der Familie noch einem Hobby widmen können. In ersten Ansätzen können diese Erscheinungsformen auch schon Jugendliche betreffen.

Weitere Symptome können je nach Schwere des Betroffenseins und abhängig vom AD(H)S-Typ bei Erwachsenen auftreten:

- Ziellosigkeit trotz vieler Pläne bei gleichzeitiger Unfähigkeit, Prioritäten zu setzen

1 AD(H)S hat viele Gesichter

- leben im Hier und Jetzt, sind leicht beeinflussbar, schnell zu begeistern bei fehlender Ausdauer
- bei Interesse arbeiten sie unermüdlich und können sich durch ihre Fähigkeit der Überfokussierung auch dann gut auf diese Sache konzentrieren
- Stimmungsschwankungen zwischen Impulsivität und »depressiven Löchern«
- unzuverlässig und ungeduldig bei Entscheidungen privater, geschäftlicher oder finanzieller Art, oder
- perfektionistisch mit sturen, fast zwanghaften Regeln
- niedrige Stresstoleranz, reagieren dann unüberlegt
- Pessimismus, mangelndes Selbstvertrauen, fehlende Motivation
- keine Strukturierung, keine Zielsetzung, fehlende realistische Perspektive
- unfähig, »nein« zu sagen, werden leicht ausgenutzt, zu gutmütig
- Schwierigkeiten in der Kommunikation, können nicht zuhören und ihre Ideen verständlich einbringen, weil ihnen im Moment die passenden Worte fehlen
- Schwarz-Weiß-Denken, wenig kompromissbereit, verhalten sich undiplomatisch
- Mangelhaftes Zeitgefühl
- sammeln alles, können sich von nichts trennen
- Suchttendenzen als Selbstbehandlung zum Frustabbau (Nikotin, Alkohol, Drogen, Spiel- und Kaufsucht)
- Gefühl der inneren Unruhe mit unüberlegt schnellem oder zu langsamem, unentschlossenem Handeln, umstellungserschwert, wenig entscheidungsfreudig

Wender-Utah-Kriterien zur AD(H)S-Diagnose im Erwachsenenalter

Aufmerksamkeitsstörung

- Erhöhte Ablenkbarkeit und Reizoffenheit, fluktuierende Aufmerksamkeitsleistung

Motorische Hyperaktivität

- Gefühl der inneren Unruhe, Unfähigkeit zu entspannen, stark schwankender Antrieb bzw. Energie, dysphorische Stimmung bei Inaktivität

Affektlabilität

- Rasch wechselnde Stimmungslage, häufig als Unzufriedenheit und Langeweile empfunden

Desorganisiertes Verhalten

- Defizitäre Alltagsorganisation, Wechsel zu verschiedenen Aufgaben, unsystematische Problemlösestrategien

Affektkontrolle

- Andauernde Reizbarkeit bei geringem Anlass, Intoleranz von Frustration, mangelhafte Wutkontrolle

Impulsivität

- Störungen der Impulskontrolle wechselnder Intensität

Emotionale Übererregbarkeit

- Unfähigkeit, mit alltäglichen Stressoren umzugehen, überschießende Reaktionen, rasche Erschöpfung

Differenzialdiagnose des AD(H)S

Wichtig ist es bei der Diagnose, andere Störungen mit einer zum Teil ähnlichen Symptomatik vom AD(H)S abzugrenzen (= Differenzialdiagnose). Dabei ist zu beachten, dass durchaus eine Kombination von mehreren Störungsbildern vorhanden sein kann.

Differenzialdiagnose des AD(H)S

Bevor ein AD(H)S diagnostiziert wird, müssen folgende Störungen als »Hauptverursacher« ausgeschlossen werden:

- intellektuelle Minderbegabung
- Schädigungen in der Schwangerschaft und unter der Geburt
- chromosomale Schäden
- Funktionsstörungen der Schilddrüse
- verwöhnende Erziehung mit wenig Arbeitsmotivation
- depressive Erkrankungen
- posttraumatische Störungen (z.B. Schädel-Hirn-Trauma als organische Schädigung des Gehirns)
- Zustand nach schweren Gehirninfektionen
- epilepsiebedingte Anfallsformen
- Trennungsproblematik mit schweren familiären Konflikten

Die oben genannten Störungen allein können ein AD(H)S oberflächlich betrachtet vortäuschen und müssen deshalb bei der Diagnostik beachtet, abgegrenzt, berücksichtigt oder ausgeschlossen werden. Sie können aber durch ihre spezifische Symptomatik die Schwere des AD(H)S und den Behandlungserfolg wesentlich negativ beeinflussen.

Begleiterscheinungen und Folgeerkrankungen des AD(H)S

In der ärztlichen Praxis sind es nicht selten gerade die unten genannten Begleiterscheinungen und Folgeerkrankungen, die den Weg zur Diagnose »AD(H)S« weisen, wenn man die Kindheit, die Familie, die Schule mit ihren Zeugnissen, den beruflichen Werdegang und die Partnerbeziehungen genau analysiert. Die akute Symptomatik, die der Anlass des Arztbesuchs ist, steht oft am Ende eines langen Leidensweges.

Begleiterscheinungen und Folgeerkrankungen des AD(H)S

- Lese-Rechtschreib-Schwäche und Rechenschwäche
- emotionale Steuerungsschwäche
- psychosomatische Beschwerden
- Einnässen und Einkoten
- Ängste
- Selbstwertkrisen
- Impulssteuerungsschwäche
- Zwänge
- Essstörungen
- Depressionen
- Nikotin- und Alkoholmissbrauch
- Tics und Tourette-Syndrom
- Rauschgiftkonsum und Drogenabhängigkeit
- Anfallsleiden

Die Zusammenhänge von AD(H)S und anderen seelischen und körperlichen Beschwerden, wie sie die Praxis bei der Betreuung von Familien mit AD(H)S täglich zeigen, sind allgemein noch immer viel zu wenig bekannt und in der Wissenschaft längst nicht alle durch Studien belegt. Aber aus der psychiatrischen und psychotherapeutischen Praxis berichten Ärzte und Psychologen immer häufiger darüber.[3]

---

3 So wird inzwischen auch ein Zusammenhang zwischen der hypoaktiven ADS-Form und dem Asperger-Syndrom (eine leichtere Form von Autismus) anerkannt. Die Gabe von Stimulanzien besserte auch hier die Symptomatik. Zuletzt berichtete das Ehepaar Krause aus München – beide sind international anerkannte ADS-Spezialisten – über die Fibromyalgie als mögliche Folge von ADS im Erwachsenenalter. Schließlich wird auch ein Zusammenhang zwischen einer bestimmten, gutartigen kindlichen Form der Epilepsie (Rolando-Epilepsie) – die mit verzögerter Sprachentwicklung, Wahrnehmungs-, Konzentrations- und Verhaltensstörungen einhergeht – und ADS immer häufiger diagnostiziert.

AD(H)S mit seinen Begleiterscheinungen und Folgeerkrankungen richtig und angemessen zu begreifen, erweitert und verbessert die Behandlungsmöglichkeiten vieler psychischer und psychosomatischer Störungen. AD(H)S zeitig erkennen und richtig behandeln bedeutet auch, die Entwicklung seiner Begleiterscheinungen und Folgeerkrankungen zu mindern bzw. zu verhindern. Damit wäre ein wesentlicher Beitrag zur Verbesserung der Lebensqualität der Menschen geleistet, die unter AD(H)S leiden. Bei einer Veranlagung zum AD(H)S von fast 10 % der Bevölkerung in Deutschland (unter Einbeziehung des hypoaktiven Subtyps), wäre dies mit Sicherheit ein wesentlicher Beitrag zur psychischen Stabilisierung und verbesserten Lebensqualität.

1.2 Auch das ist AD(H)S – Berichte über Kinder, Jugendliche und Erwachsene mit AD(H)S

In einem Aufmerksamkeitsdefizitsyndrom sind stets zwei – scheinbar entgegengesetzte – Seiten angelegt: Die eine Seite offenbart sich in besonderer Impulsivität und Kreativität sowie ungewöhnlicher Leistungsfähigkeit der Betroffenen, die andere in einer Neigung zur psychischen Instabilität, die mit Entwicklungsdefiziten und deren seelischen und körperlichen Folgeerkrankungen einhergeht.

> Es muss jetzt gehandelt werden, denn die praktischen Erfahrungen von Fachärzten, die sich intensiv mit AD(H)S-Patienten und ihren Familien beschäftigen, zeigen immer offenkundiger einen Zusammenhang zwischen der Schwere und der Dauer der AD(H)S-Symptomatik im Kindesalter und der psychischen und körperlichen Beeinträchtigung im Erwachsenenalter. Dabei spielen der Zeitpunkt, die Dauer und die Qualität der Betreuung des AD(H)S im Kindesalter eine wesentliche Rolle, denn AD(H)S ist angeboren und kann somit zu einem Wesensmerkmal der betroffenen Person werden.

Die zum Zeitpunkt der Diagnostik dargebotene akute Symptomatik entspricht nur einer kurzen Momentaufnahme im Leben des Betroffenen. Noch viel zu wenig sind die Langzeitfolgen des AD(H)S bekannt. Auch sie müssen bei der Entscheidung über die Art der Behandlung mit berücksichtigt werden. Dabei sollte eine notwendige Therapie so früh wie möglich beginnen, damit das Selbstwertgefühl gar nicht erst leidet. Ängste und Aggressionen im Kindesalter sind schon die ersten Zeichen einer beginnenden seelischen Beeinträchtigung. Wird bei ausgeprägter Symptomatik zu spät mit der Stimulanzienbehandlung begonnen, bedeutet das für die Betroffenene, dass wichtige Entwicklungsphasen der Kindheit ungenutzt verstreichen.

Die AD(H)S-Symptomatik umfasst vier Ebenen, die organische, kognitive, seelische und die soziale. Sie sind alle eng miteinander verflochten und bestimmen das jeweils individuelle Erscheinungsbild beim Einzelnen, das somit sehr verschieden sein kann. Diese AD(H)S-Vielfalt an Symptomen im Kindes- und Jugendalter und deren Dynamik bei der Entstehung von Begleiterscheinungen und Folgeerkrankungen werden im Folgenden anhand von Patientenberichten erläutert.

Was führt bei AD(H)S-Kindern zur Lese-Rechtschreib-Schwäche? Was zu einer Rechenschwäche? Wann kommt es zum Einnässen? Warum haben manche AD(H)S-Kinder Schlafstörungen, Kopf- oder Bauchschmerzen, Ängste, eine Tic-Symptomatik oder irgendwelche Zwänge und was kann man dagegen tun? Wie kommt es zu Essstörungen und selbstverletzenden Handlungen?

▶ Abb. 1.3 gibt einen Überblick über einen in der Praxis oft nachweisbaren Zusammenhang zwischen AD(H)S und seinen Begleiterscheinungen und Folgeerkrankungen in ihrer möglichen Psychodynamik.

Was zunächst beim Kind als vorübergehende oder zeitweilige psychische Überforderung angesehen wird, kann bei Nichtbehandlung im Jugend- und Erwachsenenalter zu Angststörungen mit Panikattacken, Depressionen und Selbstwertproblematik mit mangelnder sozialer Einbindung führen.

Eine weitere Gefahr für alle AD(H)Sler besteht in der Entwicklung eines Suchtverhaltens: Perfektionismus, übermäßiger Kaffee-, Nikotin- und Alkoholgenuss, Haschisch und die Einnahme anderer Drogen sind hierbei zunächst als ein Versuch der Betroffenen zur »Selbstbehandlung« anzusehen. Die medikamentöse Behandlung des AD(H)S mit Stimulanzien macht dagegen – so die jahrelange Erfahrung von Ärzten und Psychologen – niemals süchtig, sondern im Gegenteil, sie verhindert geradezu die Ausbildung einer Sucht.

Die vielfältigen AD(H)S-Symptome von Kindern, Jugendlichen und Erwachsenen sind im Einzelnen trotz inzwischen zahlreicher Bücher zum Thema noch viel zu wenig bekannt. Nicht zuletzt die Hypoaktivität, eine im Kindes- und Jugendalter oft unbemerkte Form des AD(H)S, führt bei Nichtbehandlung sehr häufig im Erwachsenenalter zu seelischen Störungen und psychiatrischen Erkrankungen.

> Dieses Buch möchte AD(H)S-Betroffenen zugleich helfen, die positiven Seiten des AD(H)S für sich zu entdecken und sie zu nutzen. Das gelingt umso eher, je besser ein positives Selbstwertgefühl erhalten bleibt, was nicht in der Kindheit schon in eine Negativspirale gerät.

Im Folgenden soll über Schicksale von Kindern, Jugendlichen und Erwachsenen mit AD(H)S berichtet werden, die so nicht hätten verlaufen müssen, wenn die Betroffenen, ihre Familien und ihre Ärzte zu einem früheren Zeitpunkt mehr über das Erscheinungsbild von AD(H)S gewusst hätten.

1.2 Auch das ist AD(H)S – Berichte über Kinder, Jugendliche und Erwachsene mit AD(H)S

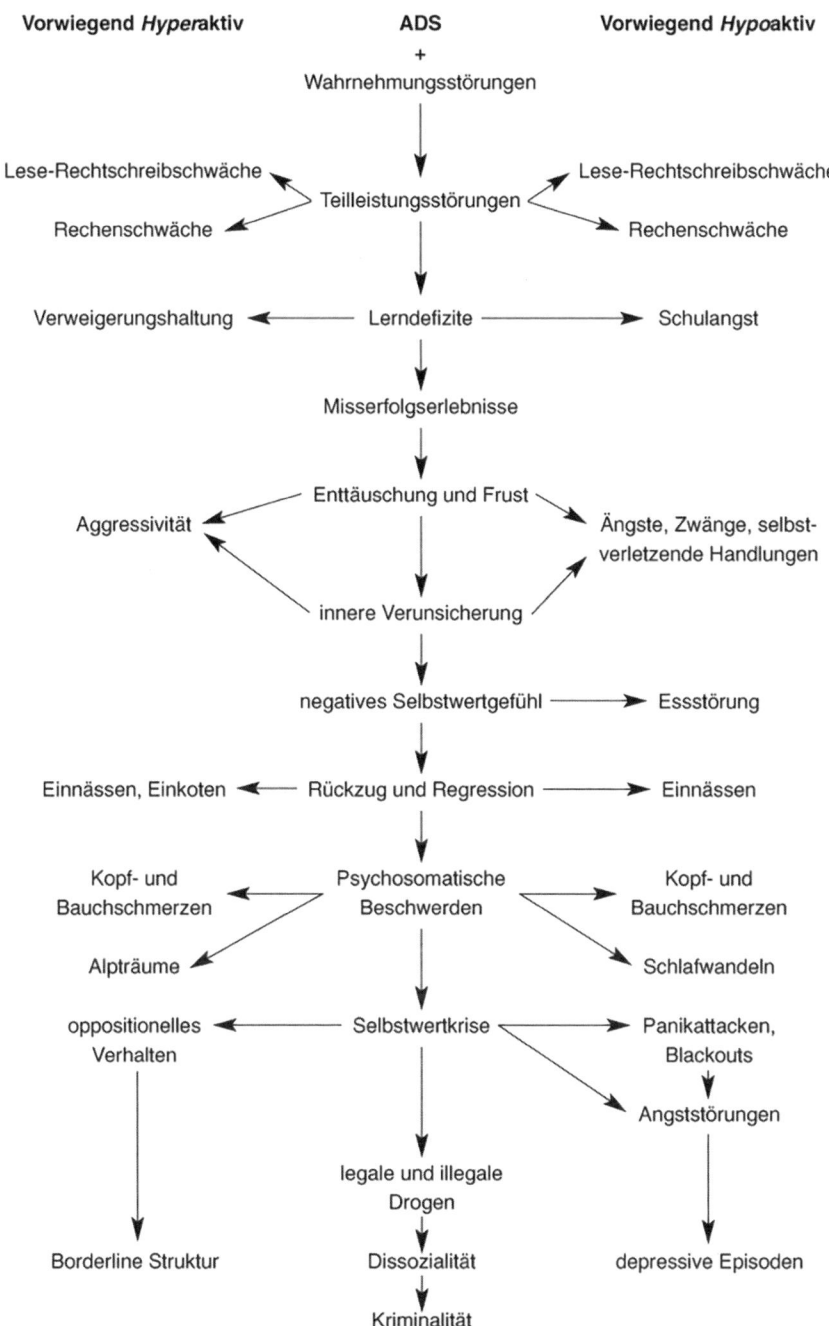

Abb. 1.3: Begleiterscheinungen und Folgeerkrankungen des AD(H)S in ihrer möglichen Dynamik

Sarah, knapp 6 Jahre alt, hyperaktiv, drohende Zurückstellung der Einschulung

Sarah wird bald sechs Jahre alt und soll in die Schule kommen. Damit beginnt ihre Problematik, denn Sarah sei dazu nicht reif genug – so urteilen jedenfalls ihre Kindergärtnerinnen. Sie meinen, Sarah müsse von der Einschulung zurückgestellt werden und erst die Vorschule besuchen. Sie sei in ihrem Verhalten zu ängstlich und wozu sie keine Lust habe, das verweigere sie. Am auffälligsten sei, dass Sarah keinen Stift in die Hand nehmen wolle, um zu malen oder zu schreiben. Gehe etwas nicht nach ihrem Willen, motze sie und verlasse das Zimmer. Draußen reagiere sie ihre Wut aggressiv ab oder setze sich in eine Ecke und weine. Die Kindergärtnerinnen schlussfolgern daraus, dass sie überfordert sei.

Sarahs Eltern sind Akademiker. Ihre Schwester Anna besucht die 5. Klasse des Gymnasiums, sie hat einen AD(H)S-Mischtyp mit Tendenz zur Hyperaktivität. Dies wurde aber spät erkannt und erst in der 4. Klasse behandelt. Der Lehrer machte damals die Eltern darauf aufmerksam. Sie hatten die Diagnose »Verdacht auf HKS« schon vom Kinderarzt gehört, aber sie sträubten sich dagegen und insbesondere gegen eine mögliche Behandlung mit Psychopharmaka. Erst als sich die Problematik so zuspitzte, dass Anna nicht mehr in die Schule gehen wollte und die Hausaufgaben verweigerte, stimmten die Eltern einer Diagnostik und einer Behandlung zu. Diese erfolgte dann mit Verhaltenstherapie, der Gabe von Medikamenten und dem Einüben eines regelmäßigen Lerntrainings. Die Eltern wollten jedoch zuerst die Behandlung abbrechen, da sie nur einer Verhaltenstherapie zustimmten. Das Mädchen bestand aber auf Weiterbehandlung und sagte damals: »Die Frau hilft mir, ich will die Tabletten nehmen«. Anna hat einen sehr starken Willen und überzeugte ihre Eltern. Sie hatten große Vorbehalte gegen Medikamente und akzeptierten höchstens homöopathische Mittel. Mittlerweile besucht Anna das Gymnasium und ist in der Schule recht zufrieden mit sich. Sie hat einen IQ von über 120, aber auch Teilleistungsstörungen mit einer Rechtschreibschwäche bei AD(H)S. Trotzdem stimmen die Eltern einer Therapie nur bedingt zu. Sie geben die Tabletten nur für die Schule und für die Hausaufgaben.

Jetzt bringen die Eltern die fünfjährige Sarah zur Diagnostik. Das Mädchen klammert sich an die Mutter und setzt sich sofort auf ihren Schoß, von dem sie nicht mehr wegzubringen ist. Sie dreht ihren Kopf weg und reagiert auf nichts. Die Mutter berichtet: Im Kindergarten sei Sarah unauffällig. Dort sei sie sogar oft der Anführer. Sie sei beim Spielen sehr kreativ und baue komplizierte Landschaften und Häuser mit Legosteinen, in denen dann ihre Puppen wohnen. Sie sei lebhaft, sportlich, bewegungsfreudig, wolle aber keinen Stift anfassen. Sie verweigere jegliches Schreiben, motze, werde schnell wütend. Sie wolle nicht in die Schule gehen. Bei diesem Thema verlasse sie immer weinend das Zimmer. Sie bastle nicht und schneide nicht gern aus. Sie sei oft mit sich unzufrieden. Die Erzieherin habe ihre verkrampfte Stifthaltung mit ungeschickten und ungebremsten Bewegungen bemerkt. Dabei sei Sarah sehr wortgewandt, klug, könne Zusammenhänge sofort erkennen, wisse viel und kenne die Zahlen, könne aber keinen geraden Strich oder ein Rechteck zeichnen.

1.2 Auch das ist AD(H)S – Berichte über Kinder, Jugendliche und Erwachsene mit AD(H)S

Abb. 1.4: Die fünfeinhalbjährige Sarah malt diese geometrischen Figuren vor Aufnahme der Behandlung so ab

Die Erzieher sagen, Sarah sei ein kluges, aber zu empfindliches Mädchen, feinmotorisch ungeschickt und sozial unreif. Sie könne nicht verlieren und reagiere oft kleinkindhaft. Deshalb bekam sie Ergotherapie verordnet, gehe aber nicht alleine, sondern nur mit der großen Schwester hin. Auch dort verweigere sie jede Mitarbeit – sie spiele höchstens mit der Schwester in der Hängematte oder im Ballbett.

Sarahs Diagnostik gestaltet sich schwierig. Eine Kontaktaufnahme ist nur im Beisein der Schwester möglich. Im Wartezimmer verhalten sich beide Kinder sehr lebhaft. Beim Auftrag, mit Spielmaterial etwas zu gestalten, baut die größere

Schwester einen Tierpark auf mit Kindern, Tieren, Erwachsenen und Bäumen. Sarah dagegen umzäunt den Tierpark mit einer dicken, hohen Mauer aus allen vorhandenen Bausteinen.

Sarah hat einen starken Willen, sie spürt aber ihre Grenzen. Da sie sehr intelligent ist, leidet sie besonders unter ihren Defiziten. Sie merkt, dass sie manches nicht kann, was die anderen Kinder viel leichter und besser können. Eigentlich will sie unbedingt in die Schule, ist aber verunsichert und traut sich wenig zu. Diese innere Verunsicherung mit dem schlechten Selbstvertrauen belastet sie. So entwickelt sie Ängste, wie Dunkel- und Trennungsangst, und weicht zu Hause keinen Schritt von der Seite ihrer Mutter.

Die Eltern haben für alles eine eigene Erklärung und entschließen sich zunächst für Abwarten. »Mal sehen, wie sie die Schule schaffen wird.« Acht Wochen vor Schulbeginn brachten die Eltern Sarah dann doch noch auf Anraten der Ergotherapeutin zur Behandlung. Sie hatten sich überzeugt, dass ihre Feinmotorik, ihr langsames Arbeitstempo, ihre Unkonzentriertheit, ihre Überempfindlichkeit und ihre Ängstlichkeit einen schulischen Misserfolg vorprogrammieren würden. Noch immer traut sie sich unter Fremden kaum etwas zu, sagt immer gleich: »Das kann ich nicht«. Was soll das nur in der Schule werden?

Da die Medikamente sofort wirken und das Mädchen leistungsmotiviert ist, verspürt sie gleich »viele neue Fähigkeiten«, die ihr bisher versagt waren. Sie beginnt, mit Freude zu malen und Buchstaben in die Reihen zu schreiben. Ihr Vorschulheft legt sie nun nicht mehr so schnell aus der Hand. Sie spricht ruhiger, überlegter und kann plötzlich zuhören. Sie wird selbstständiger und weniger ängstlich. Man kann jetzt mit ihr vernünftig reden, ihr Hinweise geben, ohne dass sie gleich gekränkt ist. Sie beginnt, sich auf die Schule zu freuen, was bisher überhaupt nicht der Fall war.

Vom ersten Schultag an ist Sarah dank ihrer überdurchschnittlichen Intelligenz für die Lehrerin ein unkompliziertes und unauffälliges Mädchen. Die Eltern wissen um ihre Probleme, bei deren Bewältigung sie natürlich noch Hilfe braucht. Manchmal muss sie in der Schule und auch zu Hause noch ermahnt werden, konzentrierter und zügiger zu arbeiten, nicht zu träumen oder ordentlicher zu schreiben. Aber was zuvor nicht möglich gewesen wäre, gelingt ihr jetzt unter anderem mithilfe der Tabletten. Da Sarah nach Anerkennung strebt und von der Lehrerin gelobt werden möchte, strengt sie sich aus eigenem Antrieb an und will von sich aus noch besser werden. So kann sie ihre Schulzeit genießen und durch Schulleistungen, mit denen sie zufrieden ist, ein gutes Selbstwertgefühl entwickeln. Ohne sich selbst unter Druck zu setzen, kann sie nun ihre Fähigkeiten erfolgreich einsetzen. Dabei braucht sie keine Angst zu haben, getadelt oder ausgelacht zu werden.

Jessica, 9 Jahre, hyperaktiv, hochbegabt und mit Problemen in der sozialen Integration

Die neunjährige Jessica ist ein hyperaktives Mädchen, das einerseits hochbegabt ist, andererseits Probleme in der sozialen Integration besitzt. Sie besucht die 3. Klasse, als sie mit ihrer Mutter – von der Lehrerin geschickt – in die Praxis kommt. Sie sei in der Schule unruhig, unkonzentriert, frage sehr viel und rede dabei immer dazwischen, sodass sie die anderen ständig ablenke. Die Schulpsychologin, die bei Jessica eine sehr hohe Intelligenz festgestellt hat, vermutet eine Unterforderung des Mädchens. Ihre Schulleistungen, so die Mutter, seien bis auf Rechnen sehr gut. Dort vergesse sie schnell alles einmal Gekonnte. Jetzt könne sie das Einmaleins perfekt, habe aber vergessen, wie Minusaufgaben gerechnet werden. Gäbe es diese Probleme nicht, würde die Mutter dem Rat der Psychologin folgen und Jessica eine Klasse überspringen lassen. Denn bei neuen Unterrichtsinhalten sei Jessica konzentrierter und sie besitze die Fähigkeit, den Lernstoff sehr schnell zu begreifen.

Abb. 1.5: Die neunjährige Jessica malt ein Haus, einen Baum und einen Menschen so

Die Mutter berichtet, dass Jessica ein aufgewecktes und schon immer sehr wissbegieriges Mädchen sei. Dabei sei sie ungeduldig. Bevor man ihre Frage beantworten könne, habe sie sich schon wieder etwas anderem zugewandt. Sie habe im Kindergarten schon den Boss gespielt, alle richteten sich nach ihr, dort war sie der Mittelpunkt. Jetzt scheine sich das zu ändern, Jessica habe immer weniger Freunde, mit denen sie auskomme. Sie werde kaum noch zu Geburtstagen eingeladen und finde alle früheren Freundinnen »blöd und langweilig«. – »Ist Jessica also doch zu begabt und die anderen können ihr nicht folgen?«

Aus der Schule bringt Jessica sehr gute Noten nach Hause; wenn sie mal eine drei schreibt, wird sie wütend und nennt sich einen Versager. Ansonsten sei ihr Verhalten in der Schule viel besser als zu Hause. Dort sei sie sehr impulsiv. »In ihrem Körper tobt manchmal ein richtiges Gewitter«, so ihre Mutter. Sie lebe alle Gefühle sofort aus und könne nicht warten, wenn sie etwas haben möchte. Sie müsse immer ihren Willen durchsetzen und diskutiere dann endlos. Nach außen ein »Power-Mädchen«, sei sie innerlich hoch sensibel. Mit ihrem starken Gerechtigkeitssinn vergesse sie die kleinste Ungerechtigkeit nicht, selbst wenn sie schon eine Ewigkeit zurückliege. Sie fühle sich schnell beleidigt und benachteiligt. Dabei berichte Jessica aus der Schule nur wenig.

Die Schulaufgaben erledigt Jessica schnell und zügig. Wenn sie länger schreiben muss, schmerzt ihr die Hand. Sie drückt zu sehr auf und schreibt verkrampft. Die zweite Feder vom mittlerweile dritten oder vierten Füllhalter ist schon wieder verbogen. Sie hat schon viele Sachen verloren oder irgendwo liegengelassen und wusste nicht mehr, wo. Wenn sie sich aufregt, wird ihre Schrift viel schlechter und sie verrechnet sich häufiger. Bemängelt man das, flippt sie aus.

Gleich nach den Hausaufgaben geht sie spielen, sie braucht viel Bewegung. Sie ist dann draußen gern mit älteren Kindern zusammen, auf die sie zugeht und von denen sie auch akzeptiert wird. Manchmal, wenn keiner von den älteren Kindern zu sehen ist, wendet sie sich kleineren Kindern auf dem Spielplatz zu, die sie dann fürsorglich betreut. Dabei kann sie sanft und ausgeglichen sein. Kleine Kinder schreit sie niemals an, aber mit Gleichaltrigen kommt sie nicht aus. Es gibt rasch Streit und Tränen, dort fühlt sie sich schnell unverstanden.

Jessica kann ganz verschieden sein, sie hat zwei Seiten. In ihrer Freizeit hat sie viele Aktivitäten angefangen und immer wieder abgebrochen. Sie war in verschiedenen Sportvereinen und im Tanzzirkel aktiv und begann Geigenunterricht. Aber zu allem fehlte ihr die nötige Ausdauer.

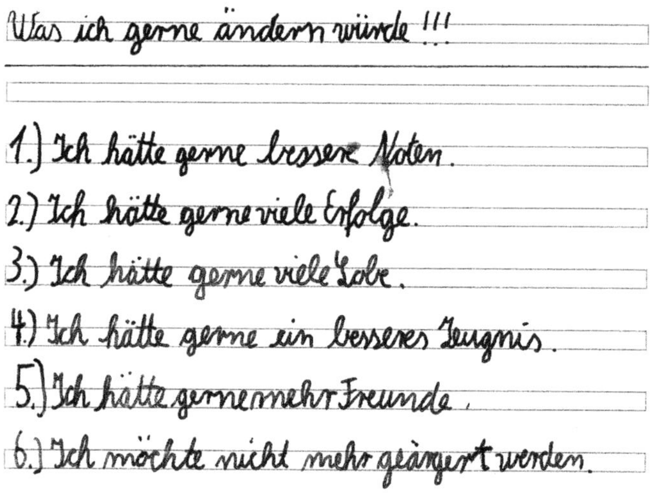

> Was ich gerne ändern würde !!!
>
> 1.) Ich hätte gerne bessere Noten.
> 2.) Ich hätte gerne viele Erfolge.
> 3.) Ich hätte gerne viele Lobe.
> 4.) Ich hätte gerne ein besseres Zeugnis.
> 5.) Ich hätte gerne mehr Freunde.
> 6.) Ich möchte nicht mehr geärgert werden.

Abb. 1.6: Jessica schreibt auf, was sie gerne ändern würde

Die Diagnostik in der ärztlichen Praxis ergab bei Jessica ein AD(H)S bei sehr guter intellektueller Ausstattung. Trotzdem wurde hier vom Überspringen einer Klassenstufe abgeraten, da Jessicas Unkonzentriertheit nicht als Folge einer geistigen Unterforderung, sondern als eines von vielen AD(H)S-Symptomen erkannt wurde, die Jessica teilweise überfordern. Obwohl sie glücklicherweise nur unter wenigen

1.2 Auch das ist AD(H)S – Berichte über Kinder, Jugendliche und Erwachsene mit AD(H)S

Teilleistungsstörungen leidet, waren doch deutliche Auffälligkeiten im Verhaltens- und Leistungsbereich nachweisbar. Das Überspringen einer Klassenstufe hätte das Gegenteil des gewünschten Effekts mit sich gebracht und für Jessica alles noch verschlimmert.

Erst durch eine psychiatrisch-psychotherapeutische Behandlung konnte Jessica ihre sehr guten intellektuellen Fähigkeiten im vollen Umfang kontinuierlich und zuverlässig nutzen und ein gutes Selbstwertgefühl entwickeln.

> Bei sehr oder hochbegabten Kindern, die in der Schule und im Elternhaus deutliche Verhaltensprobleme aufweisen, sollte mehr als bisher an ein AD(H)S als deren Ursache gedacht werden. Die ärztliche Praxis offenbart, dass die Kombination von AD(H)S und Hochbebabung keine Seltenheit ist und viel zu häufig übersehen wird.

Eric, 10 Jahre, besucht die Hauptschule, AD(H)S ohne Hyperaktivität

Eric besucht die 5. Klasse der Hauptschule und hat große Probleme, die ihn an sich selbst zweifeln lassen. Er hat ein AD(H)S ohne Hyperaktivität bei fast Hochbegabung, aber beides wusste er bisher noch nicht.

In der Sprechstunde berichtet Eric über sich: Er sei mit sich nicht zufrieden, seine Mathematiknoten liegen zwischen vier und fünf, die Diktatnoten zwischen drei und fünf. Seine Schrift sei schlecht, im Sport sei er jedoch sehr gut. Er gehe auch nicht gern in die Schule und habe keine Lust, Hausaufgaben zu machen, die er sowieso oft vergesse. Er fühle sich meist nicht verstanden, weder zu Hause noch in der Schule. Eigentlich wollte er auf das Gymnasium, dorthin gehe auch sein bester Freund, den er seit der Kindergartenzeit habe (beim Erzählen bekommt Eric Tränen in die Augen, deshalb wechseln wir schnell das Thema).

Sein kleiner Bruder nerve ihn, mit seinen Eltern sei er dagegen zufrieden. Sie sagen immer, er sei zu langsam. Er könne aber nicht schneller, selbst nicht, wenn er sich anstrenge. Er rege sich schnell auf, weine leicht und dann gehe gar nichts mehr. Er wolle Fußballer werden. Eric liest in der Hauptsache Comics, sitzt gern vor dem Fernseher, macht Computerspiele, spielt mit dem Gameboy und fährt gern Inliner.

Seine Mutter erzählt, dass Eric sehr empfindlich sei und man ihm gar nichts sagen dürfe. Dabei brauche er ständig Anleitung. Sie mache sich Sorgen. Eric sei mit sich überhaupt nicht zufrieden. Er rede nur schlecht über sich und traue sich gar nichts zu. Er sage oft: »Niemand könne ihn leiden und wir als Eltern würden ihn auch nicht verstehen.« Er grüble sehr viel und male schwarze, aggressive Bilder, die er gleich wieder zerreiße.

Dabei sei Eric – so die Mutter – ein liebes Kind gewesen: »Er war unser Sonnenschein«. Als Säugling war er sehr anstrengend. Er schlief wenig und war ein ausgesprochenes »Schreikind«. Er schlief nur, wenn die Eltern ihn umhertrugen oder im Kinderwagen herumfuhren. Er sei nicht gekrabbelt, aber habe gerobbt und sei mit zehn Monaten gelaufen. Die Sprachentwicklung war gut. Nachts war er mit zwei Jahren sauber, tagsüber aber erst im vierten Lebensjahr; deshalb kam er später in den Kindergarten. Er brauchte schon immer viel Aufmerksamkeit, wollte stets alles wissen und konnte stundenlang mit seinen Legobausteinen sehr schöne Burgen bauen. Den anderen Kindern gegenüber war er sehr bestimmend.

Im Kindergarten gab es keine Probleme. Eric hatte viel Freiraum, spielte immer in der Bauecke, hatte damals schon den gleichen Freund wie heute. Als einziges Kind besaß er allerdings keine Vorschulmappe. Er wollte nicht malen oder schreiben, war aber sonst sehr pfiffig, lernte schnell auswendig. Die Kindergärtnerin sagte, er sei ein kluger Junge und körperlich sehr geschickt.

In der ersten Klasse hatte er Probleme, beim Schreiben die Linien einzuhalten. Er wurde ständig von der Lehrerin ermahnt. Er schrieb manchmal Spiegelschrift und verwechselte die Buchstaben. Mit der Lehrerin kam er nicht gut zurecht. »Wir glaubten«, so die Mutter, »sie hat ihn aufgegeben«. Eric sollte die 1. Klasse wiederholen, was die Eltern aber nicht wünschten, da er ein sehr guter Rechner war. Sie veranlassten einen Klassenwechsel. Ab der 2. Klasse hatte er eine Lehrerin, die einen strukturierten Unterricht machte. Eric mochte diese Lehrerin – die streng, aber gerecht war – gut leiden. Trotzdem hatte er weiterhin Probleme beim Abschreiben von der Tafel, im Lesen war er zu langsam und beim Rechnen von Minusaufgaben machte er viele Flüchtigkeitsfehler.

Erics Schulzeugnisse der folgenden Jahre spiegeln seine Probleme und Hilflosigkeit deutlich wider:

Zeugnis der 1. Klasse
»Eric ist ein friedlicher, hilfsbereiter Junge mit gutem sozialem Verhalten. Er nimmt rege am Unterricht teil, denkt mit und bringt sein ausgezeichnetes Vorwissen ein. Arbeitsaufträge, die ihm zusagen, führt er selbstständig und konzentriert aus, allerdings dauert es oft viel zu lange, bis er sein Arbeitsmaterial auf dem Tisch hat und zu arbeiten anfängt. Ab und zu zeigt er sich eigenwillig und stur, dann verweigert er alle Anweisungen, besonders häufig das Schreiben. In Mathematik hat Eric keine Probleme. Im Lesen ist er viel zu langsam. Das Lesen muss noch flüssiger werden. Auch das Aufschreiben von Wörtern gelingt ihm oft nur fehlerhaft. Seine Schrift entspricht oft seiner Einstellung zur Arbeit. Seine Hefte sind leider weniger ordentlich geführt.«

Zeugnis der 2. Klasse (1. Halbjahr, Lehrerwechsel)
»Eric, du bist ein besonderer Schüler. Ein schlaues, vielschichtig begabtes, toll mitdenkendes Kerlchen, das bei ganz normalen Anforderungen hin und wieder in den Streik tritt. Wenn du dann noch unter dem Tisch sitzt, verstehe ich die Welt nicht mehr. Mit dir kann man schon richtig diskutieren, da passt dieses sture Verhalten nicht dazu. Man kann als Erwachsener nicht ohne Lesen und Schreiben auskommen, auch dann nicht, wenn man im Rechnen gut ist. Dein Lesen hat sich gebessert; es ist aber noch viel zu langsam und zu stockend. Beim Auswendigschreiben geübter Sätze machst du noch viel zu viele Fehler. Das Theater, das du wegen der Hausaufgaben machst, ist schrecklich. Es nützt doch gar nichts. Deine Hefte und deine Schrift könnten ordentlicher aussehen. Die Buchstaben hängen teilweise zwischen den Linien.«

1.2 Auch das ist AD(H)S – Berichte über Kinder, Jugendliche und Erwachsene mit AD(H)S

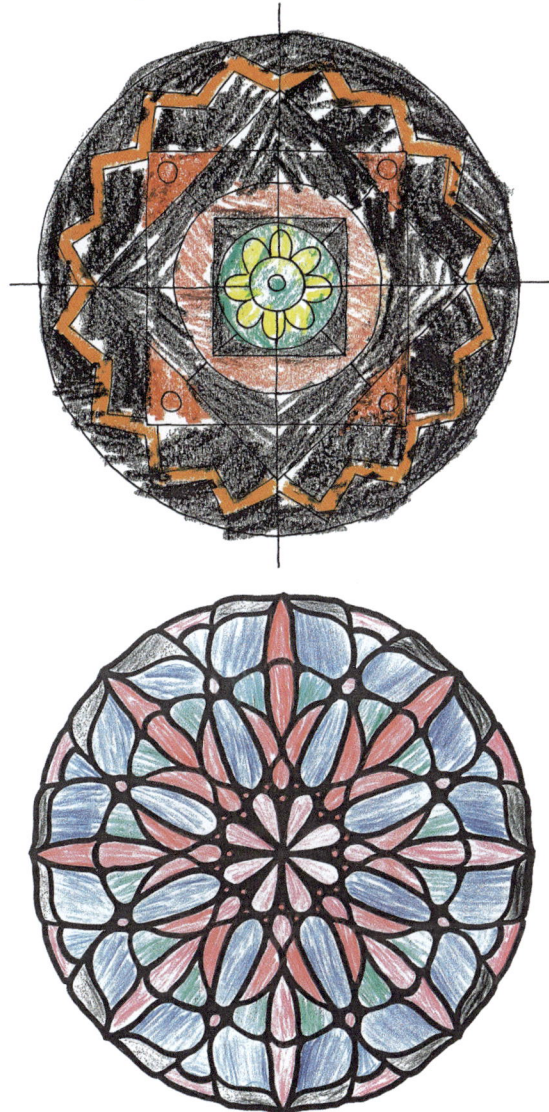

Abb. 1.7: Eric malt Mandalas aus (vor und nach Behandlungsbeginn)

Zeugnis der 2. Klasse (2. Halbjahr)

»Lieber Eric, dir ein Zeugnis zu schreiben ist nicht einfach, wie du auch nicht einfach bist. Oftmals zeigst du dich zugänglich und voller Schwung im Unterricht. Es gibt aber auch Tage, da trödelst du und träumst vor dich hin, schaltest auf stur und arbeitest überhaupt nicht mit, obwohl du sicher viel mehr könntest. Du hast nur keine Lust, es gefällt dir gerade nicht, dies zu erledigen, also tust du nichts. Eric, mit diesem Verhalten kannst du im 3. Schuljahr nicht bestehen!!! Das wird sich auf deine Leistungen auswirken und das wäre schade. Du kannst nun schon deutlich besser lesen, machst in den Diktaten nur wenige Fehler und kannst fantasievolle Geschichten schreiben. Im Rechnen löst du die gestellten Aufgaben deutlich sicherer. Deine Hefte allerdings sehen unmöglich aus. Die Schrift ist holprig, die Buchstaben hängen zwischen den Linien.«

Zeugnis der 3. Klasse (eine neue Klassenlehrerin)
»Eric ist im Unterricht meistens nicht aufmerksam. Er muss zur Mitarbeit aufgefordert werden. Er arbeitet außerdem nicht immer sorgfältig und gewissenhaft. Mehr Wert sollte er auf eine saubere Formgebung und auf einen sachgerechten Gebrauch von Arbeits- und Lernmaterialien legen. Es gelingt ihm noch immer schwer, vereinbarte schulische Regeln und Ordnungen einzuhalten. Das größte Problem ist aber sein Arbeitstempo. Er vermag manche Arbeitsanweisungen nicht aufzunehmen und entsprechend ohne Hilfe umzusetzen. Es gelingt ihm oft nicht, seine Arbeiten in vorgesehener Zeit abzuschließen, besonders kann er das Tempo im Diktat nicht einhalten.«
Bei sonst guten Noten – Rechtschreibung: 4; Mathematik: 4

Zeugnis der 4. Klasse
»Eric ist ein höflicher, freundlicher Junge. Er ist vielseitig interessiert und beteiligt sich je nach vorherrschender Stimmungslage mit guten mündlichen Beiträgen am Unterricht. Bei Schreibaufgaben fällt es ihm schwer, einen Anfang zu finden und im angemessenen Tempo weiter zu arbeiten. Im Unterricht scheint er zuweilen völlig abgelenkt und taucht in seine Gedankenwelt ab. Erics Verhalten ist immer noch auffällig. Er pflegt nur zu wenigen Mitschülern Kontakte.«
Noten alles 3, Schrift: 4, Rechtschreibung: 4, Sprachgestaltung: 4

Zeugnis 5. Klasse (Hauptschule)
»Dem Unterricht folgst du mittlerweile leider desinteressiert, sehr oft bist du abgelenkt, zudem zeigst du wenig Anstrengungsbereitschaft. Du versinkst in eine Traumwelt und lässt dich nur phasenweise zur Mitarbeit aktivieren. Dann arbeitest du aber viel zu langsam, trotzdem bekommst du wichtige Lerninhalte nicht vollständig mit. Du musst aufhören, zu träumen, und dein Arbeitstempo unbedingt beschleunigen. Dass du es kannst, hast du schon bewiesen, wenn auch sehr selten. In den schriftlichen Arbeiten bist du sehr oberflächlich und wenig sorgfältig. Trotz der vielen Zeit, die du benötigst, scheinst du beim Schreiben überhaupt nicht nachzudenken.«
Mitarbeit: unbefriedigend, Verhalten: befriedigend, Deutsch: 5, Musik, Biologie und Physik: 3. sonst alles 4

Eric kam auf Initiative seiner Mutter in die ärztliche Praxis. Dort war aus seiner Lebensgeschichte Folgendes zu erfahren: Wegen einer leichten Rechtschreibschwäche erhielt der Junge Ergotherapie. Da Eric zunehmend zu Hause ängstlicher und mit sich unzufrieden wurde, absolvierte er bei einer Psychologin eine Spieltherapie. Die Psychologin stellte bei ihm Hochbegabung fest. 1997 schrieb die Psychologin: »hochbegabter Junge, der einen geringen Spannungsbogen und ein

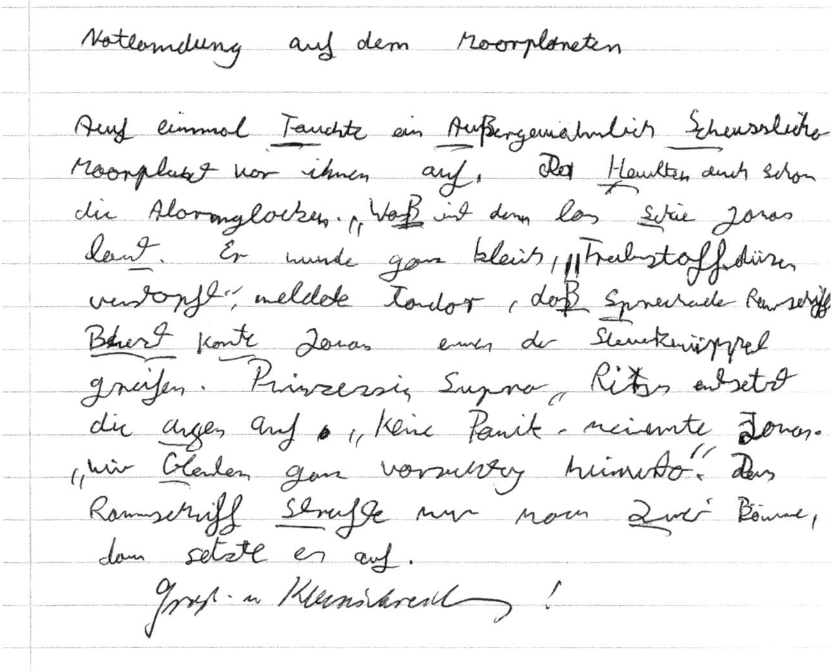

1.2 Auch das ist AD(H)S – Berichte über Kinder, Jugendliche und Erwachsene mit AD(H)S

Notlandung auf dem Moorplaneten

Auf einmal tauchte ein außergewöhnlich scheussliche Moorplanet vor ihnen auf. Da heulten auch schon die Alarmglocken. "Was ist denn los" schrie Jonas laut. Er wurde ganz bleich, "Treibstoffdüsen verstopft", meldete Tondor, daß spreuende Raumschiff. Behert konnte Jonas einen der Steuerknüppel greifen. Prinzessin Supra, Ritas entsetzt die Augen auf. "Keine Panik" meinte Jonas. "wir gleiten ganz vorsichtig hinunter." Das Raumschiff streifte nur noch zwei Bäume, dann setzte es auf.

Groß- u. Kleinschreibung !

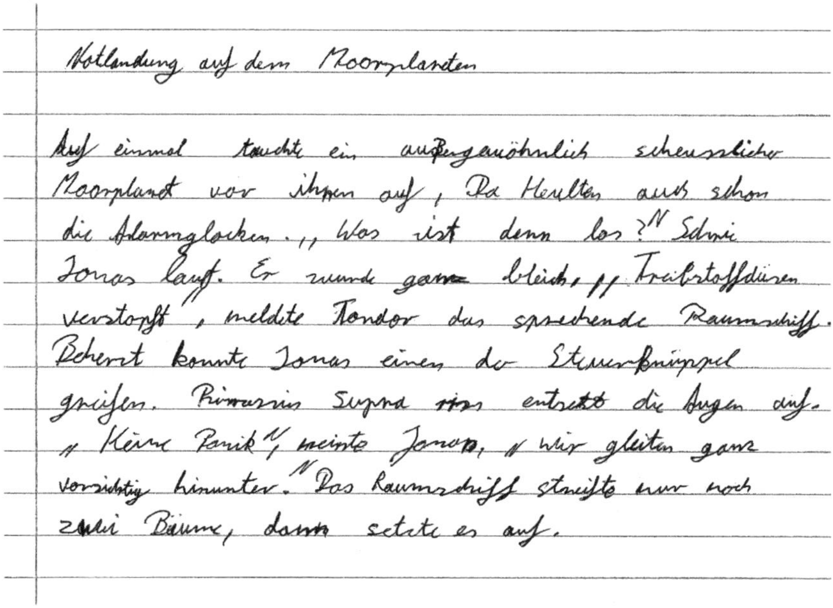

Notlandung auf dem Moorplaneten

Auf einmal tauchte ein außergewöhnlich scheussliche Moorplanet vor ihnen auf, Da heulten auch schon die Alarmglocken. "Was ist denn los?" Schrie Jonas laut. Er wurde ganz bleich, "Treibstoffdüsen verstopft", meldete Tondor das spreuende Raumschiff. Behert konnte Jonas einen der Steuerknüppel greifen. Prinzessin Supra riss entsetzt die Augen auf. "Keine Panik", meinte Jonas, "wir gleiten ganz vorsichtig hinunter." Das Raumschiff streifte nur noch zwei Bäume, dann setzte es auf.

Abb. 1.8: Schriftproben von Eric (vor und nach Behandlungsbeginn)

gestörtes Selbstwertgefühl hat; trotzdem dieses sehr gute Ergebnis im Intelligenztest«.

Eric entwickelte immer mehr Ängste: Dunkelangst, Trennungsangst, Angst in die Schule zu gehen und dort ausgelacht zu werden. Er hielt sich für einen Versager, wurde sehr affektlabil und unsicher. Schließlich traute er sich gar nichts mehr zu und zog sich zurück.

In die Ergotherapie ging Eric gern. Sie dauerte über drei Jahre und verfolgte im Wesentlichen vier Behandlungsziele, nämlich die Förderung a) der sozialen sowie emotionalen Kompetenzen, b) der Konzentration und Ausdauer, c) der Selbstständigkeit und Alltagsbewältigung sowie d) der sensorischen Integration. Dass die Ergotherapie allein jedoch nicht in der Lage war, Erics Schwierigkeiten zu beseitigen, geht aus dem Abschlussbericht der Therapeutin hervor: »Erics Mutter ist besorgt wegen der sich verschlechternden Schulsituation und möchte ihren Sohn weiter in Bezug auf eine AD(H)S-Störung untersuchen lassen.«

Die Untersuchungsbefunde von Eric (HAWIK von 2011: Gesamt-IQ = 131; Verbalteil IQ = 136; Handlungsteil IQ = 119; Kramer-Entwicklungstest: IQ = 115; Raven-Test: IQ = 115) zeigen klar, dass der Junge eine überdurchschnittliche Intelligenz besitzt.

Die in der psychiatrischen Praxis gestellte Diagnose für Eric:

- AD(H)S ohne Hyperaktivität.
- Lese-Rechtschreib-Schwäche
- Multiple Teilleistungsstörungen
- Räusper-Tic
- Selbstwertproblematik mit Versagensängsten

> Aus Erics Beispiel lässt sich ein typisches Schicksal für ein hypoaktives Kind ablesen. Die Symptomatik der Hypoaktivität ist dabei immer noch zu wenig bekannt, obwohl den betroffenen Kindern sehr erfolgreich geholfen werden kann. Gerade hierfür ist die Zusammenarbeit mit der Schule sehr wichtig. Denn oft sind es die Lehrerinnen und Lehrer, die als erste auf die Symptome (in den Zeugnissen) unmissverständlich hinweisen.

Anna-Maria, eine 15-jährige Jugendliche mit AD(H)S ohne Hyperaktivität und mit sehr guten Schulnoten

Anna-Maria besucht die 9. Klasse des Gymnasiums. Sie ist eine sehr gute Schülerin, sehr fleißig, sehr motiviert und leistungsorientiert mit hohem Anspruch an sich selbst. Seit drei Jahren entwickelt sie zunehmend soziale Ängste und insbesondere Versagensängste. Seit einem Jahr hat sie manchmal kurze depressive Phasen mit Selbstwertproblematik, Selbstunsicherheit und Panikattacken. Bei den Klassenarbeiten traten in letzter Zeit mehrmals Blackout-Reaktionen auf, die Anna-Maria noch mehr verunsicherten und verstärkt Selbstzweifel aufkommen ließen. Dazu kamen zunehmende Schlafstörungen, Kopf- und Bauchschmerzen mit häufigen

1.2 Auch das ist AD(H)S – Berichte über Kinder, Jugendliche und Erwachsene mit AD(H)S

Durchfällen. Das Mädchen litt ständig unter dem Gefühl der inneren Unruhe. Sie empfand sich selbst als unkonzentriert, zerstreut, vergesslich und viel zu empfindlich. In den letzten zwei Jahren entwickelte sie eine Essstörung mit Tendenz zur Bulimie[4]. Sie verlor dadurch etwa 10 kg an Gewicht, was von ihr durchaus gewollt war. Sie sei früher »mollig« gewesen, so behauptet sie, jetzt sei sie dagegen mit ihrer Figur »zufrieden«.

Bei Anna-Maria liegt eine familiäre Disposition für AD(H)S vor. Ihr jüngerer Bruder ist hyperaktiv und wird mit Stimulanzien erfolgreich behandelt. Eine Tante ist depressiv und deshalb in ständiger stationärer psychiatrischer Behandlung. Ein weiterer Verwandter sei alkoholabhängig. Die Mutter ist perfektionistisch und hat eine »Putzsucht«, d. h. sie steht unter dem Zwang, die Wohnung immerzu zu säubern und übertrieben sauber zu halten.

Aus der Lebensgeschichte von Anna-Maria ist zu erfahren, dass ihre Entwicklung bisher völlig unauffällig gewesen ist. Auf intensives Nachfragen ergibt sich jedoch, dass sie zehn logopädische Behandlungen wegen einer gering ausgeprägten Dyslalie (= die Unfähigkeit, einige Konsonanten aussprechen zu können) erhielt. Außerdem bekam sie Krankengymnastik wegen einer allgemeinen Muskelschwäche. Beides fand im dritten Lebensjahr statt. Im Kindergarten war Anna-Maria unauffällig, ein ruhiges, liebes, verspieltes Mädchen, das nur eine feste Freundin hatte und eine Kindergärtnerin, die sie über alles liebte. Auch die Grundschulzeit verlief sehr gut. Anna-Maria war in den mündlichen Leistungen immer deutlich besser, im Schriftlichen machte sie oft Leichtsinnsfehler. Sie hatte Probleme, einen Aufsatz zu schreiben und Textaufgaben zu lösen. Dadurch erreichte sie oft keine guten Noten, worüber sie sich sehr ärgerte.

Die psychologische und psychiatrische Untersuchung ergab bei Anna-Maria eine sehr gute intellektuelle Ausstattung mit einem Gesamt-IQ von 132 bei leichter Rechtschreibschwäche. Ihr Schriftbild ist unharmonisch, die visuomotorischen Fähigkeiten sind nicht altersgerecht.

Von der 7. Klasse an wurde Anna-Maria deutlich empfindlicher, sie begann leicht zu weinen und zog sich in Krisensituationen schnell zurück, ohne sich angemessen zu verteidigen. Sie isolierte sich von den Klassenkameraden und wurde zur Einzelgängerin. Sie hatte damals noch immer ihre feste Freundin aus dem Kindergarten, die in der gleichen Klasse war. Als die Freundin dann mit den Eltern aus dem Heimatort wegzog, litt Anna-Maria sehr darunter.

Anna-Marias Zensurendurchschnitt beträgt jetzt in der 9. Klasse 1,7: In Englisch und Deutsch hat sie ein gut, in anderen Fächern ein sehr gut.

Anna-Maria arbeitet zwanghaft, fast den ganzen Nachmittag bis in die Nacht hinein. Dennoch verfolgt sie die Angst, den Schulstoff am nächsten Morgen nicht zu können und zu versagen. Sie schläft deshalb schlecht, hat am Morgen oft Kopf- und Bauchschmerzen. Sie lernt viel auswendig, was sie sehr schnell und gut kann. Hat sie in der Schule einmal eine »schlechte« Note – was für sie beispielsweise eine Drei ist –, dann weint sie. Sie gilt deshalb in der Schule als Mimose und als Streberin. Daraus schließt sie, dass keiner sie leiden könne. So zieht sie sich zurück und meidet jegli-

---

4 Bulimie ist ein periodisch auftretender Kontrollverlust mit unbeherrschbaren »Fressattacken« zum Frustabbau mit anschließendem Erbrechen.

chen Kontakt zu den anderen Mitschülern: »Alle verspotten mich und reden nur schlecht über mich«, meint sie.

Auch zu Hause fühlt sie sich benachteiligt und glaubt, die Eltern würden sich nur um ihren jüngeren Bruder kümmern, der in der Schule Probleme im Verhalten und in der Leistung zeigt.

> Einmal schrieb Anna-Maria ihren Eltern einen »Brief« auf einem kleinen Zettel, der bei den Eltern die beabsichtigte große Wirkung hinterließ:
> »Manchmal möchte ich weglaufen, denn ich würde euch bestimmt nicht fehlen. Ihr müsst euch ja den ganzen Tag um Kevin kümmern. Ich muß alles machen, wozu er keine Lust hat. Oft fühle ich mich benachteiligt und überfordert. Am schlimmsten ist, wenn ihr dann noch schimpft. Was Kevin nicht will, braucht er nicht zu machen. Ich dagegen muss alles können. Kevin ist die Nummer 1 in der Familie. Aber ich brauche euch auch und fühle mich manchmal sehr benachteiligt und wäre froh, wenn ihr mehr Zeit für mich haben würdet.

Nach Kenntnis dieses Briefes versuchten die Eltern, mit Anna-Maria zu reden. Sie erlebten aber nur ein trotzendes und motzendes Kind, mit dem sie kein vernünftiges Wort sprechen konnten. So schrieben sie das Verhalten ihrer Tochter der Pubertät zu, in der sich Anna-Maria ja nun vom Alter her befand.

Anna-Maria kann gut tanzen, traut sich aber nicht, bei einer Vorführung ein Solo zu übernehmen. Lieber geht sie gar nicht mehr hin. Auch den Gitarrenunterricht hat sie nach einer Weile aufgegeben.

Eine Lehrerin aus dem Gymnasium bemerkte schließlich, wie Anna-Maria seelisch litt, und empfahl ihr, eine Psychotherapie zu machen. Während der Therapie fällt Anna-Maria durch ihre besondere intellektuelle Ausstattung mit einer guten Wahrnehmungs-, Kritik- und Urteilsfähigkeit auf. Die zum Teil sehr reifen und klugen Gedanken stehen jedoch im Widerspruch zu dem teilweise kleinkindhaft anmutenden Verhalten. Das Mädchen hat einen starken Willen, gibt sich nach außen hin stark, ist dabei aber sehr unsicher, traut sich nichts zu und weint leicht. Sie hält sich für einen Versager und für einen »Menschen zweiter Klasse«.

Die Eltern schildern Anna-Maria als ein schwieriges Mädchen, das wohl in der Pubertät sei. Auffällig häufig ziehe sie sich in ihr verdunkeltes Zimmer zurück, um Musik zu hören. Sie gehe kaum weg und habe keinen Kontakt zu anderen Jugendlichen. Sie lerne sehr viel und intensiv und lasse sich immer wieder abfragen. Sie entwickle einen perfektionistischen Ordnungssinn. Gelinge etwas nicht gleich, schreie sie herum, dann gingen ihr die Nerven durch. Manchmal habe sie schon suizidale Absichten geäußert. Sie habe berichtet, schon Tabletten gesammelt zu haben. Ihr fehle nur der Mut. Manchmal sei sie an der Grenze ihrer Leistungsfähigkeit. Deshalb habe sie auch schon geraucht und Alkohol getrunken.

Die ärztliche Diagnostik ergab ein Aufmerksamkeitsdefizitsyndrom ohne Hyperaktivität. Die Behandlung erfolgte zunächst mit Informationen über das AD(H)S, einer genauen Analyse der Schulzeugnisse, Suche nach Teilleistungsstörungen, Elterngesprächen, fester Strukturierung des Tagesablaufes und verhaltenstherapeutischer Begleitung mit Unterweisung in der Durchführung von Entspannungsübungen. Schwerpunkt dabei war ein soziales Kompetenztraining mit Aufbau eines positiven Selbstwertgefühles. Aufgrund dieser Behandlung besserten sich langsam die starken Gefühlsausbrüche mit den sog. depressiven Löchern bei ausgeprägtem Schwarz-Weiß-Denken. Die negative Denkspirale Anna-Marias kehrte sich allmählich ins Positive. Bei der Schwere der Symptomatik wurde eine begleitende medikamentöse Behandlung mit Stimulanzien erforderlich. Im Laufe der Verhaltenstherapie gelang es Anna-Maria auch in der Schule, sich immer besser durchzusetzen und wieder Kontakte zu den Klassenkameraden aufzunehmen.

Sie berichtete schließlich, dass viele sie anriefen und mit ihr befreundet sein wollten. »Ich kann jetzt schon auswählen und auch manchmal ›nein‹ sagen.«

Anna-Maria berichtet aber auch, dass sie sich immer wieder aus einer Traumwelt herausholen muss. Das gelinge jedoch stets besser. Sie erlebe sich auf allen Gebieten viel erfolgreicher. Sie lerne, sich zu loben, und genieße ihren positiven Einfluss auf die Klasse. Schließlich wird sie zur Klassensprecherin gewählt und sie nimmt dieses Amt sogar mit Stolz an. Früher wäre das unmöglich gewesen. Dann hätte sie geglaubt, »man wolle sie nur fertig machen«, wie sie die Reaktion ihrer Klasse auf ihr Verhalten immer bezeichnete.

Anna-Maria beschreibt die positive Wirkung der Therapie als ein Wegschieben eines Schleiers. Sie kann nun alles viel deutlicher sehen, besser wahrnehmen und viel mehr behalten. Sie kann jetzt über ihren Kopf, wie sie es nennt, »verfügen« und hat zunehmend weniger Angst zu versagen. Vor allem verspürt sie eine wohltuende innere Ruhe, die sie so vorher nicht kannte. Sie musste sich immer beschäftigen, konnte dabei aber nicht lange bei einer Sache bleiben. Wenn sie Schulaufgaben machte oder etwas lernte, musste sie immer mit dem Fuß wippen oder am Bleistift drehen.

So wurde aus Anna-Maria durch die Behandlung ein lebenslustiges Mädchen, das es auch nicht mehr nötig hatte, Nahrung zu erbrechen. Mit dem Aufbau eines positiven Selbstwertgefühls und der Zufriedenheit mit sich selbst, heilte ihre Bulimie ganz nebenbei. Im Nachhinein schilderte Anna-Maria ihr Erbrechen als eine Reaktion auf das Verhalten ihrer Mutter, von der sie sich überhaupt nicht verstanden fühlte. Ihre ständigen Ermahnungen und gut gemeinten Ratschläge, die sie sowieso nicht umsetzen konnte, veranlassten sie jedes Mal, wieder Erbrechen auszulösen.

Mein interesse an der Schule war gleich Null. Ewig muss man gut zuhören, aufpassen und auch noch mitdenken. Als ich vor sechs Jahren in die ~~Schule~~ Schule ~~kakao~~ kam, hat alles ~~noch~~ richtig spaß gemacht. Heute wünch ich mier es gäb einen knall und alles wäre forbei. Ich mache jetzt eine Teraphig und hoffe das sich jetzt alles endert. Ich werde auch mein Bestes dazu geben, denn ~~fon~~ von alleine ~~get~~ geht gar nichts. Ich erhallte ~~fon~~ von vielen Seiten Inowative Hilfe. Ich werde mich auch ~~bemuf~~ bemühen, mit meinen Geschwistern gut auszukommen und for meinen

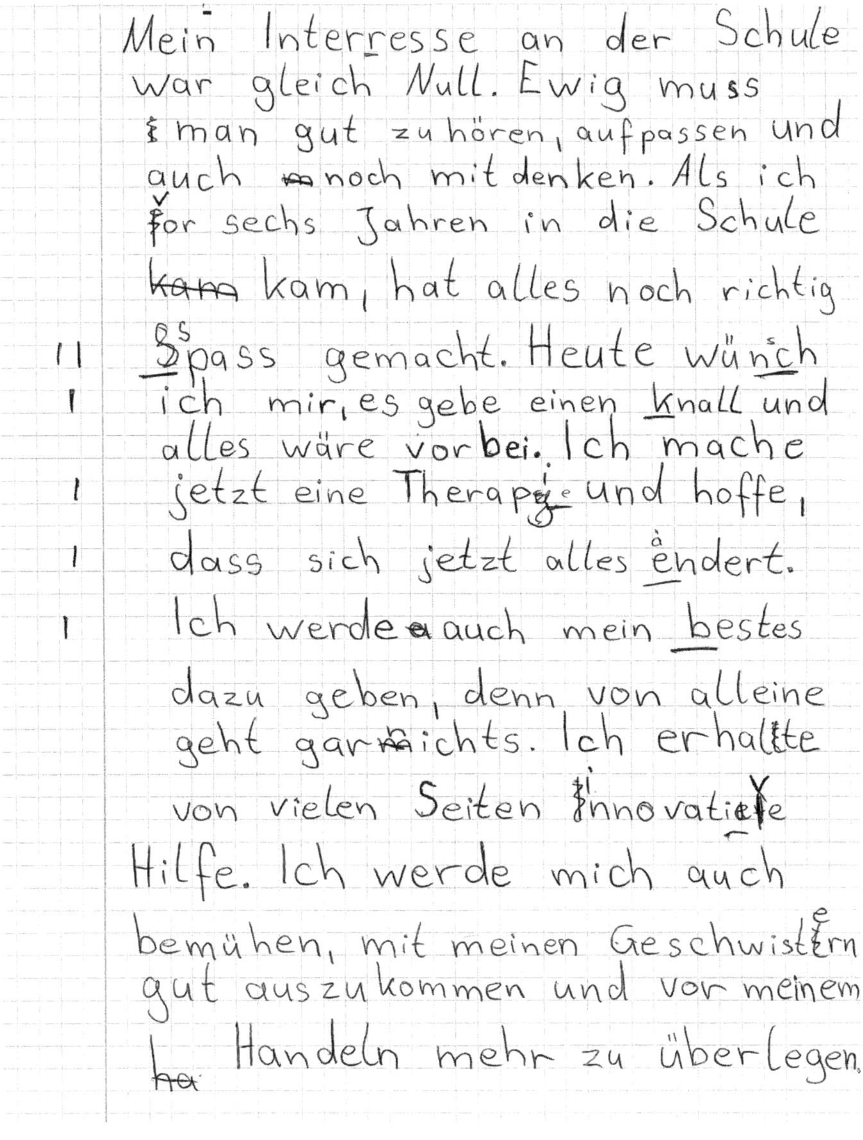

1.2 Auch das ist AD(H)S – Berichte über Kinder, Jugendliche und Erwachsene mit AD(H)S

> Mein Interresse an der Schule war gleich Null. Ewig muss man gut zuhören, aufpassen und auch noch mitdenken. Als ich for sechs Jahren in die Schule kam, hat alles noch richtig Spass gemacht. Heute wünch ich mir, es gebe einen knall und alles wäre vorbei. Ich mache jetzt eine Therapie und hoffe, dass sich jetzt alles ändert. Ich werde auch mein bestes dazu geben, denn von alleine geht gar nichts. Ich erhalte von vielen Seiten innovative Hilfe. Ich werde mich auch bemühen, mit meinen Geschwistern gut auszukommen und vor meinem Handeln mehr zu überlegen.

Abb. 1.9: Schreibprobe von Anna-Maria, vor und nach Einnahme von Stimulanzien

Dorina, 15 Jahre, Gymnasiastin, AD(H)S bei sehr guter Intelligenz

Dorina, eine 15-jährige Gymnasiastin mit sehr guter intellektueller Ausstattung und einem Bruder mit AD(H)S und Hyperaktivität, kommt in die Sprechstunde und berichtet über ihre Probleme:

Dass ich mich oft nicht so ausdrücken kann, wie ich es mir eigentlich vorstelle. Sage ich in der Schule etwas, ist es richtig, aber schwer verständlich für die anderen. Eine andere Schülerin meint das gleiche, sagt es nur mit etwas anderen Worten und alle verstehen sie. Die Lehrerin kommentiert meinen Unterrichtsbeitrag dann: »Dorina, ja richtig, aber wie kann man das noch präziser beschreiben?« – Immer wieder stelle ich fest, dass die Gedanken, die ich anderen klarmachen will, einfach von ihnen nicht verstanden werden. Dieses Handicap stört und verunsichert mich, sodass meine Mitarbeit in einigen Fächern deutlich schlechter geworden ist und ich manchmal Hemmungen habe, meine Meinung zu äußern.

Auch stört mich meine schlechte Rechtschreibung. Oft konzentriere ich mich nicht genug und übersehe einfache Flüchtigkeitsfehler. Beim schnellen Schreiben bemerke ich Unsicherheiten, die ich früher so nicht kannte. Ich kann mir die Schreibweise einiger Wörter einfach nicht merken, auch wenn ich sie schon tausendmal gelesen, geschrieben und verbessert habe. Noch viel schlimmer ist das bei den Fremdsprachen. Das Sprechen macht mir Spaß und ich verstehe den Text oft viel besser als die meisten meiner Mitschüler, nur beim Schreiben der Worte bin ich total unsicher. Sowohl Französisch als auch die englische Sprache interessieren mich, und ich lerne gründlich Vokabeln und Grammatik am Nachmittag, aber in der Schule habe ich von dem Gelernten schon wieder die Hälfte vergessen. Wenn ich Vokabeln lerne, kann ich sie mir nie länger als drei Wochen merken, manchmal weiß ich sie schon drei Tage später nicht mehr. Auch wenn ich noch so viel lerne, besser als eine Drei schaffe ich in keiner Arbeit. Bei den vielen Ausnahmen sehe ich keine Logik und es ist wenig motivierend, wenn man so viel lernt – oft ein Vielfaches als für die naturwissenschaftlichen Fächer und für Mathematik – und trotzdem kein sonderlich zufriedenstellendes Ergebnis erreicht. Mitschüler von mir lernen für diese Fächer viel weniger und erreichen dennoch oft bessere Noten.

Meine Deutschlehrerin schrieb unter meinen letzten Aufsatz, dass ich das Thema verstanden und auch interessant geschildert hätte, doch dass meine Ausdrucksweise, meine Satzstellung und meine Rechtschreibung nicht meinem Leistungsvermögen entsprechen würden. Ich solle mir »mehr Mühe« geben.

Als nächstes Problem, was mich sehr belastet, sollte ich vielleicht noch erwähnen, dass es mir oft nicht gelingt, dem Unterricht ausdauernd zu folgen. Obwohl ich mir so viel Mühe gebe, aufzupassen, bin ich in Gedanken nicht bei der Sache und bekomme oft etwas überhaupt nicht mit. Auch im Gespräch mit meinen Freunden kommt das vor, für sie ist das teilweise sehr ärgerlich. Beispielsweise erzählen sie etwas, ich höre es nicht, obwohl ich daneben stehe, aber wieder einmal mit den Gedanken ganz woanders bin. Fünf Minuten später frage ich dann noch einmal dasselbe, was gerade besprochen wurde. »Du hörst überhaupt nicht zu«, so ihr Kommentar, der mir natürlich peinlich ist. Es ist wie eine Sperre im Kopf, die ich nicht durchbrechen kann. So ist mir bisher schon viel Information verloren gegangen, auch im Unterricht. »Du musst besser aufpassen.« Wie oft habe ich mir das schon gesagt, aber das half alles nichts. Es ist leider leichter gesagt als getan.

Am meisten Angst habe ich vor kurzens Blackouts. Obwohl ich viel und gründlich lerne, konnte ich es im entscheidenden Moment nicht. Unter Stress war es wie weggeblasen, später wusste ich genau, was ich hätte eigentlich antworten sollen. Das kommt selten vor, aber es verunsichert mich.

1.2 Auch das ist AD(H)S – Berichte über Kinder, Jugendliche und Erwachsene mit AD(H)S

Wenn ich es zusammenfasse, was mich stört und was ich verbessern möchte, so sind es:

- meine Rechtschreibung
- meine oft zu langsame Reaktionsfähigkeit
- meine oft umständliche Ausdrucksweise
- mein schlechtes Gedächtnis für Gelerntes
- mein Nicht-zuhören-Können
- meine plötzlichen Blackouts

Frau Schmitt, 45 Jahre, hyperaktiv, allein erziehende Mutter

Als die 45-jährige Frau Schmitt in die ärztliche Sprechstunde kommt, berichtet sie über ihr bisheriges Leben:
Wenn ich an meine Kindheit denke, vergleiche ich mich oft mit Pippi Langstrumpf. Ich bin eine Arzttochter, mein Vater hatte eine Praxis und meine Mutter half dort. Betreut wurde ich von einigen Kindermädchen, die es meist nicht lange bei uns aushielten, denn ich machte mit ihnen, was ich wollte. Sie zu ärgern, war mein Hobby.
Im Kindergarten war ich ein aufgekratztes Etwas, das immer umher rannte und schlecht aß. Wirbelwind, widerspenstig, nervig, das sind Vokabeln, die mich noch heute an meine Kindheit erinnern. Einmal, im Alter von zwei Jahren, ließen mich meine Eltern das erste – und für die nächsten Jahre auch das letzte – Mal allein in einem Hotelzimmer. Statt zu schlafen, bemalte ich mit den Lippenstiften meiner Mutter das ganze Zimmer und fand das sehr lustig. Danach schlief ich so tief, dass ich mich am anderen Morgen zunächst gar nicht mehr daran erinnern konnte (oder wollte?), ich bestritt hartnäckig, das gewesen zu sein.
Bei aller Unruhe konnte ich mich, wenn ich mit Puppen spielte oder malte, so darauf konzentrieren, dass ich von der ganzen Umgebung nichts mitbekam. Obwohl mir sonst nichts entging, hörte ich in solchen Situationen nicht einmal, wenn jemand meinen Namen rief. In meiner Freude war ich übersprudelnd, konnte aber im gleichen Augenblick tief gekränkt und sehr traurig sein. Ich steigerte mich oft in Sachen hinein, die unmittelbar erledigt werden mussten. Wenn ich z. B. eine tote Hummel fand, musste diese sofort in einer Streichholzschachtel beerdigt werden. Vorher ließ ich keine Ruhe. Ging es nicht nach meinem Willen, motzte ich. Obwohl ich als Kind sehr gern farbige und große Bilder malte, konnte ich schlecht ausmalen. Den Stift und das Essbesteck richtig zu benutzen, das war für mich eine Strafe. Bei den Mahlzeiten und beim Schlafengehen fühlte ich mich missverstanden und ungerecht behandelt. Abends war ich nie müde und beim Essen ging alles schief, auch wenn ich mich noch so anstrengte. Ich schmierte mir keine Butter mehr aufs Brot, aß nur noch, was ich in die Hand nehmen konnte. Zu Kindergeburtstagen ging ich nicht, weil man da brav und gesittet an einer festlich gedeckten Tafel saß und die Torte mit einer Kuchengabel essen musste.
Das Wegräumen von benutzten Sachen gab Anlass für ständigen Ärger. Jacken lagen dort, wo ich sie fallen ließ, und meine Schuhe standen immer im Weg. Da ich

meine Hausschuhe nie fand, lief ich auf Strümpfen, was auch wieder nicht in Ordnung war. Alles an mir wurde kritisiert, daran erinnere ich mich noch heute. »Was soll da nur in der Schule aus dir werden?«, fragte meine Mutter damals fast täglich. Aber in der Schule lief alles prima. Der Unterricht machte mir Spaß, mir fiel das Lernen leicht und ich gehörte zu den Besten, bis auf die Schrift. Sie wurde krakelig, wenn ich schnell schrieb. Das ging mit Druckschrift besser, damit waren die Lehrer dann auch einverstanden.

Zu Hause gab es oft Streit, denn ich war impulsiv; wenn ich etwas wollte, musste es gleich und ohne Abstriche sein. Nachmittags kletterte ich wie ein Junge auf die höchsten Bäume, um von dort aus Leute zu ärgern. Ich war in vielen Sportvereinen und bekam Auszeichnungen bei Wettkämpfen. Eine Zeitlang war ich im Leistungssport und träumte von der Teilnahme an den Olympischen Spielen. Eine Knieverletzung beendete den Traum. Auf dem Gymnasium hatte ich erstmalig größere Konzentrationsprobleme mit schlechten Noten und Leichtsinnsfehler im Schreiben und Rechnen. Mein Vater schickte mich zur Kur, danach wurde ich auf Wunsch meiner Eltern in die 5. Klasse zurückversetzt. Ganz gegen meinen Willen, denn damit verlor ich meine einzige Freundin, die ich seit der ersten Klasse hatte. Später wiederholte ich noch einmal eine Klasse, vorwiegend wegen Problemen in Mathematik. Vor dem Abitur hatte ich eine panische Angst, konnte nicht richtig schlafen, hatte Alpträume und Essstörungen. Mein Gewicht näherte sich damals einer kritischen Grenze. Mein Vater drohte mit einem längeren Krankenhausaufenthalt, was mich veranlasste, bis zum Erbrechen zu essen. Mager und zitternd bestand ich das Abitur und freute mich riesig darüber.

Nun wollte ich studieren, aber was? Darüber hatte ich mir bisher noch nie Gedanken gemacht. Ich wollte weit weg von zu Hause. Das Verhältnis zu meiner Mutter wurde immer gespannter. Sie hatte Eheprobleme, da mein Vater ein Verhältnis mit einer Praxishilfe hatte und mehr bei ihr als bei meiner Mutter war. Außerdem nörgelte meine Mutter ständig an mir herum. Sie begriff nicht, warum ich einerseits manches sehr gut konnte, mir andererseits jedoch Selbstverständlichkeiten wiederholt überhaupt nicht gelangen. Sie schlug mich nie, traf mich aber mit ihren abwertenden Worten sehr viel tiefer. Sie kannte meine Schwächen und glaubte, ich will mich mit Absicht nicht ändern. Dabei begriff ich mich selbst nicht und merkte schon lange, dass ich anders war als meine Klassenkameraden. Manchmal befürchtete ich, verrückt zu sein, wenn ich vor lauter Chaos im Kopf keinen klaren Gedanken fassen konnte. Oft spürte ich eine innere Unruhe, die ich irgendwie abreagieren musste. In solchen Situationen begann ich mit meiner Mutter einen Streit, ich holte irgendetwas aus der Vergangenheit hervor, wobei ich ganz schön beleidigend werden konnte. Hinterher tat mir das Leid und ich weinte. Ich entschuldigte mich für alles, den ganzen Tag lang. So beeindruckte das meine Mutter auch nicht mehr. Sie wies mich ab, was meine Wut nur noch steigerte, ich lief in mein Zimmer mit dem Satz: »Mich versteht sowieso keiner«, und schmollte. Am liebsten wäre ich in solchen Situationen weggelaufen.

Immer öfter begann ich, mit einer Nadel in meine Unterarme zu ritzen, bis sie bluteten. Danach leckte ich das Blut ab und kam innerlich zur Ruhe. Ich musste mich spüren oder strafen, das war mir in diesen Momenten ganz egal. Es tat mir gut, obwohl ich mir jedes Mal schwor, es nie wieder zu tun! Ich schämte mich und verbarg meine strichförmigen Wunden. Die Lösung war, so schnell wie möglich von zu Hause weg.

Ich beschloss, Psychologin zu werden, musste aber auf einen Studienplatz warten, da meine Noten nicht so optimal waren. Inzwischen trug ich mich zum Jurastudium ein. Kann nicht schaden, dachte ich, wenn man sich in den Gesetzen auskennt. Ich besuchte Vorlesungen und Seminare, aber bekam keine Scheine, da ich zu unregelmäßig teilnahm und viel zu schüchtern war, irgendwelche Kurzreferate zu halten. Meine Eltern wollten Ergebnisse sehen, um mir weiter das Studium zu finanzieren. So stoppten sie mir eines Tages die finanzielle Unterstützung und ich musste arbeiten gehen. Ich fand Arbeit in einem Rechtsanwaltsbüro und machte meine Sache gut. Bis ich mich Hals über Kopf in einen Mandanten verliebte, der gerade wegen seiner Scheidung des Öfteren unser Büro aufsuchte. Ich erlebte den Himmel auf Erden und wurde schwanger. Die Pille hatte ich gerade abgesetzt, weil ich sie nicht vertrug.

Wir zogen zusammen, ich wurde Hausfrau und Mutter. Der neuen Situation war ich absolut nicht gewachsen! Unsere Wohnung glich einem Schlachtfeld, überall Unordnung, ich verlor den Überblick, fühlte mich überfordert. Ich konnte weder meinem Kind noch meinem Lebenspartner Geborgenheit geben, es herrschte Hektik, Chaos und Unzufriedenheit. Wir trennten uns, ich blieb mit dem Kind allein zurück und ging wieder in die gleiche Rechtsanwaltskanzlei arbeiten. Dort leistete ich jetzt wesentlich schlechtere Arbeit, sodass ich freiwillig kündigte und eine Arbeit in einer Versicherungsgesellschaft aufnahm. Auch hier war ich ständig unpünktlich, vergaß wichtige Dinge, vergriff mich im Ton, konnte mich schließlich auf nichts mehr konzentrieren und wurde krankgeschrieben. Seitdem bin ich bei vielen Fachärzten gewesen, aber keiner konnte mir helfen. Ich bekam Antidepressiva, die mich noch müder und arbeitsunfähiger machten. Jetzt konnte ich nicht einmal mehr mein Kind versorgen. Ich brachte es zu meiner Mutter und fuhr zur psychosomatischen Kur. Anschließend ging ich wieder arbeiten, ich wollte unbedingt etwas leisten, um für mein Kind allein sorgen zu können. Nun folgten viele Therapien, die ich zum Teil selbst bezahlte, da die Kassenleistung ausgeschöpft war und nicht alle der zehn Behandlungen kassenärztlich anerkannt wurden. Alle blieben ohne wirklichen Erfolg, obwohl mir jeder Therapeut Hilfe versprach. Mit 40 Jahren wurde ich erwerbsunfähig und bekam Rente – »ein hoffnungsloser Fall«.

Zwei Jahre später stellte ich meinen Sohn wegen ähnlicher Probleme, wie ich sie selbst als junges Mädchen hatte, einer Kinder- und Jugendpsychiaterin vor. Ihre Diagnose lautete »hyperaktiv«. Ich informierte mich genauer und begriff, dass in der Hyperaktivität auch mein eigenes Problem liegt. Ich fand nach langem Suchen einen Arzt, der auch Erwachsene mit AD(H)S behandelt. Jetzt konnte mir das erste Mal im Leben wirksam geholfen werden. Inzwischen geht es mir viel besser, mit der Diagnose kann ich mir vieles erklären und mit der Behandlung bekommt mein Leben wieder einen Sinn und ich neuen Lebensmut. Ich möchte auch wieder eine Arbeit aufnehmen.

Auf die Bitte der Ärztin hin, fasst Frau Schmitt ihre Probleme zusammen, die aus ihrer Sicht für das Vorhandensein eines AD(H)S sprechen:

- Ich kann keine Ordnung halten, in meiner Wohnung herrscht stets ein Chaos
- Ich verlege ständig Dinge und suche sie dann stundenlang
- Ich kann mich nicht entscheiden und hebe viel zu viel auf
- Die Frage: »Was ist wichtig und was ist unwichtig?«, weiß ich nicht zu beantworten
- Obgleich ich mir etwas merken möchte, kann ich es häufig nicht behalten
- Ich fange ständig und immer wieder neue Dinge an, ohne vorher etwas beendet zu haben
- Wenn mir jemand etwas erzählt, höre ich plötzlich nicht mehr zu und merke das nicht einmal
- Ich kann nicht mit Geld umgehen und tätige bei günstigem Angebot spontane, unüberlegte Einkäufe, ohne die Dinge im Moment wirklich gebrauchen zu können
- Ich habe Minderwertigkeitsgefühle und glaube, dem Leben nicht gewachsen zu sein
- Ich kann mich nicht konzentrieren und habe Denkblockaden
- Lesen strengt mich an, mir gelingt es nicht, ein Buch von vorn bis hinten zu lesen
- Beim Reden schweife ich vom Thema ab und werde schnell unsachlich
- Ich kann nicht lange still sitzen und habe einen großen Bewegungsdrang
- Ich bin sprunghaft und kann nichts in die Reihe bringen
- Ich habe völlig unnötig schon viel Geld drauf gezahlt, weil ich Termine für Anträge oder Fälligkeiten nicht eingehalten habe
- Unter Stress reagiere ich unangepasst, was mir dann immer Leid tut
- Ich kann mich nicht loben oder selbst belohnen, auch wenn ich etwas gut gemacht habe
- Ich fühle mich oft als Versager, habe Schuldgefühle und möchte immer alles anders machen, aber es gelingt mir nicht
- Ich komme ständig zu spät, vergesse Termine oder erledige alles auf den letzten Drücker
- Ich bin sehr hilfsbereit und habe spontan viel verschenkt, was mir danach unangemessen erschien
- Ich komme mit Gebrauchsanweisungen nicht zurecht
- Wenn ich kritisiert werde, trifft mich das sehr
- Ich fühle mich schnell gekränkt, bin sehr nachtragend und kann nicht so schnell vergessen
- Ich fühle, dass ich anders bin, manchmal auch klüger, weil ich oft manches schneller und besser als andere durchschaue
- Ich habe Sehnsucht nach einer engen Bindung mit ständiger Harmonie und viel Verständnis, dabei bin ich selbst sehr anspruchsvoll, anstrengend, launisch und leicht eifersüchtig

- Außer Depressionen mit Antriebsmangel habe ich auch Ängste, z. B. vor Behörden, Unfällen, Flugzeugabstürzen, Krieg und Gewalt; passieren in der Welt schlimme Dinge, beschäftige ich mich wochenlang gedanklich damit
- Aus meinen Ängsten entwickelte ich Panikattacken und Zwangsgedanken
- Ich kann nicht konsequent sein, mit meinem Freund habe ich schon fünfmal Schluss gemacht und dann doch immer wieder die Beziehung neu begonnen

Frau Jakob, 43 Jahre, hyperaktiv, drei gescheiterte Ehen

Frau Jakob, Mutter zweier Kinder, berichtete in der ärztlichen Praxis über ihr Leben mit AD(H)S:

Ich war schon immer ein sehr ehrgeiziger Mensch, hatte gute Schulzeugnisse und war stolz, das Gymnasium besuchen zu können. Leider bekam ich dort immer mehr Probleme mit der Rechtschreibung und der Konzentration, sodass ich nach der 6. Klasse zur Realschule wechselte. Trotzdem habe ich für meine Verhältnisse eine gute berufliche Karriere gemacht. Ich wurde Chemiefacharbeiterin und arbeitete danach zwölf Jahre in der Forschungsabteilung eines großen Chemiebetriebes. Da ich Perfektionistin bin und mit voller Hingabe meine Arbeit erledigte, übertrug man mir die Auswertung von Forschungsstudien. Ich war stolz, besaß ich doch eine große Verantwortung und das Vertrauen der Firma.

Während im Beruf alles glatt lief, glich privat dagegen alles einer Katastrophe. Ich wollte in allem hundertprozentig sein und merkte, dass ich eine Beziehung zu Partnern nie über einen längeren Zeitraum aufrechterhalten konnte. Die Ursache dafür sehe ich in meinen chaotischen Anteilen, die ich in mir habe und deutlich spüre. Ich bin innerlich sehr unruhig, im Denken und Fühlen unbeständig und für eine enge Beziehung sehr anstrengend. Stillstand kann ich nicht ertragen, ich brauche ständig etwas Neues.

Innerlich bin ich alles andere als aufgeräumt und kann mich schlecht organisieren. Da ich perfektionistisch bin, gerate ich immer wieder in eine gewaltige Krise. Das führt dann zu Auseinandersetzungen mit meinem Ehemann, der diese Probleme nicht kennt. Er kann mir nicht glauben, dass ich mich anstrenge, alles in den Griff zu bekommen, und trotzdem recht oft versage. Er kommt aus einer Akademikerfamilie mit dem Leitspruch: Zeit ist Geld. Seinem Arbeitstempo und Leistungsdruck fühlte ich mich nicht gewachsen. Ich bekam Minderwertigkeitsgefühle und Versagensängste. Wegen meiner Unorganisiertheit gab es viel Streit. In der Zwischenzeit bekam ich zwei sehr lebhafte Kinder, die mich den ganzen Tag in Trab hielten. Dazu ein großer Haushalt, häufig Besuch von Verwandten, dem war ich nicht gewachsen. Ich schrie meine Kinder an, stritt mit meinem Mann und war restlos überfordert. Wir trennten uns.

Nach einiger Zeit beschloss ich, mir einen neuen Job zu suchen, und bekam ein Angebot als Redaktionsgehilfin bei einer Zeitung. Ich war schon immer ein wissbegieriger Mensch, der viel las und sich über vieles informierte. Manchmal glaubte ich, mir damit bestätigen zu müssen, dass ich doch nicht so »dumm« bin. Wurde ich früher von meinem Mann fast täglich als »blöd« hingestellt, was absolut nicht stimmte, denn in manchen Sachen war ich klüger als er. Ich flüchtete gern in eine

Traumwelt und stellte mir vor, eine berühmte Forscherin zu sein. Ich würde dann überall in der Welt umherreisen, um meine Erfindungen in Vorträgen vorzustellen. Dabei beneidete ich schon immer Menschen, die spontan sich in jedes Gespräch einbringen konnten und mit ihren Worten bei den Zuhörern Zustimmung fanden. Bei mir dauerte das dagegen immer ein wenig, bis ich den logischen Zusammenhang begriff. Dadurch konnte ich mich nicht schlagfertig in eine Unterhaltung einbringen. Ich fühle mich isoliert, erst nach längerer Zeit, nachdem ich mir die Argumente noch einmal durch den Kopf gehen ließ, konnte ich entsprechend reagieren. Oft waren die anderen dann schon beim nächsten Thema. Gut, das ist nicht immer so, aber das Gefühl, andere mit dem, was man sagen will, gar nicht richtig zu erreichen, das ist geblieben. Deshalb begann ich sogar einmal eine Therapie, brach sie aber nach der ersten Sitzung wieder ab. Schriftlich hatte ich mich vorbereitet und aufgeschrieben, was mich so bedrückt. Das aber wollte der Therapeut nicht lesen. Er saß in einer Ecke des Raumes, ich in der anderen. So, nun erzählen Sie mal. Ich stammelte vor mich hin und bekam keinen vernünftigen Satz heraus. Das empfand ich als so peinlich, dass ich in dieser Richtung nie wieder etwas unternahm.

Stattdessen besorgte ich mir Bücher über Psychologie, unter anderem auch welche über das AD(H)S und entdeckte zunächst die Problematik bei meinen beiden Kindern. Sie wurden dann auch von einem Arzt als AD(H)S-positiv diagnostiziert und behandelt. Ich lernte, eine gewisse Ordnung und Struktur in mein Leben zu bringen. Aber nach wie vor habe ich Probleme mit der Kommunikation und mich in die Öffentlichkeit zu integrieren. Dabei kann ich auf andere einen guten und verständnisvollen Eindruck machen. Ich habe wahrscheinlich auch AD(H)S, jedenfalls muss etwas geschehen. Inzwischen habe ich zwei Ehen hinter mir und die dritte droht zu scheitern. Dabei wünsche ich mir nichts sehnlicher, als von einem Mann geliebt zu werden und ein gemeinsames glückliches Familienleben zu führen.

Vor allem wegen meiner Nikotinsucht brauche ich Hilfe zur Bewältigung des alltäglichen »Wahnsinns«, der wohl auf meine allgemeine Vergesslichkeit und mangelnde Organisation zurückzuführen ist und dem ich mich nicht mehr gewachsen fühle.

Zwei Beispiele

Ein ganz normaler Morgen:
Ich habe einen dringenden Termin und gehe zum Autostellplatz vor unserer Garage, wo mein Auto immer steht. Kein Auto da! Erster Gedanke: »gestohlen«. Möglich, da ich mein Auto fast nie abschließe. Stimmt zum Glück nicht: Das Auto steht vorn auf einem Gemeinschaftsparkplatz. Da mein Mann in dieser Woche nicht daheim war, kann ich es nur dorthin gestellt haben. Daran kann ich mich überhaupt nicht mehr erinnern.

Ein ganz normaler Nachmittag:
Ich weiß, dass sich meine Kinder mit Sicherheit streiten, wenn sie ohne Aufsicht sind. Sie vertragen sich ohne meine Kontrolle nur, wenn sie vor dem Fernseher sitzen. Also stelle ich die Flimmerkiste an, um ein paar Minuten ruhen zu können. Ich schlafe tief ein, aus der halben Stunde werden eineinhalb Stunden und

die Kinder hocken immer noch vor der Kiste. »Mama nur diese eine Sendung noch.« Na gut, dann wird abgeschaltet. Also, was hat meine Tochter für Hausaufgaben auf? Sie stellt unerwartet fest, dass sie doch mehr aufhat, als sie glaubte. Und da es so viel ist, was sie ihrer Meinung nach sowieso nicht schafft, will sie gar nicht erst beginnen. Der Nachmittag ist also gelaufen. Ich drängele meine Tochter anzufangen und setze mich daneben, damit sie dran bleibt. Derweil beschwert sich mein Sohn, dass es so langweilig ist und ich nie mit ihm spiele. Dieses »jeder will etwas von mir« zerrt an meinen Nerven. Am Abend habe ich dann kaum noch Kraft, den alltäglichen Kampf ums Aufräumen durchzustehen. Also mache ich es größtenteils und viel schneller selber, damit ich noch Kraft für meine beruflichen Pflichten heute Abend habe.

Man könnte denken, ich hätte schon den Beginn der Alzheimer-Krankheit, aber dem ist nicht so. Es gibt auch Situationen, in denen ich hochkonzentriert arbeiten kann. Auf mein enorm gutes Zahlengedächtnis kann ich mich zum Beispiel immer verlassen. Am Computer bin ich stets motiviert und kann stundenlang arbeiten. Bei der Schreibarbeit für den Verlag bin ich sehr gewissenhaft und kann interessante Reportagen und Berichte schreiben. Bei allen analytischen Arbeiten ist der berühmte »Laserstrahl« vorhanden, der mich ganz konzentriert arbeiten lässt, also ein krasses Gegenteil zu meiner Arbeit als Hausfrau und Mutter. Hier habe ich ständig tausend Ideen im Kopf, die mich ablenken von dem, was ich gerade machen wollte.

1.3 Die positiven Seiten des AD(H)S

Das Aufmerksamkeitsdefizitsyndrom bringt nicht nur schwierige, sondern auch sehr viele gute Seiten mit sich. Um als AD(H)S-Betroffener diese für sich optimal nutzen zu können, ist es wichtig, dass das eigene Selbstvertrauen nicht wesentlich gelitten hat. Dabei sind die ersten vier Schuljahre für die Entwicklung eines positiven Selbstwertgefühls von großer Bedeutung. Haben Kinder die Möglichkeit, erfolgreich, emotional geborgen, anerkannt, geliebt und mit sich selbst zufrieden aufzuwachsen, sind sie später – je nach ihren weiteren positiven Anlagen und Eigenschaften – zu herausragenden Leistungen fähig. Vorausgesetzt, das soziale Umfeld schafft die Bedingungen dafür.

Im Nachhinein schreibt man vielen Erfindern, Künstlern, Komponisten, Staatsmännern, Schauspielern und Spitzensportlern ein AD(H)S zu. In der Literatur werden in diesem Zusammenhang als Beispiele Namen wie Napoleon, Einstein, Goethe, Mozart und Newton genannt. Es sind nicht selten wissenschaftliche oder kulturelle Spitzenleistungen, die AD(H)Sler unter günstigen Umständen vollbringen können. Einmal fasziniert von einer Sache können sie ganz darin aufgehen und dank ihres komplexeren, assoziativen Denkstils viel schöpferischer als Nichtbetroffene sein. Wenn AD(H)Sler von einer Sache fasziniert sind und sich stark konzentrieren, können sie durch ihre Fähigkeit zum »Hyperfokussieren« mehr als alle anderen an Qualität und Intensität erreichen.

Nicht wenige Erwachsene mit AD(H)S verfügen über mehrere abgeschlossene Qualifikationen und üben mehrere Berufe aus, womit sie vielen Nicht-AD(H)S-lern einiges voraus sind. Der Autor des bekannten Buches »Eine andere Art, die Welt zu sehen« liefert mit seiner Biographie geradezu ein Beispiel dafür. Wenn er als AD(H)S-Betroffener über Menschen mit dem Aufmerksamkeitsdefizitsyndrom spricht, weiß er, wovon er spricht: »Kreativität, hohe Chaos-Toleranz, Kraft, Mut, ständiges Neu- und Umdenken, hohe emotionale Intelligenz – das sind nur einige der außergewöhnlichen Fähigkeiten dieser oft ausgesonderten Kinder und Erwachsenen« (Hartmann 2009).

Worin äußern sich die positiven Seiten des AD(H)S bei Kindern, Jugendlichen und Erwachsenen?

- AD(H)S-Betroffene sind ständig auf der Suche nach etwas für sie Neuem und Interessantem. Stupide und eintönige Arbeiten liegen ihnen nicht. Sie brauchen Bewegungs- und Ideenfreiheit gepaart mit Selbstständigkeit. Wobei sie gerne Verantwortung übernehmen.
- Haben AD(H)S-Betroffene ihr Spezialgebiet entdeckt, sind ihre Wissbegierde und ihr Arbeitseinsatz grenzenlos. Sie können dabei alles um sich herum vergessen. Allerdings brauchen sie dazu ein Ziel, feste Strukturen und ein soziales Umfeld, das sie in ihrer Entwicklung nicht behindert.
- AD(H)S-Betroffene besitzen einen glänzenden und flexiblen Verstand. Sie denken »vielschichtig« und wundern sich, wenn andere ihnen bei ihren Gedankengängen nicht immer folgen können. Deshalb kommen zwei AD(H)S-ler mit gleichem Ziel oft bestens miteinander aus. Sie denken, reden und fühlen in »Sprüngen«, wobei sie von einem Extrem ins andere fallen. Dabei fühlen sie sich so richtig verstanden und akzeptiert.
- AD(H)S-Betroffene lieben den Computer, er stimuliert ihr Gehirn; ein bisschen arbeitet ihr Gehirn, dass viel zu viele Informationen abgespeichert hat, auch wie ein Computer. Oft sind Eltern von Kindern mit AD(H)S Computerspezialisten, meist über den zweiten Bildungsweg.
- AD(H)S-Betroffene verfügen über einen ausgeprägten Gerechtigkeitssinn und engagieren sich für andere. Deshalb werden viele Schüler als Klassensprecher gewählt und ihre Eltern als Elternvertreter in der Schule. Unter Juristen gibt es möglicherweise überdurchschnittlich viele Betroffene von AD(H)S, da diese Berufsgruppe – genau wie die der Lehrer – zu den »Helferberufen« gehört, die meine ärztliche Praxis überzufällig häufig aufsuchten.
- Da AD(H)S-Betroffene andere gut durchschauen können, kann man ihnen so schnell nichts vormachen. Sie merken sehr rasch, ob es einer mit ihnen ehrlich meint. Sie sind sehr kritisch und hinerfragen alles.
- AD(H)S-Betroffene besitzen eine ausgeprägte Fantasie. Sind sie sich dieser bewusst, können sie viel von ihr profitieren und schöpferisch tätig werden.

- AD(H)S-Betroffene denken vorwiegend in Bildern, sie können sich dadurch gut orientieren und innerhalb kurzer Zeit viel auswendig lernen.
- AD(H)S-Betroffene bemerken sofort, wenn jemand in Not ist. Sie setzen sich dann für den anderen ein, ohne sich selbst zu schonen. Viele von ihnen arbeiten in sog. »Helferberufen« wie Krankenschwester, Arzt, Lehrer, Pfarrer u. a. Sie müssen dabei aufpassen, sich nicht zu verausgaben und von ihrer Umwelt ausgenutzt zu werden.
- AD(H)S-Betroffene sind schnell zu begeistern und können die Aufmerksamkeit anderer auf sich ziehen. Diese Spannung über eine längere Zeit zu halten, ist dagegen für sie anstrengend, oft auch nicht gewollt.
- AD(H)S-Betroffene wirken jünger als sie sind, sie bewahren sich im Denken und Handeln immer etwas Jugendliches.

Die oben genannten Punkte bilden die bisher am häufigsten beobachteten positiven Eigenschaften, die – verbunden mit einem AD(H)S – bei Kindern, Jugendlichen und Erwachsenen auftreten. Natürlich sind sie nicht bei jedem in voller Ausprägung vorhanden. Zudem gibt es auch deutliche Unterschiede zwischen den verschiedenen Formen des AD(H)S. Ein Hyperaktiver kann eher als ein Hypoaktiver von den Vorteilen profitieren, der sich – verlangsamt im Denken und Handeln – in eine Traumwelt zurückzieht.

Menschen mit AD(H)S sollten darauf achten, dass mögliche AD(H)S-bedingte Defizite ihnen nicht zum Nachteil werden, sie sollten ihre Vorteile kennen und sie bewusst zu ihrem Nutzen anwenden.

> **Die positiven Seiten des AD(H)S im Überblick**
>
> Kinder, Jugendliche und Erwachsene mit AD(H)S
>
> - sind sehr kreativ
> - besitzen eine ausgeprägte Fantasie
> - verfügen über einen starken Gerechtigkeitssinn
> - können Situationen schnell durchschauen
> - lassen sich nichts vormachen
> - werden durch eine grenzenlose Wissbegier angetrieben, ist erst einmal ihr Interesse geweckt
> - denken vorwiegend in Bildern (Worte sind ihnen »Schall und Rauch«)
> - haben einen glänzenden, flexiblen Verstand
> - sind sehr hilfsbereit, wenn jemand in Not ist
> - sind sehr schnell begeisterungsfähig
> - können – einmal motiviert – »bärenstark« arbeiten

2 Wenn Üben allein nicht ausreicht

2.1 AD(H)S und Störungen in der Informationsverarbeitung

Sind die Aufnahme, Weiterleitung, Verarbeitung, Speicherung und Abrufbarkeit von Informationen im Gehirn wesentlich beeinträchtigt, spricht man von Störungen in der Informationsverarbeitung und der Wahrnehmung.

Ein Beispiel aus der Praxis – Jonas, ein 6-jähriger Junge mit vielen Wahrnehmungsstörungen und AD(H)S ohne Hyperaktivität

Jonas, sechs Jahre alt, besucht seit einem halben Jahr die erste Klasse. Er hat große Probleme, Schreiben und Lesen zu erlernen. Er verwechselt Buchstaben und kann sie nicht lautgetreu zu einem Wort zusammenfügen (hierfür gibt es den Fachausdruck auditive Wahrnehmungsstörung). Jonas rechnet gut, seine Zahlen geraten jedoch viel zu groß und zu eckig (dies wird als eine feinmotorische Störung bezeichnet).

Jonas' Lehrerin meint, er sei ein Spätentwickler, die Mutter solle Geduld haben und nicht so viel »Stress« machen. Zu Hause dauern die Hausaufgaben Stunden, vor lauter Weinen und Radieren wird Jonas mit ihnen nicht fertig und ist mit sich stets unzufrieden. »Nie bekomme ich in der Schule ein lachendes Gesicht unter die Hausaufgaben gestempelt«, beklagt er sich oft. Damit Jonas und seine Familie nicht so viel Stress zu Hause haben, erlässt die Lehrerin für 14 Tage die Hausaufgaben. Das aber kann nicht die Lösung seiner Probleme sein, weshalb Jonas und seine Mutter meine kinderpsychiatrische Praxis aufsuchen.

Jonas' bisherige Kindheitsentwicklung weist eine Verknüpfung aller nur möglichen Wahrnehmungsstörungen auf. Als Säugling war er bis auf seine Trinkschwierigkeiten pflegeleicht. Er konnte nicht an der Brust trinken und beim Trinken aus der Flasche verschluckte er sich oft (Störung der Mundmotorik und der Atmung). Brei konnte er zeitig und gut essen. Mit sechs Monaten robbte er auf dem Gesäß durch die ganze Wohnung, mit acht Monaten hangelte er sich aufrecht an den Möbeln entlang und mit zehn Monaten lief er frei. Dabei fiel er aber immer über seine eigenen Beine. Auch mit zwei Jahren wirkte er noch tollpatschig (gestörte Köperkoordination). Er lernte erst spät, richtig zu sprechen – vorher benutzte er seine eigene Sprache, die nur die Eltern verstanden (Störung der Sprachmotorik). Obgleich ihm der Ohrenarzt ein sehr gutes Hörvermögen bestätigte, reagierte Jonas nicht auf Zuruf, wenn er beschäftigt war (Filterschwäche). Er war nachts eher trocken als am Tage (veränderte Körperwahrnehmung).

Im Kindergarten war Jonas beliebt, er wollte nur nicht malen und basteln (Störung der Fein- und Visuomotorik). Er besaß eine feste Freundin und eine Lieblingskindergärtnerin. Das Anziehen seiner Kleider morgens vor dem Kindergarten war allerdings eine Katastrophe, alles kratzte ihn und war ihm zu eng. Dabei hatte Jonas ständig das Gefühl, die Hose rutsche (taktile Wahrnehmungsstörung). Er mochte nur weite Hosen anziehen, die Träger hatten. Seine T-Shirts mussten ebenfalls weit sein und durften seine Haut kaum berühren. War er einmal angezogen, gab es tagsüber kein Kratzen der Wäsche mehr. Fahrradfahren und Schwimmen hat er bis heute nicht richtig gelernt (Störung der Grobmotorik).

Beim Ballfangen spannt er den ganzen Oberkörper an und wartet, bis der Ball in seine Arme kommt – das sieht dann sehr steif aus (kinästhetische Wahrnehmungsstörung). Beim Schreiben hält er den Stift verkrampft und drückt viel zu stark auf (Störung der Feinmotorik). Er hält die Heftlinien nicht ein und vergisst ständig, wie einige Buchstaben geschrieben werden (Raumlagestörung). Was er von der Tafel abschreibt, kann man nicht entziffern (Blicksteuerungsschwäche). Er vergisst viel: »Ich habe nicht gehört, was die Lehrerin gesagt hat«, erklärt er dann häufig wütend (auditive Wahrnehmungsstörung). Seit der Einschulung hat sich bisher nichts gebessert.

In der Schule weint Jonas öfters und verlässt mit den Worten: »Ich kann das nicht«, den Klassenraum und wartet vor der Tür, bis ihn die Lehrerin tröstet und hereinholt. Zu Hause klagt er oft über Kopf- und Bauchschmerzen – manchmal sagt er, er wolle nicht mehr in die Schule gehen.

So wurde mir Jonas vorgestellt. Ich diagnostizierte bei ihm ein AD(H)S ohne Hyperaktivität, aber mit vielen Wahrnehmungsstörungen und einer beginnenden Lese-Rechtschreib-Schwäche bei guter Intelligenz. Die von mir im Rahmen eines mehrdimensionalen Behandlungsprogramms empfohlene Stimulanzientherapie lehnten die Eltern vorerst ab. Sie waren mit Jonas bereits bei einer Ergotherapeutin und wollten erst den Erfolg der dortigen Behandlung abwarten. Nach den ersten zehn Stunden bat ich die Ergotherapeutin um einen Bericht. Sie schrieb: »Jonas ist hypoton und sehr schnell reizüberflutet. Er hat eine geringe Konzentrations- und Ausdauerspanne. Er ist sehr motiviert und kommt gerne zur Therapie. Aufgrund seiner guten Motivation und der multimodalen Therapie ergibt sich eine gute Prognose.«

Bei Kindern mit AD(H)S reicht die Motivation allein leider jedoch nicht aus: Selbst, wenn sie noch so gern wollen und sich noch so sehr anstrengen, aufgrund ihrer neurobiologisch bedingten Defizite misslingt ihnen vieles. AD(H)S und Wahrnehmungsstörungen treten in der Praxis fast immer zusammen auf. Letztere sind jedoch bei jedem Kind unterschiedlich ausgeprägt, sodass ein AD(H)S in seiner Symptomatik nie dem anderen gleicht.

Was sind die wichtigsten Wahrnehmungsstörungen und wie kann man sie erkennen?

Wahrnehmungsstörungen bei Kindern und Jugendlichen mit AD(H)S im Überblick

- mangelnde Kontrolle der Körperhaltung und Gleichgewichtsstörungen
- kinästhetische Wahrnehmungsstörungen
- Körperschemastörungen
- auditive Störungen (sprachliche Wahrnehmung)
- visuelle und visuomotorische Störungen
- Störungen der Fein- und Grobmotorik
- Raumlagestörungen
- Blicksteuerungsschwäche
- taktile Wahrnehmungsstörungen bzw. Berührungsempfindlichkeiten an der Körperoberfläche

Die oben genannten Wahrnehmungsstörungen seien im Folgenden im Einzelnen erläutert.

1. Mangelnde Kontrolle der Körperhaltung und Gleichgewichtsstörungen

Schwierigkeiten beim Stehen und Hüpfen auf einem Bein, beim Balancieren, beim Auf-einem-Seil-Laufen (vorwärts und rückwärts) sowie beim Absolvieren einer Standwaage oder Stehen eines Fliegers auf einem Bein. Das Halten des Gleichgewichtes ist mit geschlossenen Augen erheblich gestörter oder gar nicht möglich.

2. Kinästhetische Wahrnehmungsstörungen

Gemeint ist die Wahrnehmung der eigenen Bewegungen auf der Grundlage von Informationen aus den Muskeln, Sehnen und Gelenken. Sie bestimmt die Körperkoordination, das Gangbild, das Abfangen beim Hüpfen. Kann das Kind Hampelmann springen, die Schwimmbewegungen von Armen und Beinen miteinander koordinieren, über den Kopf die Fingerspitzen beider Hände berühren, mit geschlossenen Augen den Finger benennen, der berührt wurde? Kann es einen Rhythmus nachklopfen, Bewegungen planen und koordinierte Bewegungsabläufe durchführen? Besteht Zweifel, ob Kinder unter kinästhetischen Störungen leiden, sind die Händigkeit und Fähigkeit zum Überkreuzen der Körpermitte immer mit zu überprüfen.

3. Körperschemastörungen

Diese liegen vor, wenn bei Kindern keine Vorstellung vom eigenen Körper und der Beziehung der einzelnen Körperteile zueinander vorliegt. Den Kindern gelingt es nicht, aus dem Gedächtnis korrekt Körperproportionen wiederzugeben. Training: Körpergrenzen im Liegen aufmalen, Puppen und Tiere abmalen.

4. Auditive Wahrnehmungsstörungen

Folge dieser Störungen ist eine auditive Differenzierungsschwäche mit verkürzter Hörgedächtnisspanne. Eine solche Differenzierungsschwäche tritt bei AD(H)S-Kindern sehr häufig auf und bildet bei ihnen eine der Hauptursachen für eine Rechtschreibschwäche. Die betroffenen Kinder können weder Laute deutlich differenzieren noch Worte ausreichend akustisch analysieren und synthetisieren, weshalb sie im Diktat viele Fehler machen. Übungen, um die Fähigkeit zur auditiven Wahrnehmung zu trainieren, sind: Flüstersprache, Ton- und Klangdifferenzierungen, Erkennen von verschiedenen Materialien am Klang, Nachklatschen eines Rhythmus, Nachspielen von Tönen am Musikinstrument und Nachsummen von Melodien. Sinnvoll ist bzw. wäre es, solche Übungen nicht nur im Rahmen der musikalischen Früherziehung der städtischen Musikschulen, sondern auch zu Hause und im Rahmen einer Frühförderung in den Kindergärten zu praktizieren. Kann das Kind deutlich und alle Buchstaben richtig sprechen? Verschluckt es keine Silben? Kann es komplizierte Wörter nachsprechen? Ist der Redefluss fließend oder stockend? Stammelt es? Kann es beidseitig gleich gut hören?

5. Visuelle und visuomotorische Wahrnehmungsstörungen

Diese sind vorhanden, wenn Formkonstanz-, Figurgrund- und Raumwahrnehmung beeinträchtigt sind. Die gestörte Formkonstanzwahrnehmung bewirkt, dass gleiche Formen als unterschiedlich wahrgenommen werden, wenn diese in neuer Umgebung, in einer anderen Größe, Farbe oder Ebene (Tafel, Schreibblatt) angeboten werden. Ein nicht konstant erfasster Buchstabe kann nicht sicher schriftlich wiedergegeben werden. Eine visuelle Raumwahrnehmungsstörung führt zum Verwechseln derjenigen Buchstaben, die eine gleiche Form besitzen, sich aber durch ihre Lage im Raum voneinander unterscheiden (z.B. b-d; W-M; p-q). Sie erschwert auch die Orientierung an der Tafel, im Buch, auf dem Schreibblatt und das Einhalten der Schreibrichtung. Die korrekte Buchstabenfolge eines Wortes kann nicht eingehalten werden. Die Kinder schreiben z.B. »Staurch« statt »Strauch« oder »behkeren« anstelle von »bekehren«. Frühzeitiges Training ist hier erforderlich, spielerisch kann schon im dritten Lebensjahr im Kindergarten damit begonnen werden. Eckpunkte des Trainings sind: malen, ausschneiden, Muster nachlegen und erkennen, Unterschiede erfassen, Figuren abmalen, Punkte zu vorgegebenen Mustern verbinden, Suchbilder und Bildunterschiede erkennen.

6. Störungen der Fein- und Grobmotorik

Diese betreffen die Finger-, Hand-, Mund- und Augenbereiche. Entsprechende Störungen zeigen sich bei Kindern in einer verkrampften Schreibhaltung, in eckigen Buchstaben und Zahlen, in der Unfähigkeit, einen Rhythmus korrekt nachzuklopfen, im Unwillen zum Malen, Basteln und Ausschneiden sowie in der Unfähigkeit, Knöpfe zu schließen oder Schnürsenkel zu binden.

Störung der Augenmuskulatur, die zu unkoordinierten ruckartigen Augenbewegungen führt. Diese Augensprünge beeinträchtigen das Abschreiben von Wörtern erheblich und führen zum Verrutschen in den Zeilen. Der schnelle Wechsel des Fixationspunktes zwischen Tafel und Schreibheft gelingt nicht.

Die Störung der Mundmotorik führt zu einer undeutlichen Aussprache, zum »Verschlucken« von Silben, Lispeln und zum Stammeln. Die Sprache wirkt in diesen Fällen oft nicht melodisch, sondern »abgehackt«.

Grobmotorik und Körperkoordination: Durch schlecht integrierte reflexhafte Reaktionen gelingt es den Kindern nicht, zahlreiche Freizeit- und Sportaktivitäten wie Seilspringen, Ballspielen (Fangen, Kopfball etc.), Schwimmen, Radfahren, Springen, Klettern und Turnen altersgerecht auszuüben und zu erlernen.

7. Taktile Wahrnehmungsstörungen bzw. Berührungsempfindlichkeiten an der Körperoberfläche

Reagiert das Kind auf Berührungsreize abweisend oder gefühlsbetont? Taktile Reize werden von manchen AD(H)S-Kindern fehlinterpretiert, sie reagieren mit Abwehrbewegungen oder Flucht. Wehrt sich das Kind gegen Haarekämmen, Streicheln? Hasst es Wollsachen? Vorsicht: Aufgezwungene taktile Reize können bei betroffenen Kindern zu panischen Ängsten und Überreaktionen führen.

> Der Anteil der Wahrnehmungsstörungen bestimmt im Wesentlichen den Schweregrad der individuellen AD(H)S-Symptomatik. Wahrnehmungsstörungen können durch Frühförderung erheblich verbessert werden, was wiederum das Risiko an Spätfolgen mindert. Frühdiagnostik, Frühförderung und Frühbehandlung bilden somit lohnenswerte Ziele.

Wahrnehmungsstörungen können bei Kindern, Jugendlichen und Erwachsenen mit AD(H)S zu kognitiven und emotionalen Handicaps führen, die auch in sozialer und berufstätiger Hinsicht die Fähigkeiten einschränken, da sie sich wie folgt äußern können:

- sich für eine Aufgabe zu organisieren und zu aktivieren,
- die eigene Aufmerksamkeit für eine Tätigkeit hoch zu halten,
- Konzentration, Motivation und Arbeitsgeschwindigkeit über einen längeren Zeitraum aktiv zu halten,
- Gefühle und Frustrationen angemessen zu steuern,
- Handlungsabläufe zu speichern und bei Bedarf sofort abzurufen,

2.1 AD(H)S und Störungen in der Informationsverarbeitung

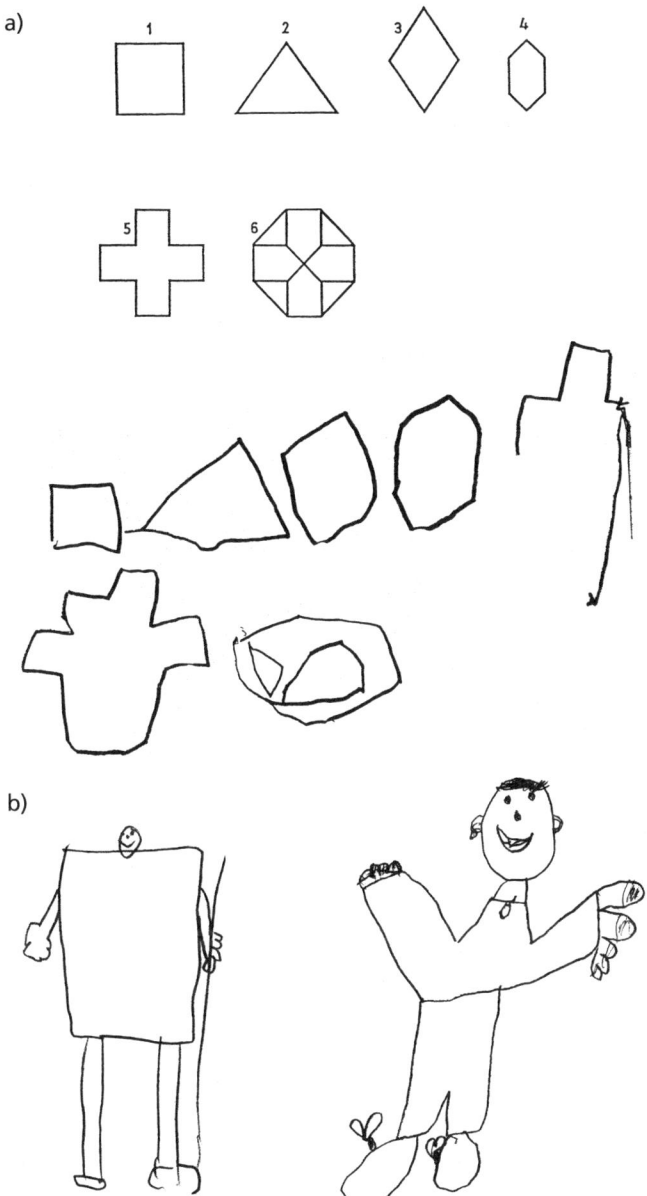

Abb. 2.1: Beispiele von Wahrnehmungsstörungen: 8-jährige Kinder aus der 2. Klasse mit Rechtschreibschwäche bei normaler Intelligenz malen a) geometrische Figuren (dies ist ein Hinweis auf eine Störung der Fein- und Visuomotorik) und b) Menschen (dies ist ein Hinweis auf eine Körperschemastörung)

- schnell und auf den Kontext bezogen verhältnismäßig mit Worten zu reagieren,
- Denken und Handeln zukunftsorientiert auszurichten.

Umso wichtiger ist es, Wahrnehmungsstörungen frühzeitig zu behandeln.

> **Beispiele für ein Wahrnehmungstraining**
>
> - Stoppsignale setzen und sich eine Selbstinstruktion geben, z. B. »Halt! Ich muss genau hinsehen und genau zuhören!«
> - Bei komplexen Aufgaben anfangs laut denken und die Aufgabe in kleine Schritte zerlegen
> - Üben eines systematischen Nacherzählens mithilfe einer Gliederung und eines Zeitgitters
> - Strukturierte Bildbeschreibungen mit Hilfe eines Bildgitters
> - Textaufgaben üben durch bewusstes Zerlegen der Aufgabe
> - Fein- und Visuomotorik üben

2.2 Die Bedeutung von Motorik und Bewegung

Im Folgenden wird die Bedeutung der Motorik und der Bewegung

- für die normale Entwicklung des Kindes,
- bei der AD(H)S-Diagnostik und
- als Bestandteil der AD(H)S-Therapie

erklärt.

Die Entwicklung des Kindes im Spiegelbild der Motorik

Eine komplizierte, netzförmige Verbindung von etwa 100 Milliarden Nervenzellen, die mittels Botenstoffen miteinander kommunizieren, bildet die Grundlage für unser Denken und Handeln. Durch äußere und innere Reize wird dieser Regelmechanismus in Betrieb gehalten. Den stärksten Reiz für die Tätigkeit der Nervenzellen untereinander liefert die Bewegung. Die Reizübermittlung erfolgt beim funktionsfähigen Gehirn über die Produktion von Botenstoffen, welche die äußeren und inneren Reize von einem Nervenpunkt zum anderen weiterleiten. Jede Bewegung regt die Bildung von Botenstoffen an und kann somit einen direkten Einfluss auf unsere Stimmung und Leistungsfähigkeit nehmen. Es ist wissenschaftlich nachgewiesen, dass regelmäßige sportliche Betätigung die Konzentration und die geistige Leistungsfähigkeit fördert. Die Bewegung wird zur treibenden Kraft in der psychomotorischen Entwicklung. Die motorischen Nervenbahnen bilden die Basis für die Entwicklung von kognitiven Bahnen.

Mithilfe der Bewegung lernt das Kind, seinen Körper zu beherrschen, Wahrnehmungen zu verarbeiten, Impulse zu steuern und angemessen zu reagieren. Dabei werden Denken, Fühlen und Handeln zu einer Einheit, vorausgesetzt, die Aufnahme und Verarbeitung von Wahrnehmungen kann ungestört und ausreichend erfolgen. Alle Außenreize altersentsprechend aufzunehmen, sie miteinander zu verbinden und zu vergleichen sowie darauf angemessen zu reagieren, bildet die Grundlage für ein erfolgreiches Auseinandersetzen mit der Umwelt. Dieser Vorgang wird als sensomotorische Integration bezeichnet.

> **Grobmotorische Auffälligkeiten des hypoaktiven AD(H)S-Kindes im Entwicklungstest**
>
> - seine Körperhaltung ist oft schlaff
> - sein Bewegungsablauf wirkt unharmonisch
> - seine Bewegungen sind langsam, spärlich und kraftlos
> - es kann nur unsicher balancieren und nicht ruhig auf einem Bein stehen
> - es kommt beim Nachklopfen des Taktes und beim Hampelmannsprung schnell aus dem Rhythmus
> - besonders schwer fallen ihm Übungen ohne Augenkontrolle
> - es wirkt gegenüber anderen Kindern unsicher, ängstlich gehemmt und lustlos
> - es meidet sportliche Spiele, die Kraft und Schnelligkeit verlangen
> - es ist schüchtern, wartet ab und beobachtet

Vom ersten Lebenstag an beginnt der Säugling mit der Aufnahme von Außen- und Innenreizen. Je mehr Reize der Säugling im ersten Lebensjahr erhält und auch verarbeitet, umso mehr Nervenzellen verknüpfen sich miteinander als Grundlage der nach der Geburt einsetzenden motorischen und geistigen Entwicklung.

Beim AD(H)S-Kind ist diese Reizverarbeitung möglicherweise von Anfang an beeinträchtigt, je nach Schwere der neurobiologischen Störung. So sind manche AD(H)S-Kinder in den ersten Lebenstagen oder schon gleich nach ihrer Geburt unruhig, übererregbar, unstillbar im Schreien; sie trinken hastig, verschlucken sich häufig, erbrechen oder spucken dann. Sie können nur einschlafen, wenn sie bewegt werden. Sie sind schreckhaft und reagieren auf das geringste Geräusch.

Andere AD(H)S-Kinder wiederum sind als Säuglinge pflegeleicht, sie schlafen viel und müssen zum Stillen erst geweckt werden. Sie sind (der späteren Erinnerung ihrer Eltern zufolge) in keiner Weise auffällig.

Wie und mit welcher Symptomatik sich ein AD(H)S-Kind entwickelt, entscheidet die Art der Funktionsstörung im Stirnhirn und einiger mit ihm vernetzter Regelkreise. Einfluss geht auch davon aus, welche der vielen Botenstoffe vorwiegend betroffen sind und wie ihr Verhältnis zueinander ist (die wichtigsten Botenstoffe sind Dopamin, Noradrenalin und Serotonin, einschließlich ihrer Vorstufen). Ein ungleichgewichtiges Verhältnis der Botenstoffe (Dysbalance) ist bei der Geburt zwar schon vorprogrammiert, wird aber erst bei späterer Abforderung entsprechender kognitiver und Verhaltensleistungen als Hyper- oder Hypoaktivität (einschließlich möglicher Zwischenstufen) sichtbar. Eine genetische Diagnostik durch eine Chromosomenanalyse ist zurzeit noch nicht möglich.

2 Wenn Üben allein nicht ausreicht

Die Bedeutung der Botenstoffe und was sie bewirken

Das menschliche Gehirn besteht aus 100 Milliarden Nervenzellen (Neuronen), die miteinander über so genannte Boten- oder Transportstoffe in Verbindung stehen. Damit unser Gehirn und somit auch unser Körper gut funktionieren können, müssen diese Botenstoffe immer in ausreichender Menge vorhanden sein. Sie sind verantwortlich für:

- die Wahrnehmung unserer Umwelt
- die Steuerung des Bewegungsablaufes, des Denkens und Handelns
- die Verarbeitung psychischer Erlebnisse
- die Speicherung von Wissen und Erfahrung

Jede Nervenzelle hat viele »Fortsätze«, die wiederum über kleine Spalten miteinander in Kontakt stehen. Diese Spalten werden auch Synapsen genannt. Die Reizübertragung erfolgt über die Synapsen mittels Botenstoffen, die ständig von der Nervenzelle gebildet werden. Bei Mangel an Botenstoffen ist die Reizübertragung gestört. Dies wiederum bewirkt so genannte Übertragungsfehler. Es kommt bei den Botenstoffen auf ihr Verhältnis zueinander an. Die wichtigsten Botenstoffe sind Dopamin, Noradrenalin und Serotonin. Sie bilden eine Funktionseinheit, wobei Dopamin eine zentrale Bedeutung hat. Was bewirken sie nun im Einzelnen?

- Dopamin ist für zielgerichtete motorische Aktivitäten, für den Antrieb und für die Aktivierung des Organismus verantwortlich.
- Noradrenalin reguliert den Antrieb, die Stimmung, das emotionale Gedächtnis und das Verhalten.
- Bei Serotoninmangel kommt es zu Antriebsverlust, zu Ängsten und zu Depressionen.

Welche und wie viel Botenstoffe gebildet werden, hängt beim AD(H)S mit Hyperaktivität von bestimmten Genen ab, die auf ganz verschiedenen Chromosomen (Kernschleifen = die Zentren der Vererbung) liegen. Das haben neuere molekularbiologische Forschungen ergeben, die zunächst nur bei hyperaktiven Kindern durchgeführt wurden. Welcher Genort wie stark betroffen ist, bestimmt das individuelle Bild des ADS mit und ohne Hyperaktivität. Solche Gene sind z. B. das Dopamin-Transport-Gen, das Dopamin-D2-Rezeptor-Gen, das Dopamin-D4-Rezeptor-Gen und das Serotonin-Transporter-Gen. Die verschiedenen Gene produzieren spezifische Eiweißstoffe, die die Bildung der Botenstoffe steuern und somit in kompetenter Weise unser Denken, Fühlen und Verhalten bestimmen.

Alle Kinder benötigen für ihre normale Entwicklung viel Bewegung. Sie wird dem Gehirn als komplexer Reiz zugeführt, der in seinem Wechselspiel des Bewegungsablaufes ein Koordinationstraining für das Gehirn bedeutet. Der dem Gehirn zugeleitete Reiz muss analysiert, gespeichert, verglichen mit bereits integrierten Im-

2.2 Die Bedeutung von Motorik und Bewegung

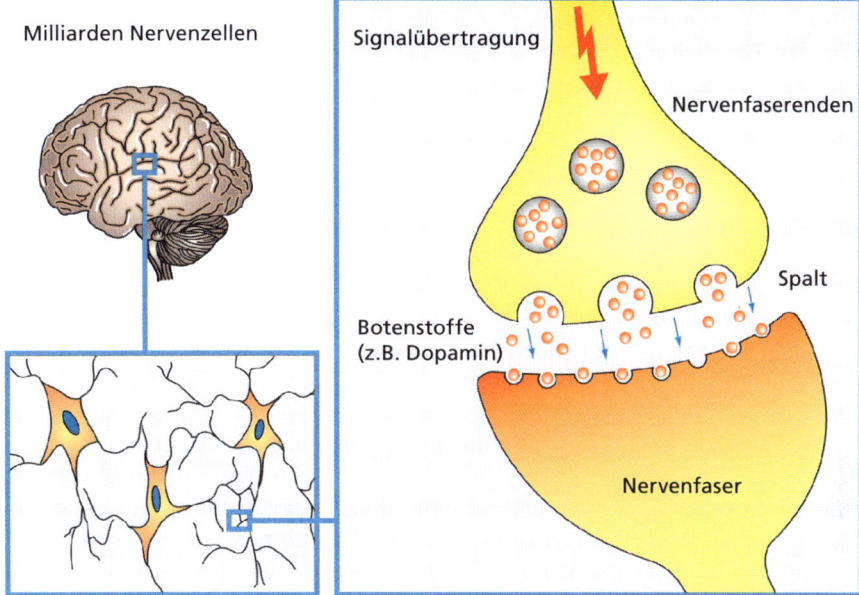

Abb. 2.2: Biochemischer Wirkmechanismus der Stimulanzien Methylphenidat und Amphetamin bei der Reizübertragung: Methylphenidat (Ritalin®, Medikinet®, Equasym®, Concerta) und Amphetamine (Elvanse®, Attentin®) erhöhen die Bereitstellung von fehlenden Botenstoffen im synaptischen Spalt (= der Spalt zwischen den beiden Nervenendigungen, die der Reizübertragung dienen) und hemmt deren Wiederaufnahme, sodass für die Reizübertragung die Menge der Botenstoffe und die Dauer ihrer Verfügbarkeit erhöht werden

pulsen, angemessen und sinnvoll beantwortet werden. Dieses Bewegungstraining gelingt nicht optimal, wenn ein Botenstoffmangel vorliegt, der jede Weiterleitung eines Reizes und die Reaktion des Körpers darauf beeinträchtigt.

Durch regelmäßiges Bewegungstraining können motorische Aktivitäten gebahnt und automatisiert werden. Ein solches Training kann in einem gezielt und mit ausreichender Kraft durchgeführten harmonischen Bewegungsspiel bestehen. Kinder erleben die Beherrschung ihres Körpers, das anregende Gefühl der körperlichen Bewegung und sich selbst üblicherweise positiv: »Ich kann das gut!« – Leider ist das jedoch nicht bei allen Kindern so. Manche spüren ihre motorische Unsicherheit, die auch nach noch so intensivem Üben nicht wesentlich besser wird, und meiden dann diese Bewegungen lieber. Fordert man immer wieder das Kind bis an seine Grenzen, so leidet das Selbstwertgefühl und das Kind resigniert. Man erreicht dann das Gegenteil von dem, was man eigentlich wollte. Ein Gespür für solche Grenzen – die z. B. AD(H)S-Kindern gesteckt sind, bei denen das alleinige Üben nichts Positives mehr bringt – sollten Ergotherapeuten, Logopäden, Krankengymnasten und Nachhilfelehrer durch Kenntnisse der AD(H)S-Problematik aufbringen bzw. entwickeln. So könnte manches Kind früher und mit mehr Selbstvertrauen zur AD(H)S-Diagnostik kommen.

Die ersten Symptome des AD(H)S sind an der beeinträchtigten Motorik, der mangelnden Daueraufmerksamkeit, der fehlenden Merkfähigkeit und der unzureichenden Verarbeitung akustischer Reize, der besonderen Impulssteuerung und an der nicht altersgemäßen sozialen Reife zu erkennen.

Die Bedeutung der Motorik bei der AD(H)S-Diagnostik

Im Allgemeinen haben dreijährige Kinder die Fähigkeiten und Reife erlangt, den Kindergarten regelmäßig zu besuchen. Ein dreijähriges Kind kann sprechen und sich verständlich machen, es kann sich selbstständig an- und ausziehen, es ist sauber, es kann sich von der Mutter trennen und sich einer Gruppe Gleichaltriger anschließen. Es kann sich mit anderen und mit sich selbst beschäftigen, gezielt kleine Aufträge ausführen und sich willentlich steuern. Es ist wissbegierig, kontakt- und bewegungsfreudig.

Mit sechs Jahren haben Kinder zumeist die Schulreife erlangt. Ein sechsjähriges Kind besitzt üblicherweise die Fähigkeiten, den schulischen Anforderungen gerecht zu werden mit der Bildbarkeit in der Gruppe. Eine vorzeitige Einschulung in einem Alter jünger als sechs Jahre kann immer nur eine Ausnahme sein und ist generell für alle Kinder nicht zu empfehlen. Sie wird in Deutschland zuweilen im Rahmen einer allgemeinen bildungspolitischen Diskussion mit dem Ziel einer generellen Verbesserung des schulischen Leistungsniveaus vorgeschlagen. Eine solche frühere Einschulung würde jedoch heute einige Kinder mit Sicherheit überfordern. Eine allgemeine Frühförderung im Rahmen des Kindergartens würde dagegen sehr viel mehr nützen. Hier gibt es in Deutschland – gerade im Vergleich zu seinen europäischen Nachbarstaaten – noch große Reserven. Der Kindergarten bietet sich geradezu an, mit den Kindern viele Bewegungsspiele, einfache sportliche Übungen mit Training der Geschicklichkeit, der Balance und der Schnelligkeit zu machen. Über die Motorik können kognitive und soziale Fähigkeiten verbessert und die Selbststeuerung geübt werden. Auch feinmotorisches Training mit Malen, Ausschneiden und Basteln sind bei den Kindern durchaus sehr beliebt und zugleich sinnvoll. Schließlich ist der Kindergarten auch ein geeigneter Ort, vielfältige soziale Fähigkeiten einzuüben bzw. zu verbessern, so beispielsweise mit der Übernahme von kleinen Aufgaben im Wechsel mit anderen Kindern. Auch die sprachliche Kompetenz eines jeden Kindes könnte im Kindergarten in ihrer Entwicklung verfolgt und – in Absprache mit den Eltern – gefördert werden.

> **Aktivitäten im Kindergarten, die die kognitive, emotionale und soziale Entwicklung der Kinder sinnvoll fördern**
>
> - freies und gelenktes Spiel fördert altersgerechtes Sozialverhalten
> - freies und gelenktes Malen und Basteln zum Training der Fein- und Visuomotorik
> - Übungen der Sprache und des Sprechens
> - Training sozialer Fertigkeiten (Essen, Sauberkeit, Tischdienst, Anziehen)
> - Gymnastik, Sport und Spiel zum Training der Grobmotorik

- Rollenspiel mit Anleitung zur Konfliktlösung
- Stuhlkreis mit Training des Sozialverhaltens, der Konzentration und Meinungsbildung

Die Aktivitäten können die Kinder dabei einzeln und in der Gruppe praktizieren; dabei sollte das spielerische Element im Vordergrund stehen und auf Druck grundsätzlich verzichtet werden. Die Erzieherinnen sollten es sich zur Aufgabe machen, den Entwicklungsverlauf jedes einzelnen Kindes individuell zu beobachten und zu protokollieren.

Inzwischen ist es in Deutschland fast überall üblich, dass alle vier- bis fünfjährigen Kinder im Falle von Lautbildungs- und Grammatikfehlern einem Arzt vorgestellt werden, der erste (logopädische) Hilfsmaßnahmen einleitet und die weitere Sprachentwicklung des Kindes begleitet. Wünschenswert wäre es ebenso, wenn alle Vorschulkinder mit deutlich abweichender Fein- und Grobmotorik sowie auffälligem Sozialverhalten im Kindergarten und im Elternhaus aufmerksam beobachtet und von den Eltern gegebenenfalls einem Kinderarzt vorgestellt würden. Inzwischen gibt es für alle Kleinkinder vorgeschriebene ärztliche Untersuchungen, die auch eine beginnende AD(H)S-Symptomatik erfassen.

Training der Motorik im Kindergarten, was kann man tun?

Zu empfehlen ist es, im Kindergarten regelmäßig Bewegungs- und Rollenspiele durchzuführen und die verschiedenen Arten der Wahrnehmung spielerisch, aber aufgabenorientiert zu trainieren. Auch das Erlernen sozialer Normen und guten Sozialverhaltens sollte im Beschäftigungsplan mit aufgenommen werden.

Nur Kinder, die richtig spielen, können später auch richtig lernen. Hyperaktive Kinder müssen ihre Bewegungen bremsen und koordinieren lernen, hypoaktive Kinder müssen ihre Muskulatur, ihre Geschicklichkeit und Geschwindigkeit über die Bewegung trainieren. Es reicht nicht, die Kinder einmal pro Woche zu einer Bewegungstherapie zu bringen, sondern diese Kinder brauchen viel Bewegung, am besten tägliche sportlich-spielerische Beschäftigungen.

Für ein feinmotorisches Training eignen sich Übungshefte für Vorschulkinder im Alter von 4–6 Jahren sehr gut. Sie sind im Handel erhältlich.

▶ Abb. 2.3 stellt für Kindergartenkinder im Hinblick auf die Schule eine Anleitung für das häusliche Üben zum Erkennen von feinmotorischen Störungen und deren Behandlung dar.

Ein AD(H)S-Kind mit Wahrnehmungsstörungen erreicht jedoch allein durch Üben nicht die gewünschten Erfolge. Bei schwerer Beeinträchtigung sollte dann nur unter Stimulanziengabe weiter geübt werden, damit das Selbstwertgefühl des Kindes nicht leidet.

2 Wenn Üben allein nicht ausreicht

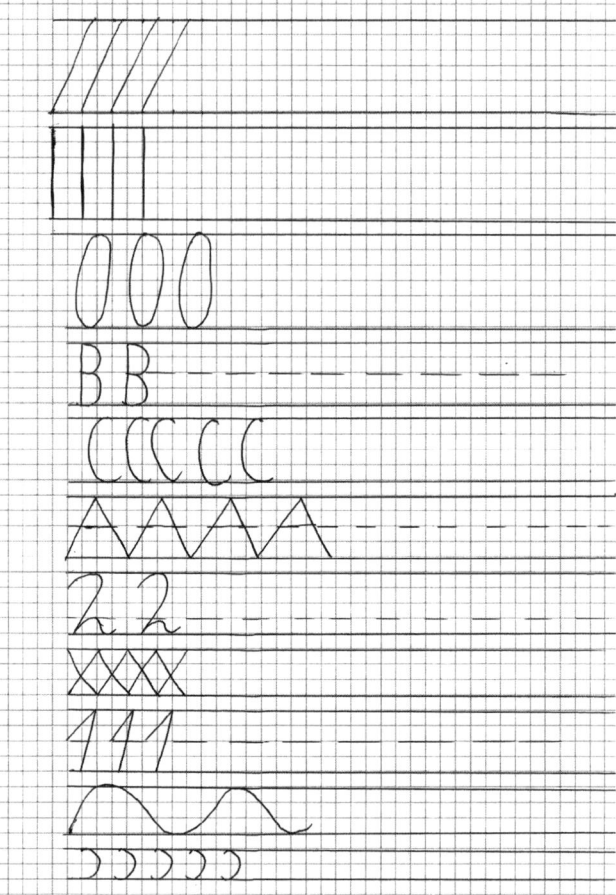

Abb. 2.3: Anleitung für Kindergartenkinder zum häuslichen Training der Feinmotorik

2.3 Blicksteuerungsschwäche und gestörtes dynamisches beidäugiges Sehen

Lesen und Schreiben setzen das perfekte Zusammenspiel und die Koordination vieler Hirnfunktionen voraus. Seit mehreren Jahren wird der Zusammenhang von AD(H)S und Lese-Rechtschreib-Schwäche (LRS) von Hirnforschern neurobiologisch immer besser erforscht. Heute weiß man, dass bei Kindern mit AD(H)S und LRS sowohl die Blicksteuerung als auch das dynamische Sehen oft nicht altersgerecht entwickelt sind. Dadurch ist ein schnelles und exaktes Erfassen und Speichern von Wortbildern erheblich erschwert.

Was verstehen wir unter Blicksteuerungsschwäche?

Beide Augen müssen beim Erfassen von Wörtern immer wieder durch sogenannte Blicksprünge auf das zu erfassende Wort ausgerichtet werden. Dabei müssen die Augen parallel stehen, um mit dem Punkt ihres schärfsten Sehens das gerade zu lesende Wort optimal zu erfassen. Das Halten des benötigten Muskeltonus ist das Ergebnis eines feinen Wechselspiels von Anspannung und Entspannung der Augenmuskulatur, was vom Kleinhirn gesteuert wird. Diese feinmotorische Leistung kann das AD(H)S-Kind oft nur wenige Minuten halten. Eine Abweichung dieses Zusammenspiels bedeutet unscharfes, kurzzeitiges Doppelbildsehen und wird als Winkelfehlsichtigkeit bezeichnet. Es werden die Buchstaben am Rand des Blickfeldes unscharf oder gar doppelt gesehen. Manche Kinder kompensieren ihr Unvermögen, scharf zu sehen, durch Kopfschiefhaltung. Ich nenne das den »Amselblick«.

Die Blicksteuerung lässt sich kontrollieren und messen. Mittlerweile liegen Studien vor, die nachweisen, dass AD(H)S-Kinder in der willentlichen und schnellen Ausrichtung ihrer Blicke im Vergleich zu ihren Altersgenossen bis zu 50% Defizite aufweisen (vgl. hierzu vor allem die Arbeiten von Prof. Dr. Burkhart Fischer).

Lesen erfordert aber nicht nur das scharfe Sehen eines Wortes. Nicht minder notwendig ist es, die beim Lesen zeitlich nacheinander einlaufenden Wörter deutlich voneinander zu trennen und trotzdem scharf einzustellen. Nur so kann das Auge mehrere Wörter deutlich erfassen und das Gehirn den fortlaufenden Text verarbeiten. Diesen funktionellen Teil des Schreibens und Lesens nennt man das dynamische Sehen. Es ist genauso wie die Blicksteuerung für richtiges Schreiben und Lesen wichtig und bei einigen AD(H)S-Kindern nicht ausreichend entwickelt.

Erfahrungen und Methoden aus der Praxis

In meiner Praxis untersuche ich AD(H)S-Kinder mit Lese-Rechtschreib-Schwäche mit einer einfachen Methode, die mir einen orientierenden Hinweis auf Vorliegen einer ausgeprägten Störung des dynamischen Sehens gibt. Ich fordere die Kinder auf, bei fixierter Kopfhaltung horizontal mit den Augen einer sich bewegenden kleinen Lampe zu folgen. Viele Kinder sehen diesen Lichtpunkt immer wieder doppelt oder strichförmig, manchmal sogar in Ruhestellung der Augen. Das Gleiche wiederhole ich dann mit senkrechter Bewegung der Lampe von oben nach unten. Auch hierbei wird der Lichtpunkt oft doppelt wahrgenommen, aber jetzt untereinander.

Lasse ich diese Kinder lesen, so wundere ich mich nicht mehr, wenn sogar noch Viert- und Fünftklässler beim Lesen die Augen mit dem Finger führen müssen. Diese Kinder lesen natürlich nicht freiwillig – sie »hassen« lesen und »lesen« höchstens Comics. Sie verlieren beim Lesen und Abschreiben die Zeile und verursachen dadurch sehr viele Fehler. Sie schreiben buchstabenweise ab und verrutschen dabei. Auf diese Weise gelingt es den Kindern nicht, ein ausreichendes Gedächtnis für das Wortbild zu entwickeln – sie schaffen es so gut wie

> nie, fehlerfrei abzuschreiben, obwohl sie im Vergleich zu ihren Klassenkameraden viel mehr Zeit zum Abschreiben von der Tafel benötigen.

Berichtet eine Mutter, sie könne das, was ihr Kind von der Tafel »abgeschrieben« habe, überhaupt nicht lesen, sollten die Augen des Kindes auf eine Schwäche der Blicksteuerung und des dynamischen Sehens untersucht werden. Mit Hilfe spezieller Mess- und Korrekturmethoden (u. a. nach H.-J. Haase, MKH) kann vom Fachmann die Winkelfehlsichtigkeit gemessen und korrigiert werden. Diese Untersuchung dauert ca. eine Stunde und setzt eine bestimmte technische Ausrüstung voraus. Kinder mit ausgeprägtem »Doppelbildsehen« benötigen zur Korrektur eine Prismenbrille. Kinder aus meiner Praxis, die diese Brille tragen, empfinden sie als echte Hilfe. Sie erleichtert ihnen das Lesen und Schreiben. Nur Wörter, die immer wieder richtig gelesen und geschrieben werden, können sich auch richtig im Wortbildgedächtnis abspeichern und bei Bedarf von dort wieder abgerufen werden. Ständiges Üben verdickt die entsprechenden Lernbahnen, so dass sich Lesen und Schreiben mit der Zeit automatisieren.

> **Exkurs: Winkelfehlsichtigkeit ist keine Krankheit, sondern ein zu korrigierender Sehfehler**
>
> Besonders ausgebildete Augenärzte und Augenoptiker messen die Winkelfehlsichtigkeit seit mehreren Jahrzehnten mit der Mess- und Korrektionsmethodik nach Haase. Sie ermitteln dabei die anstrengungsärmste Augenstellung, bei der die Bilder beider Augen sich an der Stelle mit der höchsten Wahrnehmungsqualität befinden. Diese Messwerte werden sodann der Anfertigung einer Prismenbrille zugrunde gelegt. Winkelfehlsichtigkeit ist keine Krankheit, sondern ein Sehfehler, der korrigierbar ist und sich durch das Tragen der Brille bessern kann. Sie wird jedoch nur mit Hilfe einer Brille korrigiert, wenn im täglichen Leben subjektive Beschwerden bestehen, was nicht immer der Fall zu sein braucht.

Vieles deutet darauf hin, dass die Winkelfehlsichtigkeit bei AD(H)S-Kindern gehäuft und verstärkt auftritt. Sie beeinträchtigt die schulische Leistungsfähigkeit der Kinder noch zusätzlich.

> **Wann sollte an eine Blicksteuerungsschwäche gedacht werden?**
>
> Wenn
>
> - das Kind, der Jugendliche oder der Erwachsene nicht gerne (oder nur Comics) liest und das Lesen sehr anstrengt
> - beim Lesen die Zeilen verrutschen und die Buchstaben verschwimmen
> - das Lesen mit Fingerführung erfolgt
> - es beim Lesen zu Kopfschiefhaltung oder häufigem Blinzeln kommt

2.3 Blicksteuerungsschwäche und gestörtes dynamisches beidäugiges Sehen

- das Abschreiben von der Tafel sehr langsam, mühsam und fehlerhaft ist
- das Kind, der Jugendliche oder der Erwachsene Probleme hat, einen Ball zu fangen
- im Diktat viele Wiederholungsfehler infolge eines schlechten Wortbildgedächtnisses auftreten
- Kinder eine Lesebrille haben, die sie nicht zum Lesen aufsetzen wollen

3 Häufige Begleiterkrankungen des AD(H)S

Im Bericht über den international anerkannten amerikanischen AD(H)S Kongress wurden im Jahre 2001 die wichtigsten »Komorbiditäten« des Aufmerksamkeitsdefizitsyndroms zahlenmäßig erfasst. Als häufigste Begleitstörungen des AD(H)S wurden schon damals genannt:

1. Aggressives Verhalten und Schwierigkeiten in der sozialen Integration
2. Depressivität
3. Ängste
4. Tics und Tourette-Syndrom
5. Teilleistungsstörungen

> **Die häufigsten Begleitstörungen des AD(H)S in den USA im Jahre 2001**
>
> AD(H)S und aggressives Verhalten sowie Schwierigkeiten in der sozialen Integration
>
> - 45–50% der Jugendlichen mit AD(H)S und 20–25% der Erwachsenen mit AD(H)S sind hiervon betroffen
> - 40% aller betroffenen AD(H)Sler zeigen ein oppositionelles Verhalten
> - 25% der AD(H)S-Kinder zeigen bereits antisoziale Verhaltensweisen
>
> AD(H)S und Depressivität
>
> - 10–30% aller AD(H)S-Kinder und 20–25% der Erwachsenen mit AD(H)S zeigen depressive Symptome, weitere 20% sind manisch-depressiv
>
> AD(H)S und Ängste
>
> - Unter Angststörungen leiden 30% aller AD(H)S-Kinder und 20–40% aller Erwachsenen mit AD(H)S
>
> AD(H)S und Tics und Tourette-Syndrom
>
> - Bei 7% aller AD(H)S-Betroffenen liegen Tics vor, bei 60% aller Tourette-Patienten ein AD(H)S

> AD(H)S und Teilleistungsstörungen
>
> - Teilleistungsstörungen beeinträchtigen die Schullaufbahn von 60% der AD(H)S-Kinder erheblich

Soweit die amerikanische Statistik, aufgestellt von AD(H)S-Spezialisten. In Deutschland beginnt man gerade erst, die Begleiterkrankungen und Folgeerscheinungen des AD(H)S statistisch zu erfassen, bekannt ist darüber bisher leider viel zu wenig. Dabei haben über 80% aller Betroffenen dauernd oder vorübergehend AD(H)S-bedingte Begleiterscheinungen oder Folgeerkrankungen – nur ihr Zusammenhang ist den wenigsten bekannt.

Was sind aus der praktischen Erfahrung die wichtigsten Begleit- und Folgestörungen?

3.1 Das Asperger-Syndrom

Das Asperger-Syndrom gehört zum autistischen Formenkreis. Neuere Studien zeigen aber auch, dass viele Asperger-Betroffene typische AD(H)S-Symptome haben, denn beide Störungen können durchaus auch gemeinsam vorkommen. Obwohl es neurobiologisch als auch genetisch einige Gemeinsamkeiten gibt, zeigen beide Krankheitsbilder deutliche Unterschiede. Beim Asperger-Syndrom sind die Kontaktaufnahme, das Verstehen von Gefühlen anderer und deren soziale Situation immer erschwert, obwohl die Betroffenen normal bis sehr intelligent sind und keine sprachlichen Defizite aufweisen. Sie können sich nicht in die Rolle des Gegenübers versetzen. Soziales Verhalten erlernen Asperger-Betroffene nicht durch Blickkontakt oder Beobachtung ihrer Umgebung, sondern sie müssen erst alles erklärt bekommen. Vielleicht spielt dabei auch ein angeborener Mangel an Spiegelneuronen eine Rolle, so meine Vermutung. Spiegelneurone wurden erst 1990 entdeckt und werden noch nicht in allen wissenschaftlichen Untersuchungen einbezogen.

Wenn man bei Kindern mit Asperger-Syndrom frühzeitig (möglichst ab dem zweiten Lebensjahr) die Wahrnehmungsverarbeitung sozialer Fähigkeiten gezielt, planmäßig und möglichst täglich trainiert und das mit viel motorischen Aktivitäten spielerisch kombiniert, kann man mit einer, wenn erforderlich, noch vor der Einschulung begonnenen Stimulanzienbehandlung gute therapeutische Erfolge erzielen. So meine Erfahrung aus der Praxis. Kinder mit einem Asperger-Syndrom haben auch neurobiologisch gesehen in ihrer Symptomatik einige Gemeinsamkeiten mit einem AD(H)S ohne Hyperaktivität, weshalb Stimulanzien unbedingt auszuprobieren sind. Außerdem kommt es gehäuft in Familien mit AD(H)S-Veranlagung vor, insbesondere, wenn ein AD(H)S ohne Hyperaktivität diagnostiziert wurde, was leider oft viel zu spät erfolgt.

Das Asperger-Syndrom wird mit einer Häufigkeit von ca. 2% angegeben. Es handelt sich wie beim AD(H)S um eine angeborene Regulationsstörung, die verschiedene Hirnfunktionen umfasst, aber mit deutlicher Beeinträchtigung vor allem der sozialen und emotionalen Entwicklung. Es ist also eine neurobiologisch bedingte Reifungsstörung in der Informationsverarbeitung, die besonders das Sozialverhalten betrifft und deren erste Anzeichen schon im ersten Lebensjahr erkennbar sind. Beim Asperger-Syndrom sind die statomotorische und sprachliche Entwicklung der Kinder sowie deren Intelligenz nicht beeinträchtigt. Oft verfügen diese Kinder über einzelne hervorragende Fähigkeiten. Kinder mit Asperger-Syndrom reagieren möglicherweise auf eine genetisch bedingte massive Reizüberflutung gleich nach der Geburt mit einer »Wahrnehmungssperre«, wie es Säuglinge können, wenn sie Gefahr spüren und sich überfordert fühlen. Das könnte dazu führen, dass sich viel weniger Reizleitungsbahnen ausbilden, die für spätere Sozialkontakte erforderlich sind. Die Anlage von Leitungsbahnen für soziale Kontakte erfolgt als erstes nach der Geburt. Es gibt also noch großen Forschungsbedarf zur neurobiologischen Ursache des Asperger-Syndroms. Auch wird bei den betroffenen Kindern ein Mangel an Noradrenalin vermutet. Damit ließe sich auch die Wirkung der Stimulanzienbehandlung erklären, da diese die Informationsverarbeitung verbessert und deren Automatisierung ermöglicht.

Vor dem Beginn einer medikamentösen Therapie ist jedoch *immer* eine Frühförderung mit folgenden Schwerpunkten erforderlich, die aufeinander abgestimmt ein Therapieprogramm ergeben, dessen Verlauf fachärztlich überwacht und kontrolliert werden sollte:

- Anleitung der Eltern
- Information über Übungsprogramme
- Strukturierung im Tagesablauf und in der Umgebung
- Ständiges Wiederholen wichtiger kognitiver und sozialer Lernprozesse, um deren Automatisierung zu erreichen
- Zeitiges Training im Verstehen von Mimik und Körpersprache
- Intensive Co-Therapeutenbeziehung mit spielerischem Wahrnehmungstraining, Körperkontakten sowie Einübung sozialer Verhaltensmuster, was von den Eltern durch ihre Präsenz mit ständiger Vorbildwirkung am besten zu gewährleisten ist. Ein Training einmal pro Woche oder von verschiedenen Personen und in Anwesenheit anderer Kinder ist wenig erfolgversprechend, da jede Reizüberflutung ein gezieltes Üben erschwert.
- Täglich Sport, Bewegung, Malen und das Ansehen von Bilderbüchern, Musiktherapie, anfangs einzeln, dann in der Gruppe

Diagnosekriterien des Asperger-Syndroms

Die wichtigsten Diagnosekriterien des Asperger-Syndroms entsprechend der Internationalen Klassifikation psychischer Erkrankungen (vgl. ICD-10, Kapitel V, F 84.5) sind:

1. Eine qualitative Beeinträchtigung in der sozialen Interaktion in mindestens zwei der folgenden Bereiche:
   a) Ausgeprägte Beeinträchtigung im Gebrauch von nonverbalen (sprachfreien) Reaktionen im Umgang mit anderen, wie wenig Blickkontakt, mimikarmer Gesichtsausdruck, wenig Gestik
   b) Unfähigkeit, eine entwicklungsgemäße Beziehung zu Gleichaltrigen aufzubauen
   c) Mangel, spontan Freude zu zeigen, Interessen oder Erfolge mit anderen zu teilen
   d) Schwierigkeit, eine tragfähige emotionale Beziehung zu anderen aufzubauen
2. Sich wiederholende Verhaltensmuster, Interessen und Aktivitäten in mindestens einem der folgenden Bereiche:
   a) Umfassende Beschäftigung mit sich gleichförmig wiederholenden Bewegungsmustern mit großer Intensität
   b) Abnorme Interessen, die eng begrenzt sind
   c) Starres Festhalten an bestimmten Gewohnheiten und Ritualen
   d) Ständiges Beschäftigen mit Einzelteilen von Objekten
3. Die Störung verursacht Beeinträchtigungen im Verhaltens- und Leistungsbereich
4. Es besteht kein Sprachrückstand, die Sprachentwicklung erfolgt altersgerecht
5. Keine Verzögerung in den Denk- und Merkfähigkeiten und bei der Interessensentwicklung

Das Asperger-Syndrom ist auch in der ICD-11 als eine leichte Form der Autismus-Spektrum-Störung beschrieben mit folgenden Symptomen:

- Beeinträchtigungen der sozialen Interaktion, der Sprache und Kommunikation
- eingeschränkte und stereotype Verhaltensmuster, Interessen und Aktivitäten mit Beginn in der frühen Kindheit

3.2 Lern- und Teilleistungsstörungen

Besonderheiten beim AD(H)S-Kind – warum Üben oft Frust bedeutet und allein nicht ausreicht

AD(H)S als Folge einer genetisch bedingten Störung der Informationsverarbeitung des zentralen Nervensystems prägt die Entwicklung des Verhaltens, der kognitiven und motorischen Fähigkeiten und der Gefühlssteuerung von Anfang an. Neurobiologisch gesehen besteht eine Unterfunktion des Stirnhirns, wobei vor allem Reizfilterschwäche und Botenstoffmangel seine Symptomatik bestimmen.

Je nach Schwere der Symptomatik können die verschiedensten Funktionen unterschiedlich stark beeinträchtigt sein, was wiederum von der individuellen Veranlagung und den Umwelteinflüssen abhängt. Die Vererbung des AD(H)S erfolgt über mindestens 15 Gene, was seine große Vielfalt im Erscheinungsbild erklärt.

Trotz seiner verschiedenen Varianten, auch noch innerhalb der drei Subtypen, müssen für die Diagnose eines AD(H)S immer folgende Hauptsymptome vorhanden sein:

1. Eine *Reizüberflutung* des Gehirns infolge Filterschwäche durch Unterfunktion des Stirnhirns mit Auswirkung auf die Selbstkontrolle und folgenden Beeinträchtigungen:
   - Aufmerksamkeit und Konzentration können nicht willentlich konstant gehalten werden
   - Selbstorganisation und Aktivierung für Routinetätigkeiten fallen schwer
   - Die Gefühlssteuerung ist spontan und ungebremst
   - Zwischen Kurz- und Langzeitgedächtnis kommt es zu Informationsverlusten
   - Auffälligkeiten in den verschiedensten motorischen Bereichen

   Das heißt, alle drei sog. hirnorganischen Achsen sind mehr oder weniger stark beeinträchtigt:
   - Die kognitive Ebene: Konzentriert denken und lernen mit schneller Verfügbarkeit des Gelernten
   - Die Verhaltensebene: Seine Gefühle steuern, seine Interessen sozial angepasst durchsetzen können und Körpersprache, Denken und Fühlen der anderen verstehen
   - Die motorische *Ebene* mit unterschiedlichen Störungen in der Steuerung von Fein-, Grob-, Sprach-, Augen- und Graphomotorik sowie der Koordination.

2. *Botenstoffmangel*: Die Informationsverarbeitung inner- und außerhalb dieser drei Ebenen erfolgt über eine Vernetzung der Nervenzellen miteinander zu den sog. Nervenbahnen, auch Gedächtnisspuren genannt, die die Reize aus der Peripherie mit Hilfe der Botenstoffe zu den entsprechenden Zentren des Zentralnervensystems leiten.

Nervenzellen, die ständig bioelektrische Reize bekommen, bleiben erhalten und bilden Bahnen, die sog. Gedächtnisspuren. Zur Weiterleitung der verschiedenen Informationen müssen ganz spezielle Botenstoffe in ausreichender Menge in den entsprechenden Nervenspalten (Synapsen) vorhanden sein.

Die wichtigsten Botenstoffe sind: Noradrenalin, Dopamin und Serotonin. Sie sind für Antrieb, Steuerung motorischer Aktivitäten und der Gefühle verantwortlich. Sie regulieren auch den Schlaf-Wach-Rhythmus. Das Verhältnis der einzelnen Botenstoffe zueinander bestimmt die Art der Störung, da sie sich in ihrer Funktion gegenseitig beeinflussen.

3.2 Lern- und Teilleistungsstörungen

Zusammenfassend ist beim AD(H)S also die Informationsverarbeitung beeinträchtigt, weil

- bei der Reizüberflutung die Kanalkapazität der Gedächtnisbahnen nicht ausreicht: Dies führt in der Folge zu einer geringen Erfassungsspanne mit oberflächlicher Wahrnehmung und Informationsverlusten.
- ein mit Informationen überlastetes Arbeitsgedächtnis diese Fülle an ungefilterten Informationen nicht ausreichend sortieren und bündeln kann: So gehen wichtige Reize verloren, während unwichtige in die entsprechenden Zentren weitergeleitet werden.
- ein Mangel an Botenstoffen die Weiterleitung von Informationen zu den entsprechenden Gehirnzentren und zurück beeinträchtigt: Bei fehlender oder unzureichender Automatisierung können die Betroffenen in ihren Denk- und Handlungsabläufen umstellungserschwert sein.
- die immer vorhandene emotionale Steuerungsschwäche zu stressbedingten Denk- und Handlungsblockaden führen kann, z.B. zu Blackout-Reaktionen und Panik.

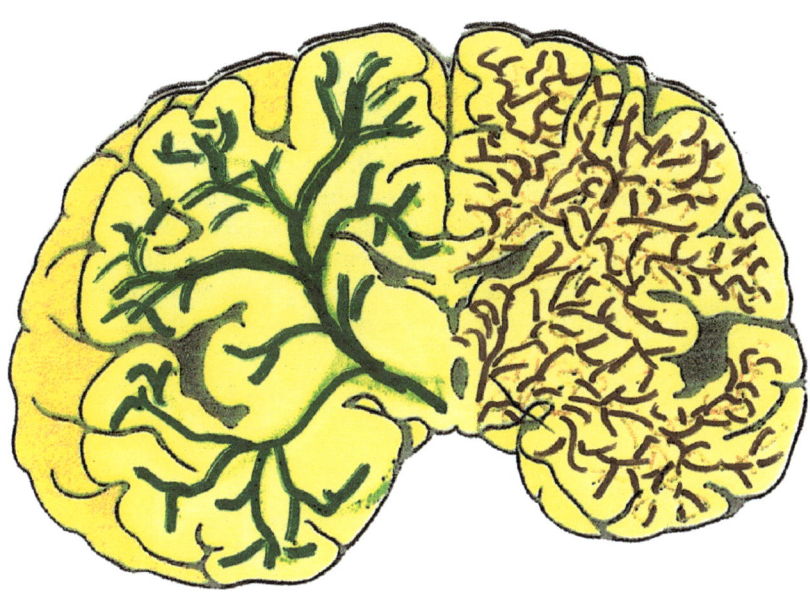

normale Vernetzung diffuse Vernetzung bei AD(H)S

Abb. 3.1: Neuronale Vernetzung (schematische Darstellung) im Gehirn eines Menschen ohne AD(H)S (links) und mit AD(H)S (rechts)

3 Häufige Begleiterkrankungen des AD(H)S

Zum AD(H)S gehört nicht nur die *hyperaktive* Störung mit dem typischen »Zappelphilipp-Syndrom«, sondern auch ein Störungsbild, das in vielen Punkten dazu gegenteilig erscheint: Das viel zu langsame, verträumte, antriebsarme und unkonzentrierte Kind. Diese AD(H)S-Form wird als *hypoaktiv* bezeichnet, was so viel wie »zu wenig aktiv« bedeutet.

Gemeinsam sind der hyper- und hypoaktiven Form des AD(H)S:

- Die Unfähigkeit, bei nachlassendem Interesse eine Daueraufmerksamkeit aufrechtzuerhalten. Ist etwas interessant, können die Kinder sich dagegen gut auch über einen längeren Zeitraum konzentrieren.
- Eine viel zu geringe Kapazität des Arbeitsgedächtnisses: Dies erschwert es AD(H)S-Kindern, in der und für die Schule erfolgreich zu lernen.
- Die unzureichende Filterung akustischer Reize: Dadurch wird manches überhört, da es nicht wahrgenommen wird. Was AD(H)S-Kinder nicht hören, ersetzen sie manchmal durch ihre gute Fantasie.
- Die emotionale Steuerungsschwäche mit der Unfähigkeit, Gefühle »abzufangen«: AD(H)S-Kinder reagieren sehr schnell überempfindlich und extrem.
- Störungen der Fein- und Grobmotorik
- Multiple Wahrnehmungsstörungen

Was versteht man unter Arbeitsgedächtnis?

Das Arbeitsgedächtnis wird auch als Kurzzeitgedächtnis bezeichnet, das bei ausreichender Aufnahmekapazität wichtige Informationen so lange speichert, bis sie vom Langzeitgedächtnis übernommen sind. Dabei werden unwichtige Informationen aussortiert und somit nicht gespeichert. Im Langzeitgedächtnis werden die entsprechenden Gedächtnisschleifen »aufgerufen« und mit den gespeicherten Erinnerungen verglichen. Die Erinnerungen werden in Verbindung mit optischen und akustischen Eindrücken in Form von Sprache, Wortbildern, Gesichtern und Namen aktualisiert und sind sodann jederzeit verfügbar.

Als Folgen eines schlechten Arbeitsgedächtnisses lassen sich für AD(H)S-Kinder nennen:

- AD(H)S-Kinder lernen nicht aus Fehlern.
- AD(H)S-Kinder können nicht schlagfertig reagieren.
- AD(H)S-Kinder finden oft die richtigen Worte nicht.
- AD(H)S-Kinder können das Gelernte nicht ausreichend speichern und ins Langzeitgedächtnis transportieren – was das Kind am Nachmittag gelernt hat, beherrscht es schon am nächsten Morgen oder an den folgenden Tagen nicht mehr. Die Lernbahnen sind bei ihnen nicht altersgerecht entwickelt.

Das Vorhandensein eines AD(H)S zeigt sich durch Auffälligkeiten im Leistungs- und Verhaltensbereich, sowohl zu Hause als auch in der Schule. Gerade in der Schule liegen bei den betroffenen Kindern die Lernergebnisse oft weit unter ihrem eigentlichen intellektuellen Leistungsvermögen. Dabei handelt es sich fast immer um Kinder und Jugendliche mit einer guten bis sehr guten Intelligenz.

Die Ursachen des AD(H)S sind weder eine Fehlerziehung noch ein frühkindlicher Hirnschaden. Beides, aber auch Rauchen in der Schwangerschaft oder schlechte soziale Rahmenbedingungen mit einer unzureichenden Förderung des Kindes können jedoch die Symptomatik negativ beeinflussen. Die Entwicklung der betroffenen Kinder bereitet ihren Eltern und Lehrern viele Probleme. Diese Kinder leiden, denn sie spüren, dass sie anders sind, und sie fühlen sich deshalb von ihrer Umgebung nicht verstanden. Sie sind verunsichert, ihr Selbstwertgefühl leidet. Schließlich werden sie zu Außenseitern, die sich ungeliebt und abgelehnt fühlen.

Zum Nachweis und zur Diagnosestellung des AD(H)S

Der neurobiologische Nachweis des AD(H)S erfolgt mit

- dem PET (Positronenemissionstomogramm),
- dem SPECT (Single-Photonen-Emmisions-Computertomogramm),
- der funktionellen Magnetresonanztomographie,
- dem Nachweis einer Dopamintransporterstörung,
- dem EEG mit Aufzeichnung ereigniskorrelierter Potenziale,
- der Beurteilung der P-3-Welle bei den akustisch evozierten Potenzialen,

um nur einige Untersuchungsmethoden zu nennen, die in der wissenschaftlichen Forschung des AD(H)S zurzeit eine Rolle spielen. Diese Methoden stehen der Praxis jedoch nicht zur Verfügung.

In der psychiatrischen Praxis erfolgt die Diagnose deshalb in der Regel aus

- der typischen Anamnese,
- der Verhaltens- und Leistungsbeobachtung,
- der neurologischen Untersuchung,
- der psychologischen Testung mit standardisierten psychometrischen Tests,
- der psychiatrischen Diagnostik mit der Suche nach Fehlentwicklungen und Teilleistungsstörungen.

Eine Diagnostik allein durch Fragebögen ergäbe ein unvollständiges und viel zu subjektives Bild. Die wichtigsten Diagnosekriterien können stattdessen mit dem oben genannten Programm erfolgreich erfasst werden. Wichtig ist dabei zu beachten, dass kein einzelner Punkt isoliert für sich die Diagnose hinreichend begründen kann. Eine Diagnostik, die dem Kind und dem komplexen Störungsbild AD(H)S gerecht wird, kann sich nur aus dem Bild verschiedener Puzzlesteine herleiten, die ein kompetenter Facharzt zusammensetzt.

Das Diagnostik-Programm beim AD(H)S-Kind:

- Intelligenz, Arbeitstempo, Umstellungsfähigkeit
- seelische Stabilität, Erregbarkeit, Blackout-Reaktionen, neurotische Fehlentwicklungen
- Teilleistungsstörungen (visuomotorisch, auditiv, taktil), Körperschemastörung
- organischer und neurologischer Befund einschließlich EEG
- soziale Reife, Selbstwertgefühl
- sprachliche Entwicklung
- Konzentration, Daueraufmerksamkeit, Merkfähigkeit
- motorische Entwicklung, Körperkoordination, Grob- und Feinmotorik
- Schriftbild, Rechtschreibschwäche, Rechenschwäche

Schwerpunkte bei der Diagnosestellung bilden für den Facharzt neurologische Kenntnisse über die Funktion des Stirnhirns sowie Kenntnisse in der Entwicklungsdiagnostik, der Familiendynamik und der Familiengeschichte, da das AD(H)S vererbt wird. Ungünstige biologische und soziale Faktoren können zusätzlich noch die Prognose verschlechtern.

AD(H)S als Ursache von Teilleistungsstörungen

Das AD(H)S ist an sich keine Krankheit, sondern eine Veranlagung (Disposition), die aber bei zu großer Belastung und zu starker Ausprägung zur sogenannten Dekompensation mit Krankheitswert führen kann. Eine solche Dekompensation stellen die Teilleistungsstörungen dar.

Die Schwere des AD(H)S und der Teilleistungsstörungen wird bestimmt durch:

- die Intelligenz des Kindes
- den Grad des Betroffenseins
- wie der Lernstoff vermittelt wird
- das Ausmaß der Anforderungen an das Kind
- die Arbeitseinstellung und Motivation des Kindes
- die Ressourcen des Kindes

In den letzten Jahren wird immer häufiger über einen Zusammenhang von AD(H)S und Rechtschreibschwäche bzw. Rechenschwäche berichtet. Dieses gemeinsame Auftreten habe auch ich in meiner Praxis sehr oft registriert, diagnostiziert und erfolgreich behandelt. »Fehlerfreies Schreiben« wird schneller erlernt, wenn von Anfang an auch fehlerfrei geschrieben wird. Dürfen Kinder in den ersten Schuljahren so schreiben wie sie hören, speichern sich auch falsch geschriebene Wörter im Langzeitgedächtnis ab, was später mühsam zu korrigieren ist.

Was sind Teilleistungsstörungen?

Als Teilleistungsstörungen verstehen wir Beeinträchtigungen des Lern- und Leistungsverhaltens infolge umschriebener Funktionsstörungen bei sonst ungestörter körperlicher und geistiger Leistungsfähigkeit und einer intellektuellen Ausstattung, die im Normbereich oder darüber liegt.

Teilleistungsstörungen bei AD(H)S-Kindern sind die Folge einer Beeinträchtigung:

- der Konzentration und Daueraufmerksamkeit
- des Arbeitsgedächtnisses mit seiner Fähigkeit, wichtige Daten sofort zu speichern
- der emotionalen Steuerung mit Stress- und Frustrationstoleranz
- der Filterfähigkeit zum Unterscheiden von wichtigen und unwichtigen Außenreizen
- der Merkfähigkeit, damit Wichtiges sofort wieder abrufbar ist
- der auditiven Wahrnehmung
- der visuomotorischen Wahrnehmung
- der Grob- und Feinmotorik
- der Körperkoordination mit der Fähigkeit, im Bewegungsablauf abbremsen zu können
- der sprachmotorischen Fähigkeiten
- des dynamischen beidäugigen Sehens

Aus einer Summe dieser Beeinträchtigungen kann es beim AD(H)S-Kind zum Leistungsversagen in der Schule in Form einer Lese-Rechtschreib-Schwäche oder/und einer Rechenschwäche kommen. Obgleich AD(H)S-Kinder wie ihre Altersgenossen zu Beginn der Schulzeit zunächst hoch motiviert sind, zeigen sie bald besonders in schriftlichen Leistungen, im Verhalten und in der Daueraufmerksamkeit deutliche Defizite.

Wenn die Schule zum Alptraum wird

AD(H)S-Kinder würden alle gut gemeinten Ratschläge – wie still sitzen, nicht stören, nicht träumen, nichts vergessen, besser schreiben (▶ Abb. 3.3), andere Kinder nicht ärgern, sich nicht ablenken lassen usw. – gern befolgen, wenn sie es nur könnten. Aus der großen Vorfreude auf die Schule, die die meisten Kinder am Ende ihrer Kindergartenzeit entwickeln, wird für viele AD(H)S-Kinder die Schule zum Alptraum: Sie beginnen an sich und ihren Fähigkeiten zu zweifeln. Auch ihre Eltern werden in der Folge zunehmend verunsichert: Sie beginnen an ihrer Fähigkeit zu zweifeln, ihre Kinder kompetent zu erziehen.

Hyperaktive Kinder verhalten sich infolge ihrer inneren Verunsicherung häufig aggressiv und beginnen, den Unterricht zu stören. Sie reagieren sich nach außen hin ab und geben dabei meist den anderen die Schuld an ihrem Verhalten. Sie übernehmen die Rolle des Klassenclowns und bestätigen sich dadurch.

3 Häufige Begleiterkrankungen des AD(H)S

1. Klasse 15. 5. 02

14	−	8	= 6 ✓		15	−	6	= 9 ✓
7	+	4	= 14		8	+	12	= 20
11	−	3	= 7		12	−	7	= 5 ✓
6	+	8	= 14 ✓		9	+	10	= 12
13	−	7	= 4		17	−	9	= 7
4	+	9	= 11		6	+	11	= 17 ✓
16	−	9	= 10		19	−	8	= 11 ✓
5	+	10	= 15 ✓		3	+	17	= 20

1. Klasse 24. 6. 02

14	−	8	= 5		15	−	6	= 7
7	+	4	= 11 ✓		8	+	12	= 4
11	−	3	= 8		12	−	7	= 4
6	+	8	= 14 ✓		9	+	10	= 18
13	−	7	= 4		17	−	9	= 7
4	+	9	= 13 ✓		6	+	11	= 18
16	−	9	= 7		19	−	8	= 19
5	+	10	= 16		3	+	17	= 16

Abb. 3.2: Beispiele einer typischen Rechenleistung eines AD(H)S-Kindes am Ende der ersten Klasse

Abb. 3.3: Schriftprobe eines hyperaktiven Jungen aus der 4. Klasse, der später ein guter Realschüler wurde: seine beste »Schönschrift« vor dem Behandlungsbeginn (oben) und seine Schrift nach dem Behandlungsbeginn (unten)

Weniger sichtbar leiden die *hypoaktiven* Kinder: Sie sind introvertiert und suchen die Schuld vornehmlich bei sich selbst. Sie entwickeln Selbstzweifel und Ängste und flüchten sich dank ihrer guten Fantasie in eine Traumwelt. Sie schalten ab und gehen eigenen Gedanken nach.

Allen AD(H)S-Kindern drohen dabei Defizite, sowohl im sozialen als auch im schulischen Bereich. Dies führt langsam aber stetig zum Abbau ihres Selbstwertgefühles. Sie entwickeln Versagensängste und eine Selbstwertproblematik. Auch ihre Lehrer und ihre Eltern merken bald: »Üben allein hilft nicht«. Zu Hause wird der Schulstoff gekonnt, in der Schule jedoch versagt das Kind. Es setzt sich selbst so sehr unter Druck, dass gar nichts mehr infolge seiner geringen emotionalen Belastbarkeit geht.

Eine potenzielle Lese-Rechtschreib-Schwäche frühzeitig verhindern

Definition der Lese-Rechtschreib-Schwäche

In der Fassung vom 14.1.1994 des Bundesverbandes für Legasthenie e.V. zur Früherkennung und Behandlung der Legasthenie (Lese-Rechtschreib-Schwäche) wird diese definiert »als eine umschriebene Störung im Erlernen der Schriftsprache, die nicht durch eine allgemeine Beeinträchtigung der geistigen Entwicklung, der Milieu- oder Unterrichtsbedingungen erklärt werden kann«. Und weiter: »Sie ist vielmehr das Ergebnis von Teilleistungsschwächen der Wahrnehmung, der Motorik und/oder der sensorischen Integration, bei denen es sich um eine anlagebedingte und/oder durch äußere schädigende Einwirkungen entstandene Entwicklungsstörung von Teilfunktionen des zentralen Nervensystems handelt.«

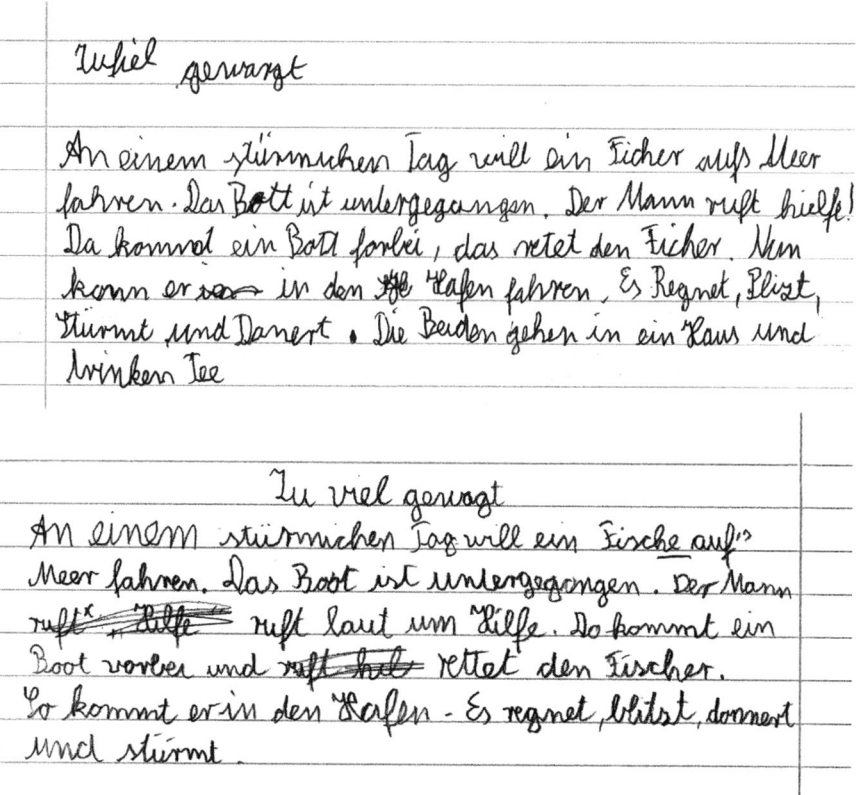

Abb. 3.4: Beispiel einer typischen Rechtschreibung eines AD(H)S-Kindes vor (oben) und nach Behandlungsbeginn (unten)

Frühe Auffälligkeiten in der sensomotorischen Entwicklung stehen mit einer Legasthenie in enger Wechselbeziehung. Solche Auffälligkeiten sollten möglichst schon vor der Einschulung erkannt werden, damit eine Frühförderung noch greifen und das Kind auf die schulischen Anforderungen zeitig genug vorbereitet werden kann. Diese Früherkennung möglichst im Vorschulalter, deren diagnostische Abklärung sowie die Behandlung bei erheblichen Schweregraden und sekundären Störungen muss von Fachleuten geleistet werden. Ein zu spätes Erkennen und Behandeln der Lese-Rechtschreib-Schwäche erhöht nach wissenschaftlichen Untersuchungen die Gefahr einer dissozialen Entwicklung oder bleibender emotionaler Störungen.

Die Gabe von Stimulanzien – ein Baustein einer wirkungsvollen Hilfe für AD(H)S-Kinder mit Lese-Rechtschreib-Schwäche

AD(H)S-Kindern mit einer Lese-Rechtschreib-Schwäche kann erfolgreich geholfen werden. Vorausgesetzt, sie sind motiviert. Sind alle anderen therapeutischen Möglichkeiten ausgeschöpft und droht den betroffenen Kindern seelischer Schaden, kann durch Gabe von Stimulanzien – *verbunden* mit lern- und verhaltenstherapeutischer Begleitung – von nun an erfolgreicher geübt werden. Rasch werden für Kinder und Eltern zumeist deutliche Erfolge im Schreiben und Rechnen sichtbar. Das Kind entwickelt jetzt wieder Lust am Üben: Oft ist es nun mit seiner neu gewonnenen Fähigkeit zum Lernen gar nicht mehr zu bremsen. Es beginnt, wieder gerne in die Schule zu gehen, es fühlt sich den früheren Versagensängsten nicht mehr so hilflos ausgesetzt.

Natürlich bewirkt die Tablette *allein* nur wenig, aber die Kinder machen jetzt erstmalig die positive Erfahrung von Erfolgserlebnissen: »Was ich heute gelernt habe, das kann ich auch noch morgen«. So äußern es die Kinder immer wieder und die Schulnoten bestätigen es ihnen. Die Stimulanzientherapie ist an sich kein Mittel gegen Rechtschreib- oder Rechenschwäche (in der Fachsprache Dyskalkulie genannt), aber mit ihrer Hilfe können die Kinder alle ihre Fähigkeiten für den Lernprozess wirkungsvoll einsetzen. Ihnen steht nun das zur Verfügung, was von ihnen ohne Medikament bisher nicht genutzt werden konnte. Mittels Übungs- und Trainingsprogrammen kann das Kind jetzt seine Defizite aufholen und ein positives Selbstwertgefühl mit psychischer Stabilität entwickeln.

Eine fachmännisch durchgeführte Therapie reduziert bei AD(H)S-Kindern nicht nur die oft beträchtliche aktuelle Symptomatik der Lese-Rechtschreib-Schwäche, sondern verhindert auch Spätschäden, deren Behandlungen um ein Vielfaches schwieriger und nicht selten weniger erfolgreich sind.

Beispiele aus der Praxis

Martin

Martin ist ein intelligenter Junge mit AD(H)S, Rechtschreib- und Rechenschwäche am Ende der 2. Klasse. Er soll die Klasse wiederholen. Eine Rückversetzung in die erste Klasse wollten Martin und seine Eltern nicht. Er sei sonst sehr pfiffig und könne zu Hause besser schreiben und rechnen als in der Schule. Dort ist er eifrig, aber viel zu lebhaft und vergesslich, darüber hinaus kann er sich schlecht an Regeln halten.

Martins Diktate und seine Rechenleistungen zeigen große Fortschritte nach der Behandlung, was zu einer Verbesserung seines seelischen Wohlbefindens und seines Selbstwertgefühles führt. In der Folge macht er seine Hausaufgaben wieder allein, schneller und ohne viel Geschrei.

3 Häufige Begleiterkrankungen des AD(H)S

2.Klasse

24	+	18	=	25	+	17	=42
32	-	19	=	33	-	20	=13
48	+	35	=	49	+	34	=
71	-	48	=	72	-	49	=
38	+	29	=	39	+	28	=67
46	-	38	=	47	-	39	=
61	+	17	=	62	+	16	=78
72	-	26	=	73	-	27	=

2.Klasse

24	+	18	=42	25	+	17	=42
32	-	19	=13	33	-	20	=13
48	+	35	=83	49	+	34	=83
71	-	48	=23	72	-	49	=28
38	+	29	=67	39	+	28	=67
46	-	38	=18	47	-	39	=8
61	+	17	=78	62	+	16	=78
72	-	26	=6	73	-	27	=51

Abb. 3.5: Martin rechnet (vor und 14 Tage nach Behandlungsbeginn mit Stimulanzien)

Abb. 3.6: Martin malt einen Menschen

3.2 Lern- und Teilleistungsstörungen

Abb. 3.7: Martin malt seine Familie: Der große Löwe (1) ist seine um ein Jahr jüngere Schwester; daneben ist seine Mutter als Ziege (2) dargestellt; rechts vom Baum, die Kuh (3) wird dem Vater zugeordnet; die Schnecke (4) ist der einjährige Bruder; er selbst der kleine Fisch (5) im Wasser.

Thomas

Thomas, am Ende der 3. Klasse. Seit der ersten Klasse hat er Probleme beim Schreiben- und Lesenlernen. Er verfügt bei einem AD(H)S ohne Hyperaktivität über eine überdurchschnittliche Intelligenz (HAWIK IQ = 126). Der Diagnostische Rechtschreibtest DRT 3 ergab im Juli 2010 einen Prozentrang (PR) von 9 (bei einem Durchschnittswert seiner Altersklasse von PR 50). Thomas erhielt danach Förderunterricht in einem Legasthenikerinstitut, ohne dass eine wesentliche Besserung eintrat. Eine Behandlung des AD(H)S mit Medikamenten lehnte die Mutter ab. Im Januar 2011 wurde der Junge erneut in der Praxis vorgestellt, mittlerweile besuchte er die 4. Klasse. Obwohl er eine Befreiung von der Diktatnote hat, geht er nicht gern in die Schule und klagt über Alpträume. Die Kontrolle des Rechtschreibtestes ergab nun einen Prozentrang (PR) von 7. Trotz nochmaliger Intensivierung des Rechtschreibtrainings blieb der PR von Thomas in einem neuerlichen Test in der 5. Klasse im September 2011 auf 7.

Susanne

Susanne besucht jetzt die 4. Klasse und soll sie wiederholen, da sie oft wegen Krankheit in der Schule fehlt (Kopf- und Bauchschmerzen, Übelkeit, Schwindel und Brechreiz). Anfangs ging sie mit Begeisterung in die Schule. Seit der 2. Klasse hatte sie zunehmend Probleme im Lesen und Schreiben, deshalb erhielt sie seit

Herbst 2008– trotz ihrer guten Intelligenz – sonderpädagogischen Förderunterricht. Anfangs übte sie fleißig, als aber der Erfolg ausblieb, zeigte sie immer häufiger eine Verweigerungshaltung. Die Rechtschreibtests ergaben folgende Werte:
Am 1. Februar 2009: PR 13, am 13. April 2009: PR 23 und am 8. Januar 2010: PR 14 bei deutlich beeinträchtigter Leseleistung. Das Selbstwertgefühl und das Vertrauen in das eigene Können sind bei Susanne inzwischen kaum noch vorhanden, obwohl sie zwischenzeitlich neben der Rechtschreibförderung von zweimal 90 Minuten pro Woche noch eine zusätzliche Psychotherapie erhielt.

Anja

Anja, hypoaktives Kind mit Rechtschreibschwäche, mit gleich gutem IQ wie Susanne, besucht ebenfalls die 4. Klasse. Der erste Diagnostische Rechtschreibtest (DRT 3) ergab im Oktober 2008 einen Prozentrang (PR) von 1. Danach setzte eine Behandlung des AD(H)S einschließlich einer Stimulanziengabe ein, dazu parallel eine Förderung durch die Eltern ohne gleichzeitige sonderpädagogische Maßnahmen. Der PR stieg in der Folge im Januar 2009 auf 11 und im Oktober 2009 auf 47.

In einem Test vom Januar 2010 konnte dieses Ergebnis (auch ohne vorherige Medikamenteneinnahme) gehalten werden, nach erneuter Stimulanziengabe erreichte Anja nur einen Monat später einen PR von 54. Zugleich wurde bei dem Mädchen eine Blicksteuerungsschwäche festgestellt, die sie durch eine leichte Kopfschiefhaltung kompensierte. Das neurologisch nachgewiesene, zeitweilige »Doppelbildsehen« beeinträchtigte ihre Schreib- und Leseleistung lange Zeit zusätzlich. Infolge einer weiterführenden Diagnostik bekam Anja eine Prismenbrille und konnte damit besser lesen.

Anja: Was ich ändern will (formuliert zu Beginn der Behandlung)

1. Ich will ändern, dass ich so schlecht bin.
2. Ich will ändern, dass ich wieder an der Schule Spaß habe.
3. Ich will ändern, dass andere sagen, sie seien besser.
4. Ich will ändern, dass ich alleine Hausaufgaben machen kann.
5. Ich will ändern, dass meine Geschwister nicht zu mir sagen, dass ich nichts kann.
6. Ich will ändern, dass ich besser in der Schule bin.
7. Ich will ändern, dass ich nicht immer Ärger kriege.

Anja: Was sich geändert hat (formuliert nach Aufnahme der Behandlung)

1. Ich bin schneller geworden.
2. Ich habe morgens immer Bauchweh.
3. Ich kann besser lesen.
4. Ich kann ein bisschen besser rechnen.

5. Ich kann ein bisschen besser schreiben.
6. Ich bin einfach besser geworden.

Simon

Simon besucht die 3. Klasse, er hat Probleme im Rechnen und Schreiben, lesen mag er auch nicht so gern. Außerdem hat er oft Kopfschmerzen, Alpträume und nässt noch immer nachts ein. Als Ursache fand sich ein AD(H)S mit auditiver und visuomotorischer Wahrnehmungsstörung. Seine Intelligenz lag im HAWIK-IQ bei 97, wobei sich eine große Differenz zwischen dem Verbal- und Handlungsteil ergab. Sein Rechtschreibtest DRT 2 ergab im September 2000 einen Prozentrang (PR) von 7. Trotz intensiven Übens erfolgte keine Besserung. Seit Anfang Dezember 2000 wurde das AD(H)S von Simon deshalb auch mit Stimulanzien behandelt. In einem neuen Test (DRT 3) vom März 2001 stieg sein PR auf 50.

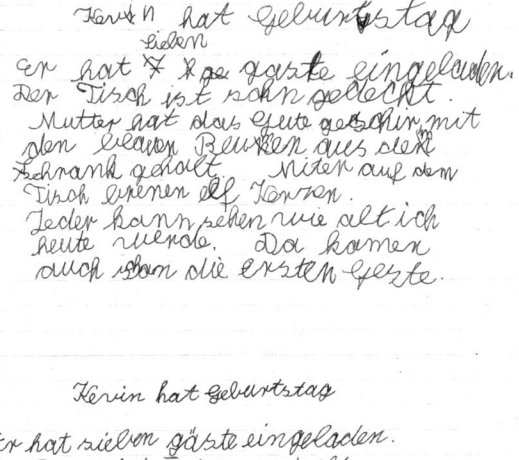

Abb. 3.8: Simon schreibt ein Diktat vor (oben) und nach dem Behandlungsbeginn (unten), ohne es zwischendurch zu üben

3 Häufige Begleiterkrankungen des AD(H)S

Warum AD(H)S und LRS zusammen häufig erst im Laufe der Schulzeit auftreten

Bei AD(H)S-Kindern beobachtet man immer wieder, wie mit steigenden Anforderungen die schulischen Leistungen nachlassen. Dieses Phänomen ist einfach zu erklären: Je geringer die schulischen Anforderungen sind, umso eher können – bei guter intellektueller Ausstattung des Kindes – die Defizite in der Konzentration, der Wahrnehmung und der Merkfähigkeit kompensiert werden. Dieses macht es verständlich, weshalb Außenstehende auf beginnende Schulprobleme bei vielen AD(H)S-Kindern erst in den höheren Klassen aufmerksam werden.

Julia

Julia, 4. Klasse, Rechtschreibschwäche, trotz täglichen Übens schreibt sie im Diktat nur noch schlechte Noten. Gleich nach der Einschulung wurde ein AD(H)S ohne Hyperaktivität diagnostiziert. Sie hatte eine schlechte Schrift und machte stundenlang Hausaufgaben, d. h. sie machte zwischendurch lange nichts und träumte einfach vor sich hin. Sie schrieb und las nicht gern. Was ihr Spaß machte, ging ihr flink von der Hand. Bei guter Intelligenz waren ihre schulischen Leistungen zunächst gut gewesen. Der Rechtschreibtest in der 2. Klasse lag mit einem PR von 83 weit über dem Durchschnitt. Am Anfang der 3. Klasse lag die Rechtschreibleistung jedoch schon weit unter dem Klassendurchschnitt mit Noten zwischen 3 und 5. Sie bekam Nachhilfeunterricht, trotzdem wurde die Rechtschreibung schlechter. Am Ende der 3. Klasse lag der PR im Rechtschreibtest nur noch bei 15 und Julia wollte auch nicht mehr üben. Jetzt entschlossen sich die Eltern doch für eine medikamentöse Therapie des AD(H)S. Das Üben wurde nun erfolgreicher, die Noten besserten sich, das Mädchen hatte wieder Freude an der Schule und am Lernen.

Worauf es beim Üben ankommt

Wer glaubt, es gäbe Tabletten gegen Rechen- und Rechtschreibschwäche, der irrt gewaltig. Die Tabletten ermöglichen es AD(H)S-Kindern nur, erfolgreicher zu lernen – vorausgesetzt, sie üben regelmäßig und sorgfältig. Hyper- und hypoaktive Kinder müssen erst lernen, beim Schreiben konzentriert zu denken, was ihnen über längere Zeit vorher nicht möglich war. Sie müssen leise das Wort mitsprechen, das sie gerade schreiben und dabei überlegen:

- Wird es groß oder klein geschrieben? Was ist es für ein Wort?
- Welcher Wortstamm liegt vor? Mehrzahl bilden und auf Doppellaute achten!
- Kommen Vor- oder Nachsilben vor?

Um die Rechtschreibung, das Lesen und Rechnen wirkungsvoll zu verbessern, ist es im Rahmen eines regelmäßigen und motivierten Übens wichtig, ein gezieltes

Nachdenken sowie die eigene Wahrnehmung, Konzentration und Merkfähigkeit zu schulen.

Paul

Paul besucht die 4. Klasse und leidet unter einem AD(H)S ohne Hyperaktivität. Er hat Probleme in der Rechtschreibung. Paul bekommt in steigender Dosierung seit einer Woche Stimulanzien, seine Mutter und er erwarteten, dass er von jetzt an nur noch gute Noten schreibt. Aber im Diktat schreibt er »nur« eine schwache 4. Die Mutter ruft daraufhin in der Praxis an und beklagt, dass der Junge »trotz Tablette« schlechte Noten schreibe.

Erfolgsfaktoren: ganzheitliche Therapie, Motivation und Geduld

Bei intensiver Mitarbeit und guter Intelligenz darf man dem AD(H)S-Kind durchaus einen spürbaren Erfolg in Aussicht stellen. Einfluss auf den Erfolg haben dabei intensives Üben, motivierte Mitarbeit des Kindes und seiner Eltern, die Förderung durch den Lehrer, die intellektuelle Ausstattung des Kindes und der Schweregrad seiner Teilleistungsstörungen. Damit sind es prinzipiell die gleichen Faktoren, die im Wesentlichen über den Erfolg einer AD(H)S-Therapie entscheiden.

An die medikamentöse Therapie sollten keine zu hohen Erwartungen gestellt werden. Denn nochmals, die Tabletten alleine verändern wenig. Sie ermöglichen aber, dass die Betroffenen besser nachdenken können, wenn sie sich dazu mit der inneren Stimme auffordern. Für eine erfolgreiche Behandlung, die immer mehrere Ebenen miteinschließt, müssen sowohl bei den betroffenen Kindern als auch bei den Eltern eine Bereitschaft und eine klare Zielsetzung vorhanden sein. Wichtig ist es schließlich für die betroffenen Kinder und Eltern auch, Geduld zu üben: Medikamente sind keine »Zaubermittel«, die sofort und unmittelbar wirken. Nach meiner Erfahrung führt die Stimulanziengabe bei gleichzeitigem täglichem Üben nach etwa drei Monaten zu einer sichtbar verbesserten Rechtschreibung einschließlich entsprechender Diktatnoten.

Das Leidige Thema Aufräumen u. Helfen

Bevor Eltern mit ihrem Jugendlichen grundsätz-entscheidender zum Thema „Aufräumen und Helfen" treffen wollen, sollten sie zu= nächst eine Selbsteinschätzung ihres eigenem Anspruch-niveau vornehmen. Wie wichtig sind ihnen Ordnung, Pünktlichkeit und Zuverlässigkeit in ihrer Familie? Um diese Einschätzung vorzunehmen, sollten sich die Eltern folgende Frage stellen: Bin ich selbst penibel- und gegebenenfalls warum?

Ohne Tabletten

- Möchte ich es sehr ordentlich haben weil ich sonst Angst habe selbst den Überblick zu verlieren. Gehe ich immer vorsichtshalber früher zu einem Termin um ja nicht zu spät zu kommen? Ist es mir wirklich wichtig, als ein Mensch betrachtet zu werden von meinem gesamten Umfeld, auf den man sich hundert Prozent verlassen kann?

- Oder: Ist mein Reich eben mein Reich und wie es im meinem Arbeitszimmer aussieht geht niemanden etwas an?

- O.h. ich bin vielleicht nicht der zuverlässigste Mensch aber eine akademische Viertelstunde muß im Zeitrahmen natürlich immer „drin" sein.

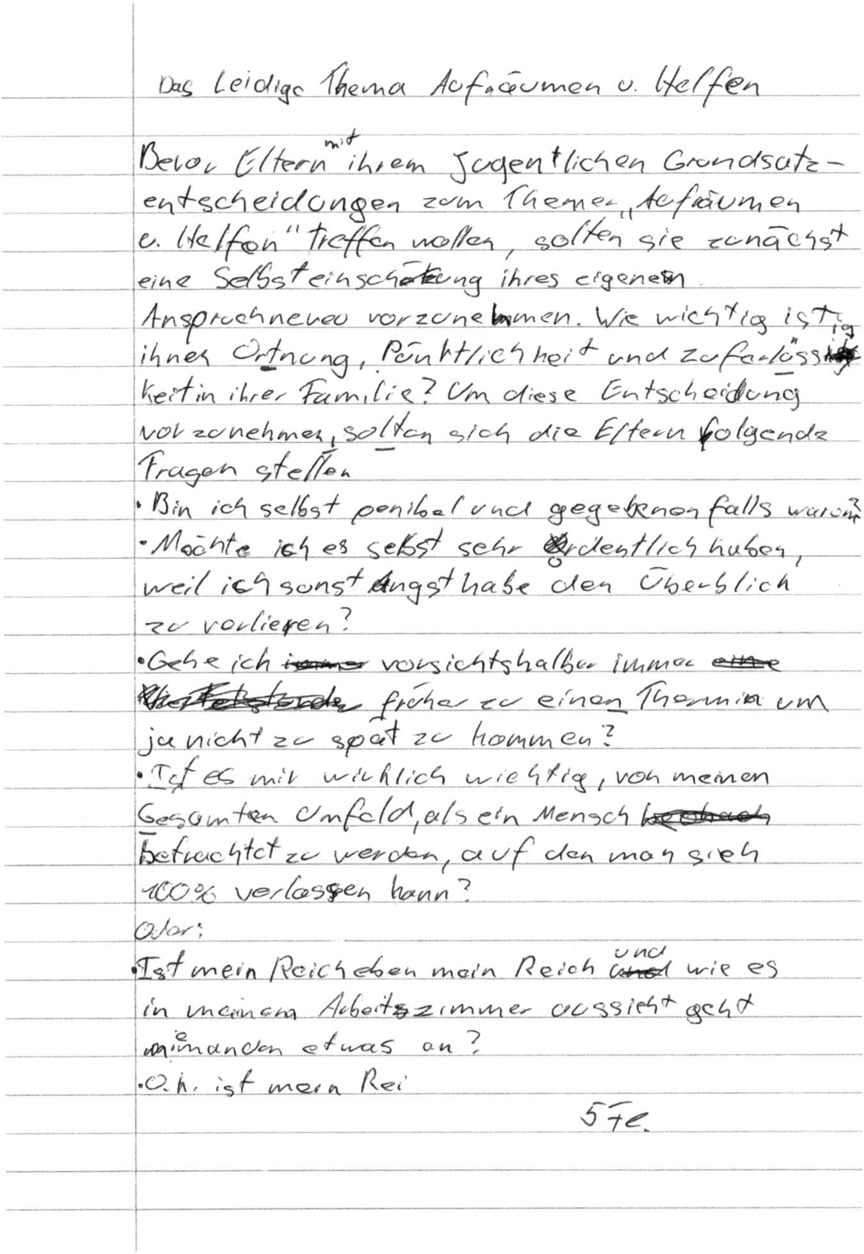

3.2 Lern- und Teilleistungsstörungen

Das leidige Thema Aufräumen u. Helfen

Bevor Eltern mit ihrem Jugendlichen Grundsatzentscheidungen zum Thema „Aufräumen u. Helfen" treffen wollen, sollten sie zunächst eine Selbsteinschätzung ihres eigenen Anspruchnevaus vornehmen. Wie wichtig ist ihnen Ordnung, Pünktlichkeit und Zuverlässigkeit in ihrer Familie? Um diese Entscheidung vorzunehmen, sollten sich die Eltern folgende Fragen stellen.

- Bin ich selbst penibel und gegebenenfalls warum?
- Möchte ich es selbst sehr ordentlich haben, weil ich sonst Angst habe den Überblick zu verlieren?
- Gehe ich vorsichtshalber immer früher zu einem Termin um ja nicht zu spät zu kommen?
- Ist es mir wirklich wichtig, von meinem gesamten Umfeld, als ein Mensch betrachtet zu werden, auf den man sich 100% verlassen kann?

Oder:

- Ist mein Reich eben mein Reich und wie es in meinem Arbeitszimmer aussieht geht niemanden etwas an?
- D.h. ist mein Rei

5 Te.

Abb. 3.9: Ein 15-jähriger Junge schreibt ein Diktat vor und eine Stunde nach der Tabletteneinnahme, ohne es in der Zwischenzeit durchzusprechen

3.3 Der soziale Reiferückstand

Die soziale Reife bildet einen wichtigen Bestandteil in der Persönlichkeitsstruktur. Sie ist für Kinder und Jugendliche (sowie auch für Erwachsene) bei der Bewältigung altersentsprechender Aufgaben von ausschlaggebender Bedeutung.

Kinder und Jugendliche mit AD(H)S bleiben in der sozialen Reife zurück. Diese allseits bekannte Tatsache, die häufig zu wenig beachtet wird, muss unbedingt in die Behandlung der Betroffenen mit einbezogen werden. Ziel jeder AD(H)S-Behandlung ist es nicht nur, die betroffenen Kinder seelisch zu stabilisieren und ihre schulischen Leistungen zu verbessern, sondern ihnen auch ein altersentsprechendes Sozialverhalten zu vermitteln.

Auf die Eltern kommt es an

Dabei sind zuerst die Eltern gefordert. Sie dürfen ihr AD(H)S-Kind nicht für krank halten, es deshalb schützen und schonen, sondern müssen es sich entwickeln lassen. Jede Überbehütung schadet dem Kind. Es sollte Aufgaben bekommen, denen es gewachsen ist und durch deren Bewältigung es die Möglichkeit erhält, Erfolge, Lob und Anerkennung zu genießen. Übertrieben ängstliche Eltern verhindern, dass ihr Kind Selbstständigkeit, Stärke und Selbstvertrauen spüren und erfahren kann. Die Weitergabe bzw. der Erwerb solcher positiver Eigenschaften setzt natürlich Eltern voraus, die selber über solche Wesensmerkmale verfügen. Und gerade Eltern mit solchen Eigenschaften fehlen oft in den Familien mit einem oder mehreren AD(H)S-Kindern. Da sich AD(H)S vererbt, ist fast immer mindestens ein Elternteil mehr oder weniger selbst davon betroffen. Dieser empfindet sich als unsicher, ängstlich und ist damit oft nicht in der Lage, seinem Kind in genügendem Maße Stärke und Selbstvertrauen zu vermitteln.

Die psychische Stabilität der Mutter ist für den dauerhaften Erfolg einer AD(H)S-Behandlung von ausschlaggebender Bedeutung, denn die Entwicklung der sozialen Reife des AD(H)S-Kindes hängt in erster Linie von der Stärke der Persönlichkeit der erziehenden Eltern ab. Sie sollten fähig und bereit sein, die Besonderheiten ihres Kindes zu akzeptieren. Dazu ist oft eine Anleitung duch den Therapeuten erforderlich.

Beide Eltern sollten zudem im Erziehungsstil unbedingt übereinstimmen: Ist dies nicht der Fall, wird das AD(H)S-Kind alltäglich verunsichert, allgemeine soziale Regeln (Normen) zu verinnerlichen. Sein Reiferückstand zur Altersgruppe wird in der Folge immer größer. Allen Eltern ist zu raten, solche »Normen des Sozialverhaltens« ihren (AD(H)S-)Kindern frühzeitig beizubringen und auf deren Einhaltung konsequent zu bestehen. Dabei müssen die Regeln natürlich für alle Familienmitglieder gelten. Das Vorbild der Eltern ist bei jeder Kindererziehung am wirkungsvollsten und erspart viele Worte. Bei Kindern mit AD(H)S muss jedoch berücksichtigt werden, dass sie um ein Vielfaches mehr an Zeit benötigen, um vereinbarte Regeln so zu verinnerlichen, dass sie diese ohne weiteres Nachdenken automatisch anwenden können.

Entscheidende Lebensphasen für die soziale Entwicklung

Wichtige Phasen, in denen die soziale Entwicklung eines Kindes geprägt wird, sind:

- 1.–6. Lebensmonat: Phase der Diade zwischen Mutter und Kind mit Schaffung des Urvertrauens und intensiver Interaktion
- 6.–18. Lebensmonat: sog. sensorische Phase mit Erkundung der Umwelt durch Wahrnehmung und Ausprobieren von Aktion und Reaktion
- 18.–48. Lebensmonat: sog. Erkenntnisphase für Zusammenhänge und Schaffung eines Symbolbewusstseins, Ausprobieren des eigenen Willens, Erfahrungen sammeln mit sozialen Normen und sozialen Kontakten
- 4.–7. Lebensjahr: Erkennen der Zusammenhänge durch anschauliches Denken, schöpferische Phase mit Streben nach Selbstständigkeit, Anerkennung und Erfolg. Einschätzung seiner Fähigkeiten mit: »Ich kann das!« Will alles können und ausprobieren.
- 8.–11. Lebensjahr: Schulphase mit Entwicklung zur selbstständigen Persönlichkeit mit Ausbildung eines Selbstwertgefühles durch Vergleich mit anderen. Ziel, gute Leistungen zu erbringen, um die Lehrer und Eltern zu erfreuen. Soziale Kontakte werden bewusst geknüpft und unterhalten mit der Fähigkeit, sich abgrenzen zu können. In dieser Phase werden das Selbstwertgefühl und die psychische Stabilität dauerhaft geprägt.
- ab 12. Lebensjahr: Streben zur Selbstständigkeit und zur Anerkennung durch die Altersgruppe. Verlässliche Freundschaften und Akzeptanz in der Familie sind wichtig. Aufbau einer eigenen Perspektive, vieles wird hinterfragt und in Zweifel gestellt. Kritische Auseinandersetzung mit der eigenen Person und dem sozialen Umfeld
- die Pubertät verläuft bei AD(H)S-Betroffenen verzögert, wenn sie bis dahin keine altersentsprechende soziale Reife erlangen konnten. In der Pubertät wird das Gehirn umgebaut, Denken und Handeln können so rationalisierter und automatisierter ablaufen. Dieser Umbau des neuronalen Netzes verläuft beim AD(H)S mit seinem weit verzweigten, dünnen Nervenbahnen verzögert. Die Betroffenen beginnen deshalb in der Pubertät ihre vorhandenen Defizite deutlicher als bisher zu spüren.

Grundfaktoren für ein erfolgreiches soziales Lernen

Ein »erfolgreiches« Durchleben aller Phasen, in denen das Sozialverhalten der Kinder und Jugendlichen entscheidend geprägt wird, hängt von verschiedenen Grundfaktoren ab, nämlich von

- den biologischen Voraussetzungen,
- den sozialen Bedingungen und Belastungen
- dem Selbstwertgefühl und der sozialen Reife

Die *biologischen Voraussetzungen* sind beim AD(H)S-Kind je nach Schwere des entsprechenden Störungsbildes beeinträchtigt. Sie können seine soziale Entwicklung wesentlich beeinflussen. Liegt ein unbehandeltes, schweres AD(H)S vor, droht dem Kind das Risiko, die oben genannten Prägungsphasen von Anfang an langsamer und weniger erfolgreich zu durchlaufen.

Angesichts der Tatsache, dass immer mehr Erkenntnisse über das AD(H)S in die breite Öffentlichkeit dringen, verbessern sich die *allgemeinen sozialen Bedingungen* für AD(H)S-Kinder allmählich. Sie sind aber noch lange nicht ausreichend, um dem AD(H)S-Kind eine seiner Intelligenz entsprechende Entwicklung zu ermöglichen und es damit anderen Kindern gleichzustellen. Dennoch gibt es ermutigende Zeichen: Immer mehr Ärzte, Lehrer, Kindergärtnerinnen, Eltern, Ergotherapeuten, Psychologen und Logopäden sind über die neurobiologische Ursache des AD(H)S unterrichtet und damit in der Lage, die Entwicklung und gegebenenfalls auch die Behandlung von Kindern und Jugendlichen mit AD(H)S aktiv und gezielt zu unterstützen.

AD(H)S-Kinder leiden häufig unter allzu großen *jeweiligen aktuellen Empfindlichkeiten.* Das ist nicht immer für ihre Entwicklung günstig. Hier benötigt das Kind Verständnis und Unterstützung von Seiten der Eltern, seiner Geschwister und seines sozialen Umfeldes. Es ist nicht zuletzt ihr Verhalten, das eine altersentsprechende soziale Entwicklung des AD(H)S-Kindes erlaubt oder verhindert.

Wie erleben AD(H)S-Kinder die wichtigen Entwicklungsphasen?

In den *ersten drei Lebensjahren* verunsichert das AD(H)S-Kind seine Eltern, da es sich anders als seine Geschwister verhält und entwickelt. Es ist meist unruhiger, kann sich nicht lange allein beschäftigen, weint bei jeder Kleinigkeit und bindet seine Eltern eng an sich. Es spricht im Verhältnis zu seinen Geschwistern später, ist motorisch ungeschickter und fällt oft hin. Oder es ist extrem unruhig, hört nicht zu und lernt nicht aus Fehlern. Verletzt sich bei jeder Gelegenheit, weint leicht und schlägt schnell zu. Will über andere Kinder bestimmen, ist sehr unruhig und umtriebig, fordert viel Aufmerksamkeit von seiner Umgebung und ist dabei doch ständig unzufrieden.

Im *Kindergartenalter* ist es ängstlich, zurückhaltend oder wird schnell aggressiv, will in der Gruppe bestimmen, kann nicht bei einer Beschäftigung bleiben. Gelingt etwas nicht gleich, ist es schnell gekränkt, zieht sich zurück und spielt allein in der Bauecke. Es mag keinen Stuhlkreis, kann nicht still sitzen, nicht malen und bastelt nicht gern. Es vergisst viel, hört nicht, hat Schwierigkeiten, Gruppenregeln einzuhalten, stellt eigene Regeln auf, motzt gleich. Es ist unflexibel, sein Verhalten ist sehr wechselhaft und für andere nicht vorausehbar. Es hat in dieser Phase erhebliche Probleme in der sozialen Eingliederung und der Verhaltenssteuerung, weshalb seine Erzieherinnen oft eine Zurückstellung von der Einschulung mit der Begründung empfehlen: Das Kind ist für die Schule »sozial noch nicht reif genug«. Zu Hause ist es zugleich ängstlich oder aggressiv, klammert und benötigt immer die Anwesenheit seiner Mutter.

Bereits im Kindergarten(alter) rechtzeitig handeln

Verhält sich ein Kind wie oben beschrieben im Kindergarten, wäre es wünschenswert, wenn die Erzieherinnen das Vorhandensein eines AD(H)S in Erwägung zögen. Dieses sollte sodann eine fachärztliche Diagnoseerhebung veranlassen – im Falle eines bestätigten AD(H)S müssten eine anschließende Frühförderung des betroffenen Kindes und parallel dazu eine Anleitung der Eltern erfolgen.

Für viele Kinder ist ein Behandlungsbeginn *vor* der Einschulung zu empfehlen, damit sie sich infolge ihrer Wahrnehmungsstörungen nicht gleich nach der Einschulung als »Versager« erleben. Eine Ergotherapie als alleiniger Bestandteil einer AD(H)S-Behandlung ist nicht immer ausreichend. Notwendig ist vielmehr eine *multimodale*, d.h. vielschichtige Therapie, die in erster Linie die Eltern mit einbezieht. »Abzuwarten« und eine Behandlung hinauszuschieben, käme einem fatalen Nichtstun gleich: Wichtige Lebensphasen, in denen die Kinder ihrem Alter gemäße soziale Kompetenz entwickeln müssen, blieben so ungenutzt. Ein beträchtlicher Rückstand an sozialer Reife mitsamt motorischer und sprachlicher Fähigkeiten sowie einem schlechten Selbstwertgefühl wären die Folgen – keine guten Startbedingungen für die Schulzeit!

Ein Beispiel aus der Praxis – Sebastian

Sebastian soll in drei Wochen eingeschult werden, die Mutter hat Bedenken, ob das wohl gut geht. Sie kommt in die Praxis und beschreibt ihren Sohn Sebastian wie folgt:

»Mein Sohn Sebastian macht mir Sorgen. Er kann sich nur schwer mit sich selbst beschäftigen, er braucht immer eine zweite Person, die sich mit ihm beschäftigt bzw. mit ihm spielt. Er ist ständig in Bewegung und will alles auf einmal machen, dabei bringt er kaum etwas zu Ende. Er ist übermäßig nervös, knabbert an den Fingernägeln und kann gar nicht richtig zuhören. Wenn er etwas Interessantes zu erzählen hat, spricht er sehr schnell und ohne Atempause. Wenn er sich sehr aufregt, stottert er. Einmal hatte er sogar während mehrerer Monate nervöse Zuckungen im Gesicht. Zu Hause will Sebastian immer seinen Willen durchsetzen, aber außerhalb der Wohnung ist er schüchtern, zurückhaltend und auch ängstlich. In bestimmten Situationen will er an die Hand genommen werden oder sich auf meinen Schoß setzen. Ist er verunsichert, will er mich ständig auf die Wange küssen. Er ist am liebsten in vertrauter Umgebung mit Personen zusammen, die er gut kennt. Gegenüber Fremden hat er Kontaktschwierigkeiten, so spielt er am liebsten alleine. Beim Spielen möchte Sebastian oft der Bestimmende sein, kann sich aber gegenüber anderen, lebhafteren Kindern nicht durchsetzen. Gibt es Streit, ist er stets der Unterlegene, er kommt dann weinend zu Mama oder Papa. Er ist sehr lärmempfindlich, obwohl er selbst sehr laut sein kann. Es stört ihn, wenn mehrere Kinder laut toben, schreien oder laut miteinander spielen – dann hält er sich die Ohren zu. Er freut sich nicht auf die Schule, sondern will am liebsten, dass ich stets bei ihm bliebe.«

Sich in der Gemeinschaft wohlfühlen

Altersentsprechende soziale Reife und ein gutes Selbstwertgefühl bilden für Kinder und Jugendliche die Grundlage dafür, ihre Rechte und Pflichten zu Hause, in der Schule, bei Freunden und in Vereinen etc. richtig zu erkennen sowie sich dort angemessen und möglichst konfliktfrei einzubringen und einzuordnen. Berechtigte Kritik und eigene Fehler können dann akzeptiert werden, ohne gleich Versagensängste und Minderwertigkeitsgefühle zu entwickeln. Aber auch eigene Forderungen und Wünsche können auf einer solchen Basis angemessen vorgetragen und im Einklang mit den Interessen der Gemeinschaft durchgesetzt werden.

> **Eine Mutter schildert das Verhalten ihres Kindes mit AD(H)S**
>
> Mein Kind
>
> - spielt immer den Boss
> - ist sehr impulsiv
> - in seinem ganzen Körper tobt oft ein Gewitter
> - denkt oft, dass keiner ihn mag und keiner ihm glaubt
> - weiß oft nicht, was er für Schularbeiten auf hat
> - träumt manchmal in der Schule vor sich hin
> - ruft ständig dazwischen
> - kaspert herum, will Regeln nicht einhalten
> - ist im Sportunterricht sehr laut
> - hat die Feder seines zweiten Füllers kaputt gebogen
> - kann nicht lange schreiben, weil die Hand ihm dann so weh tut
> - hasst Malen sowie Basteln
> - mag nicht mit Messer und Gabel essen
> - isst prinzipiell keine Butter, weil er sie nicht streichen kann
> - isst kaum Fleisch, ich denke, weil er es nicht schneiden kann
> - ist in Mathe sehr gut, hat aber ganz schön Probleme mit Textaufgaben
> - ist in Aufsätzen sehr gut
> - im Diktat schreibt er mal eine Eins, dann wieder eine Drei
> - kann schlecht selbstständig arbeiten, braucht klare Vorgaben
> - muss den Fernseher sehr laut machen
> - bei den Hausaufgaben bringt ihn die Mücke an der Wand zur Weißglut
> - hat seine Wut nicht im Griff, hat eine niedrige Frustrationstoleranz
> - hat immer eine Kapuze auf dem Kopf
> - seine Schrift wird immer schlechter
> - probt zu Hause den Aufstand gegen jede Anforderung
> - möchte bei den Mahlzeiten ständig früher aufstehen
> - braucht immer Aktion
> - lebt Gefühle sofort aus
> - Abwarten fällt ihm schwer
> - verliert seine Sachen

3.3 Der soziale Reiferückstand

- ist eigensinnig, will nur seinen Willen durchsetzen
- diskutiert alles endlos
- schiebt Aufgaben lieber auf die lange Bank
- seine Emotionen bewegen sich in einer »Berg- und Talfahrt«
- gibt sich nach außen als »Powerman«, ist innen aber hochsensibel
- hat einen überdurchschnittlich ausgeprägten Gerechtigkeitssinn
- fühlt sich immer benachteiligt, ist schnell beleidigt
- integriert sich nur schwer in Gruppen, kann sich nicht unterordnen
- ist sehr egoistisch
- Pflichten erledigt er nur, wenn er zigmal dazu aufgefordert oder ihm mit Strafe gedroht wird
- Was er einmal anfängt, bringt er nur selten zu Ende

Woran erkenne ich, dass meinem Kind soziale Reife fehlt?

Zeichen sozialer Unreife beim Schulkind im Alter von 6–8 Jahren

Unser Kind:

- hat eine sehr enge Bindung an sein Geschwisterkind entwickelt, dieses wird von ihm voll beansprucht
- hat eine enge Bindung an die Mutter, die mit Trennungsangst verbunden ist
- spricht Babysprache, weint leicht und flüchtet auf den Schoß der Mutter
- zieht sich nicht allein an und aus, sondern lässt sich bedienen
- kann sich nicht entscheiden
- sagt selten: »Das kann ich allein«, sondern fast immer: »Das kann ich nicht«
- hat einen starken Willen, wenn es etwas durchsetzen und haben möchte, und zeigt sich dabei kompromisslos und uneinsichtig
- kann nicht verlieren, will immer bestimmen
- ist gegenüber fremden Kindern ängstlich, zu Hause aber bestimmend
- kann nicht mit Gleichaltrigen spielen, es spielt allein oder mit kleineren oder größeren Kindern
- kann nicht kreativ spielen und befolgt keine Spielregeln

Symptome sozialer Unreife bei Schulkindern im Alter von 10–14 Jahren

Unser Kind:

- ist ängstlich, unsicher oder aggressiv, egoistisch und beansprucht die Mutter ganz für sich
- will alles sofort und gleich haben, alle in der Familie müssen für ihn da sein
- hat keine gleichaltrigen Freunde und wird von Altersgenossen selten eingeladen
- besucht keine Vereine und mag es nicht, öffentliche Verkehrsmittel allein zu benutzen

- übernachtet nicht außer Haus bei Freunden oder Verwandten
- möchte wegen Furcht vor Heimweh nicht an einer Klassenfahrt teilnehmen
- hat Dunkelangst und andere Ängste
- weint leicht und motzt oft
- kann sich in Konflikten nicht angemessen verbal verteidigen
- sucht Zuwendung und Aufmerksamkeit über körperliche Beschwerden
- isst viele Lebensmittel bzw. Gerichte nicht und isst häufig zu wenig oder zu viel
- fühlt sich als Außenseiter und von anderen abgelehnt
- erledigt seine Pflichten nicht eigenverantwortlich und selbstständig

Erkennungszeichen sozialer Unreife bei Jugendlichen (15–18 Jahren)

Unser Kind:

- ist in vielen Bereichen des alltäglichen Lebens nach wie vor von den Eltern abhängig und verhält sich unselbstständig (es möchte, aber kann sich nicht von den Eltern lösen)
- hat ein schlechtes Selbstwertgefühl und damit verbunden Probleme in seinem sozialen Umfeld
- verhält sich häufig egozentrisch und hat wechselnde, oberflächliche Freundschaften und Beziehungen
- ist schnell zu begeistern, aber in keiner Weise beständig, sondern leicht zu beeinflussen
- gibt schnell auf, wenn sein Handeln nicht schnell Erfolge zeigt, es ist auf Dauer unzuverlässig und wenig berechenbar in seinem Verhalten
- ist in seinen beruflichen Ausbildungswünschen bzw. Zielvorstellungen unstetig und wechselt die Lehrstellen von heute auf morgen
- leidet unter mangelnder Selbstkontrolle, erregt sich schnell und ist hoch empfindlich (es hat eine emotionale Steuerungsschwäche und bekommt rasch Wutanfälle)
- motzt schnell und viel, neigt zu anderen kindischen Verhaltensweisen (Weinen)
- unterliegt schnellem Wechsel von Interessen, klagt häufig über Langeweile und verbreitet zumeist eine »Null-Bock-Stimmung«
- kann nicht abwarten, es entscheidet sich spontan und unüberlegt
- fühlt sich immer gleich angegriffen und ist schnell beleidigt
- fühlt sich oft unverstanden, kann sich verbal nicht angemessen verteidigen
- leidet unter raschen, extremen Stimmungswechseln von »himmelhoch jauchzend« bis »zu Tode betrübt«
- kann nicht zuhören, unterbricht andere und nimmt Wichtiges nicht auf
- denkt in Schwarz-Weiß-Rastern und ist wenig kompromissfähig

Merkmale sozialer Unreife bei Erwachsenen

- Sie wirken jünger und jugendlicher, als es ihrem Alter entspricht, und verhalten sich auch so

- Sie können sich emotional schlecht steuern, sind impulsiv und haben große Stimmungsschwankungen
- Sie geraten schnell in Konflikte, reagieren unüberlegt und schießen in ihren Reaktionen übers Ziel hinaus
- Sie können nicht nein sagen, Zeit und auch Geld nicht einteilen
- Sie handeln spontan, überfordern sich, indem sie sich für andere aufopfern
- Sie haben ein schlechtes Selbstwertgefühl und trauen sich nichts zu
- Sie können nur unter Zeitdruck arbeiten, bei starkem Stress gelingt ihnen gar nichts
- Sie wirken egozentrisch und fühlen sich schnell übergangen
- Sie können ihr Leben nicht organisieren, vergessen wichtige Termine und verzetteln sich in Nebensächlichkeiten
- Sie haben Probleme in der Kommunikation mit ihrer Umwelt und fühlen sich falsch verstanden
- Sie sammeln alles und können sich von nichts trennen
- Sie können keine Ordnung halten oder sind perfektionistisch

Die wichtigsten Erkennungsmerkmale mangelnder sozialer Kompetenz – ein Überblick

- Die Unfähigkeit, angemessene Forderungen zu stellen und seine Meinung zu vertreten
- Die Unfähigkeit, sich abzugrenzen und nein sagen zu können
- Die Unfähigkeit, berechtigte Kritik zu äußern und selbst annehmen zu können
- Die Unfähigkeit, soziale Kontakte herzustellen und dauerhaft aufrecht zu erhalten
- Die Angst vor eigenen Fehlern und öffentlicher Beachtung

Kriterien der sozialen Reife bei Jugendlichen

Sie haben bei guter sozialer Reife:

- Eine gewisse Lebensplanung
- Die Fähigkeit zum zeitlich überschaubaren Denken
- Die Fähigkeit, Gefühle rationell zu verarbeiten
- Die Fähigkeit, selbständig zu urteilen und Entscheidungen zu treffen
- Eine ernsthafte Einstellung zu Pflichten
- Eine gewisse Eigenständigkeit und können sich von anderen abgrenzen
- Ein Streben nach Selbständigkeit und Unabhängigkeit

Verhaltenstherapeutische Ziele

Liegt bei Kindern, Jugendlichen und Erwachsenen mit AD(H)S ein erheblicher sozialer Reiferückstand vor, ist eine verhaltenstherapeutische Behandlung dringend zu empfehlen. Deren Schwerpunkte sind:

- die eigene AD(H)S-Problematik zu erkennen und unter positiver Perspektive anzunehmen
- die Selbst- und Fremdwahrnehmung zu verbessern
- ein positives Selbstwertgefühl mit dem Erschließen eigener Ressourcen aufzubauen
- eine feste Struktur des Tagesablaufs und wichtiger Lebensbereiche zu entwickeln
- das eigene Verhalten selbstkritisch zu beurteilen und Vorsätze für seine Änderung zu entwickeln
- ein soziales Kompetenztraining zu beginnen, das u. a. das angemessene Durchsetzen eigener Forderungen einübt
- durch Erlernen von Entspannungsverfahren die eigenen Emotionen zu kontrollieren
- Handlungskontrolle und Problemlösestrategien zu erarbeiten
- Konfliktvermeidung zu trainieren
- sich Prioritäten und Lebensperspektiven zu setzen, dem Leben einen Sinn zu geben, sich Ziele zu setzen, die schrittweise erarbeitet werden
- soziale Interaktion und Kommunikation zu trainieren
- den Partner oder die Eltern als Coach einzubeziehen

3.4 Fehlentwicklungen rechtzeitig erkennen

Bei Kindern und Jugendlichen mit AD(H)S liegen sehr häufig Fehlentwicklungen vor, die es durch eine frühzeitige Diagnostik zu vermeiden gilt. Wie kommt es eigentlich zu Fehlentwicklungen? Sie sind in der Regel die Folge einer übermäßig starken, lang andauernden und traumatisierenden seelischen Belastung. Dadurch werden reflektorisch bedingte Reaktionen ausgelöst, die eine adäquate Verarbeitung affektiver Erregungen nicht mehr ermöglichen. Solche psychischen Reaktionen sind geradezu typisch für das AD(H)S, sie belasten sowohl die Lebensqualität als auch die Persönlichkeitsentwicklung der Kinder und Jugendlichen.

In welcher Form reagieren Kinder und Jugendliche mit AD(H)S auf ihre dauernde seelische Belastung?

Typische psychische Reaktionen darauf sind:

- ein reaktiver Erschöpfungszustand infolge von Reizüberflutung
- eine depressive Verstimmung mit Antriebsmangel
- ein reaktiver Erregungszustand mit Panikattacken infolge einer emotional starken Reaktion bei geringfügigem Anlass
- Aggressivität und Wutanfälle, als psychomotorische Entladungen bei starker emotionaler Erregung
- abnorme psychogene Reaktionen mit theatralischen Elementen, die unecht und überzogen wirken
- autoaggressive Handlungen mit Selbstverletzung

Solche seelischen Reaktionen können zu bleibenden Fehlentwicklungen führen, wenn gleichzeitig noch folgende Belastungen hinzukommen:

- die Symptomatik durch ständige Konflikte und stete Überforderung ausgelöst ist (typisch bei der AD(H)S-Problematik)
- die emotionale Erregung nicht situationsangemessen gesteuert werden kann, sondern nach einem persönlichkeitsspezifischen Muster abläuft (aggressiv, motzen, weinen, Wutanfälle)
- deutliches Fehlverhalten nachweisbar ist (zu langsam, impulsiv, Regression, verminderte Daueraufmerksamkeit, wenig soziale Kontakte)
- bereits in der frühen Kindheit (1.–5. Lebensjahr) länger anhaltende Verhaltensauffälligkeiten nachweisbar sind (unmotiviertes Weinen, starkes Motzen, Einnässen, Sprach- und Schlafprobleme)
- ein stabiles und realistisches Selbstbild unzureichend ausgebildet ist, affektive Spannungszustände nicht adäquat bewältigt werden können (Selbstwertproblematik, Stress- und Frustrationsintoleranz, Blackout-Reaktionen, Suche nach Reizen, Langeweile nicht ertragen werden kann)
- sich sowohl Selbstschutz- als auch Dekompensationsmechanismen mit psychischer und/oder körperlicher Symptomatik herausgebildet haben (Ängste und Zwänge, impulsives Weglaufen, Tic-Symptomatik, depressive Phasen)

Reaktive Fehlentwicklungen und psychosomatische Störungen

Früher sprach man von »neurotischen« Fehlentwicklungen, heute werden sie als »reaktiv« bezeichnet, da sie durch die individuelle Biographie (= den bisherigen Lebenslauf) bedingt und als seelische Reaktion darauf entstehen. *Reaktive Fehlentwicklungen,* die sich in der Regel als eine Störung in der Person-Umwelt-Beziehung darstellen, sind deshalb *nicht* angeboren. Ihnen voraus geht zunächst die Entwicklung einer psychisch instabilen Persönlichkeit. Die Symptome einer reaktiven

Fehlentwicklung sind *Anpassungs- und Verhaltensstörungen*, die dadurch ausgelöst werden, dass der Betroffene seine Umwelt fehlinterpretiert. Damit einher gehen Störungen von Körperfunktionen, was wiederum zu *psychosomatischen Beschwerden* führen kann.

> **Typische psychosomatische Beschwerden, die im Rahmen reaktiver Fehlentwicklungen entstehen, sind:**
>
> - Psychoreaktive Schmerzzustände (Kopfschmerzen, Bauchschmerzen)
> - Ängste, Schulangst, Versagensangst, Dunkelangst, Trennungsangst
> - Schlafstörungen, Einschlafstörungen, Schlafwandeln
> - Alpträume
> - Einnässen, tags oder nachtsüber
> - Magen-Darmbeschwerden (rezidivierende Durchfälle)
> - Erbrechen
> - Essstörungen
> - Sprachstörungen (Stammeln oder Stottern)
> - Tics und andere motorische Entäußerungen

Reaktive Fehlentwicklungen drohen sich gegen- und wechselseitig zu verstärken. Deshalb können sie für die betroffenen Kinder und Jugendlichen überaus belastend werden. Hat man die Fehlentwicklungen jedoch erst einmal erkannt, können sie an jeder Stelle unterbrochen werden. Je kürzer sie bestehen, umso schneller sind sie wieder rückgängig zu machen. Wichtig ist zu erkennen, dass besonders das AD(H)S sehr leicht zum Ausgangspunkt einer reaktiven Fehlentwicklung werden kann. Eine frühzeitige Diagnose des AD(H)S und ein rechtzeitiges, entsprechendes therapeutisches Handeln können deshalb schwere Folgen für die Betroffenen verhindern.

> **Innere Bedingungen für die Entstehung einer Fehlentwicklung bei Jugendlichen mit AD(H)S**
>
> Teilleistungsstörungen, schlechtes Selbstwertgefühl, geringe Frustrationstoleranz, zu empfindlich, kein Lernen aus Fehlern, schlechter Arbeitsspeicher, keine adäquate verbale Reaktion, sehr nachtragend, Schwarz-Weiß-Denken, leicht kränkbar
>
> ↓
>
> Entwicklung einer unsicheren, umweltabhängigen und ich-bezogenen Einstellung mit starkem egozentrischen Willen zur eigenen Selbstbestätigung
>
> ↓
>
> Verhindert in der Pubertät eine ausreichende Ausreifung der Persönlichkeit
>
> ↓
>
> Emotionale Labilität und Konflikte in den Bereichen
>
> - Kontakte zu anderen Jugendlichen
> - Durchsetzung eigener Interessen

- Angemessene Selbstbehauptung
- Sexuelle Triebsteuerung
- Zukunftsorientierte Handlungskontrolle

3.5 Aggressives Verhalten muss nicht sein

Aggressives Verhalten in der Schule, auf der Straße und teilweise auch in den Familien ist ein wachsendes Problem unserer Zeit und schließt Familien mit AD(H)S nicht aus. Was versteht man unter Aggressivität? Aggressive Handlungen sind verbale oder tätliche Angriffe auf Lebewesen oder Sachen ohne relevante Ursache.

> Aggressionen sind biologisch gesehen zur Herstellung eines seelischen Gleichgewichtes durchaus erforderlich. Deshalb sind sie als solches nicht nur etwas Negatives. Sie müssen aber durch Beherrschen von Bewältigungsstrukturen sozial angepasst mit ausreichender Eigensteuerung erfolgen.

Aggressivität ist eine Verhaltensdisposition, der primär schädigende (destruktive) Tendenzen innewohnen. Durch *frühzeitiges* soziales Lernen kann sie in ihrer Entwicklung jedoch entscheidend beeinflusst oder sogar verhindert werden. Zeigt ein Kind schon über längere Zeit ein aggressives Verhalten, so ist dies nur sehr schwer zu korrigieren. Reaktionsmuster sind bereits gebahnt und laufen wie ein Reflex automatisch und unkontrolliert ab.

In welcher Art und Stärke Kinder sich im Laufe ihrer Kindheit und Jugend aggressiv verhalten, entscheidet sich in ihren ersten acht Lebensjahren. Es ist deshalb wichtig, dass Kinder während dieser Entwicklungsphasen lernen, mit ihren Frustrationen umzugehen und diese sozial angepasst abzureagieren. Dazu benötigen Kinder – und insbesondere Kinder mit AD(H)S – die Unterstützung ihrer Eltern.

> **Welche Faktoren bestimmen Form und Ausmaß aggressiven Verhaltens von Kindern?**
>
> - die Veranlagung der Kinder (hyperaktive Kinder reagieren sichtbar aggressiver als hypoaktive)
> - das Maß dessen, wie sich Kinder in ihrer Umgebung anerkannt, geborgen und verstanden fühlen
> - selbst erlebte frühe und unkontrollierte Gewalterfahrungen der Kinder durch ihr soziales Umfeld
> - das Intelligenzniveau des Kindes und seiner Familie

- das Verhalten der sozialen Umgebung (Familie, Schule, Freundeskreis etc.) gegenüber aktiv geübter Aggressivität der Kinder (hier ist Verständnis und Kompetenz für AD(H)S gefragt)
- die Höhe der Hemmschwelle, die Familie und Gesellschaft gegenüber dem Ausüben von Gewalt errichtet haben

TV, Computer und Smartphone – »schöne neue Welt«?

Das allgemeine Gewaltpotenzial von Kindern und Jugendlichen ist in unserer europäischen Gesellschaft nicht unbeträchtlich. Eine von vielen Ursachen mag darin liegen, dass es immer weniger Kinder gibt, denen gesellschaftlich positive Normen beigebracht und vorgelebt werden. Ein häufig anzutreffender verwöhnender und inkonsequenter Erziehungsstil setzt Kindern und Jugendlichen (zu) wenige Grenzen: Sie lernen nicht, ein »Nein« zu akzeptieren. Viele Kinder und Jugendliche verbringen die meiste (freie) Zeit am Tag mit ihrem Smartphone. Ihre wichtigsten »Kontaktpersonen« sind Facebook-Freunde und künstliche Figuren wie »Helden« aus TV-Sendungen, -Serien und Computerspielen sowie weitgehend anonyme »Gesprächspartner«, wie z.B. die virtuelle »Alexa«. Dort, und nicht im wirklichen Leben, suchen sie sich ihre Vorbilder. So konsumieren sie nicht selten gewaltreiche Filme und entwickeln dabei allmählich eine Gewaltunempfindlichkeit mit niedriger Hemmschwelle. In den Filmen wird Kindern das trügerische Bild vermittelt, man könne mittels Gewalt einfach und ohne nachvollziehbare Konsequenzen Probleme lösen. In Computerspielen lernen Kinder und Jugendliche spielerisch, auf eigene Faust Menschen zu jagen, Feinde zu vernichten und Bomben zu legen.

Kinder und Jugendliche brauchen lebende Personen als Vorbilder, dies steht außer Zweifel. Doch leider fehlen diese heute häufig. Stattdessen löst eine Welle von industriell vermarkteten Pseudohelden die andere ab: Dinosaurier, Maskottchen, Barbie-Puppe, Diddl-Maus, Pokemon, Harry Potter, Der Herr der Ringe, Alexa etc. etc. Welchen bildenden und erzieherischen Wert werden wohl die nächsten Generationen der »Idealfiguren« haben? Welche menschliche Werte und Kompetenzen werden diese vermitteln? In welchem Zusammenhang werden die Traumwelten, in denen die Kunstfiguren die Kinder und Jugendlichen entführen, mit der Realität der Kinder stehen? Die Notwendigkeit, aus der Traumwelt in die Realität zurückzukehren, bleibt ein unausweichlicher Schritt, der gelernt werden muss, selbst wenn dies auch manch Erwachsenen zuweilen schwerfällt. Altersgerechtes Sozialverhalten kann sich nur durch persönliche Interaktionen zu real existierenden Personen entwickeln. Durch die Digitalisierung in den Schulen wird in Zukunft Kommunikation, Fein- und Grafomotorik und die Körperhaltung der Kinder leiden.

Viele Studien zum Medienkonsum ergaben:

- Medienkonsum gefährdet bei Kleinkindern die Entwicklung.
- Jungen neigen dazu, aus dem langweiligen Alltag in die Cyberwelt zu flüchten.
- Mädchen suchen soziale Kontakte und Informationen in sozialen Medien (Facebook, TikTok) und Streaming-Diensten.

- Das Smartphone wird immer mehr zur »Spielhalle aus der Tasche«.
- Mediensucht ist zur neuen Kinderkrankheit geworden.
- Nach der DAK-Studie in Zusammenarbeit mit der Universität Hamburg-Eppendorf hat sich die Social-Media-Sucht seit 2019 in den folgenden vier Jahren fast verdoppelt.

Deshalb erarbeitete die Gesellschaft für Kinder- und Jugendmedizin 2022 eine Leitlinie zur Vorbeugung dysregulierten Bildschirmgebrauchs (AWMF-Leitlinie[5]) als Entscheidungshilfe zum Umgang mit digitalen Bildschirmmedien für Kinder und Jugendliche. Diese Leitlinie weist auf die mit Bildschirmmediengebrauch verbundenen gesundheitlichen Risiken hin (organisch, psychisch, Lernminderung). Ihre allerwichtigste Empfehlung ist: »Für Kinder und Jugendliche gilt, je weniger Bildschirmzeit, desto besser.« In Australien wurde 2024 für Kinder und Jugendliche unter 16 Jahren der Gebrauch von sozialen Medien verboten und deren Betreibern die Kontrollpflicht übertragen.

Worin liegen die Ursachen für aggressives Verhalten von Kindern und Jugendlichen?

Kein Kind wird aggressiv geboren. AD(H)S-Kinder aber haben eine Anlage, die die *Ausbildung* einer Aggressivität, die sich nach außen gegen andere oder nach innen gegen sich selbst richtet, begünstigen kann. Ob diese Anlage sich entwickelt, entscheiden mehrere Faktoren im frühen Kindesalter. Zu diesem Zeitpunkt muss bereits mit aggressionshemmenden Maßnahmen dem Ausbruch von aggressiven Verhaltensweisen beim AD(H)S-Kind gezielt und allgemein entgegengewirkt werden. Dazu sollte zeitig bei entsprechender Veranlagung nach einer AD(H)S-Disposition gesucht werden, um sich frühzeitig und richtig im Umgang mit den betroffenen Kindern erzieherisch darauf einstellen zu können.

> **Wichtig:** Bei AD(H)S-Kindern ist die Aggressivität Ausdruck ihrer inneren Verunsicherung, ihrer Hilflosigkeit und ihres anhaltenden Gefühls, inner- und außerhalb der Familie nicht verstanden zu werden.

Besonders *hyperaktiven* Kindern fällt es aufgrund ihrer angeborenen Impulssteuerungsschwäche schwer, Frust und emotionale Erregung angemessen abzureagieren. Dazu brauchen sie verständnisvolle Hilfe. Denn bei ihnen ist das aggressive Verhalten die Folge von ständigen Enttäuschungen, anhaltendem Erleben von Niederlagen und andauernden Frustrationen, deren Ursachen sie kaum selbst beeinflussen können. Diese Kinder werden bei sowieso vorhandener Überempfindlichkeit durch das immer wieder neu erlebte Gefühl der Ablehnung und das Fehlen von Lob, Anerkennung und positiver Bestätigung verunsichert.

---

5 Nachzulesen unter https://register.awmf.org/de/leitlinien/detail/027-075

Wie können Sie einer Entstehung von Aggressivität bei Ihrem AD(H)S-Kind wirkungsvoll begegnen?

- Pflegen Sie von Anfang an einen liebevollen, aber konsequenten Erziehungsstil, der von allen Beteiligten befolgt wird
- Setzen Sie Ihrem Kind weite, aber stabile Grenzen, die mit klaren, überschaubaren Anweisungen verbunden sind, und achten Sie auf deren Einhaltung
- Verwöhnen Sie Ihr Kind nicht, und lassen Sie dies auch nicht durch die Großeltern zu, die angeblich nicht anders können
- Pflegen Sie in der Familie ein ruhiges und ausgeglichenes Klima, in dem Hektik und ein lautes sich Anschreien keinen Platz haben
- Erwerben Sie sich Kenntnisse über AD(H)S
- Denken Sie frühzeitig an AD(H)S, noch bevor Ihr Kind dauerhafte aggressive Verhaltensweisen ausbilden kann
- Erkennen und behandeln Sie Defizite Ihres Kindes, ehe sie zu seinem Versagen führen
- Holen Sie sich rechtzeitig Rat über die Notwendigkeit von verhaltenstherapeutischen Maßnahmen ein
- Bauen Sie zu Ihrem Kind eine warmherzige und emotional tragfähige Beziehung mit Verständnis für dessen AD(H)S-Problematik auf
- Erkennen Sie die positiven Fähigkeiten Ihres Kindes und sprechen Sie ihm Lob und Anerkennung aus
- Geben Sie Ihrem Kind die Möglichkeit zu viel Bewegung und körperlicher Betätigung, damit es aggressive Tendenzen abreagieren kann
- Fördern Sie die Selbstständigkeit Ihres Kindes
- Schaffen Sie eine feste Bezugsperson und einen strukturierten Tagesablauf für Ihr Kind
- Verzichten Sie bei Ihrem Kind auf jede Form von körperlicher Gewalt oder verbalen Kränkungen
- Lassen Sie sich durch unangepasstes Verhalten Ihres Kindes nicht provozieren
- Werten Sie Ihr Kind nie ab, bezeichnen Sie es nie als »dumm« oder »blöd«
- Fördern Sie gemeinsame Aktivitäten in der Familie und mit Freunden
- Überlassen Sie Ihr Kind nicht sich selbst, sondern sprechen Sie mit ihm über seine Probleme
- Erarbeiten Sie sich gemeinsame Ziele mit Ihrem Kind

Worin besteht die Veranlagung zur inneren oder äußeren Aggressivität von AD(H)S-Kindern?

Kinder mit AD(H)S

- sind sehr empfindlich und leicht kränkbar
- haben einen oberflächlichen Wahrnehmungsstil

- haben einen ausgeprägten Gerechtigkeitssinn
- können Menschen und Handlungen leicht durchschauen und hinterfragen alles
- haben eine hohe Frustrationsintoleranz, d. h. sie können nur schwer mit Frust umgehen
- haben eine Impulssteuerungsschwäche
- haben Probleme, sich in eine altersgleiche Gruppe einzugliedern
- lernen nicht oder nur schwer aus Fehlern
- sind enttäuscht über die eigene Unfähigkeit, ihre Defizite in der Schule altersgerecht abzubauen (z. B. Teilleistungsstörungen)
- sind innerlich verunsichert und haben ein schlechtes Selbstwertgefühl
- fühlen sich immer gleich angegriffen und unverstanden
- haben – sofern feste Strukturen im Elternhaus fehlen – keinen inneren Halt

Warum Aggressionen nicht verdrängt werden sollten

Das Verdrängen von Aggressionen kann mit einem inneren Aufstau verbunden sein und schlimme seelische Folgen haben, wie wir das beim AD(H)S ohne Hyperaktivität immer wieder beobachten. *Hypoaktive* Kinder verdrängen ihre Aggressionen nach innen. Sie speichern eine innere Wut über Jahre ab, bis diese zur seelischen »Dekompensation« führt. Solche Dekompensationen sind: Rückzugstendenzen, Regressionen mit Babysprache und kleinkindhaftem Verhalten, Selbstwertproblematik, verschiedene Ängste und Zwänge, gegen den eigenen Körper gerichtete destruktive Handlungen mit Selbstverletzungen, depressive Phasen mit Selbstmordgedanken. Gedanken, die immer wiederholt werden, bilden eine dichte Nervenbahn im Gehirn. Dadurch können sie sich automatisieren und bei ständiger Wiederholung auch zwanghaft werden.

Aggressivität, die nach innen gerichtet ist, kann über sich selbstverletzende Handlungen (autoaggressive Handlungen) abreagiert werden. Psychische Voraussetzungen dafür können sein:

- eine zu große Empfindlichkeit durch emotionale Steuerungsschwäche
- das Gefühl des Mangels an Zuwendung und Verständnis
- eine innere Verunsicherung und Enttäuschung
- aggressive Anspruchshaltung (Abwehrverhalten)
- Hilflosigkeit bei geringem Selbstwertgefühl
- Resignation mit Ablehnung der eigenen Person

Als Selbsttherapie, die zur psychischen Entlastung führt, dienen sodann autoaggressive Handlungen, wie beispielsweise

- sich selbst oder mit dem Kopf gegen die Wand schlagen (bei Kindern),
- sich ritzen, um ein Gefühl der Entlastung zu spüren (bei Jugendlichen).

> **Das A und O jeglicher Erziehung – Gewünschtes Verhalten selber vorleben**
>
> Unabdingbar für alle Bemühungen, Ihr Kind von dem Weg der Aggressivität abzubringen, ist die Maxime: Leben Sie als Familie – d. h. als Eltern und Geschwister – Ihrem Kind das Verhalten selber vor, das sie von ihm erwarten. Treffen Sie dazu Absprachen, an die auch Sie sich halten. Dies ist eigentlich eine Selbstverständlichkeit, jedoch schwer zu realisieren, und doch Voraussetzung für einen dauerhaften Erfolg.

Ein Beispiel aus der Praxis – Raimund

Raimund war elf Jahre alt, als er auf Anraten des Jugendamtes aufgrund seines aggressiven Verhaltens zu mir in die stationäre Behandlung kam. Raimund war ein Junge mit großen dunklen Augen, einem gutmütigen, kindlichen Gesicht, immer auf der Lauer nach Zuwendung. Wurde er enttäuscht, reagierte er aggressiv und ablehnend, ärgerte man ihn, verließ er schimpfend das Zimmer, die Tür laut knallend und gegen alle weiteren Türen tretend. Wer sich ihm in den Weg stellte, musste mit einem unsanften Schlag rechnen. Raimund konnte Konflikte nicht mit Worten austragen.

Wem es auf der Station nicht gelang, eine gute Beziehung zu ihm aufzubauen, der musste damit rechnen, von ihm geschlagen, gebissen, getreten oder zumindest beschimpft zu werden. Raimund war ein Kind mit einem Engelsgesicht, dessen Reaktionen aber nicht voraussehbar waren. Spontan und unüberlegt zu reagieren war er gewöhnt, er hatte es nicht anders gelernt, von klein auf hatte er Gewalt und Ablehnung erfahren.

Deshalb gab er sich härter, als er war. In Wirklichkeit war er sehr sensibel, leicht kränkbar und mit einem großen Gerechtigkeitssinn ausgestattet. Mit seinem bisherigen Leben war er nicht zufrieden, er fühlte sich von allen unverstanden, ungerecht behandelt und immer nur »niedergemacht, egal, was ich auch tat«.

Schenkte man ihm Vertrauen, war er dankbar dafür. Er sagte auch, dass er Gewalt eigentlich hasst. Doch lernte er zu Hause nicht, was richtig oder falsch war, dort reagierte man immer für ihn zufällig und unberechenbar.

Raimund war das zweite Kind seiner Eltern, seine Schwester war fünf Jahre älter und wurde mit allem viel besser fertig. Er war eigentlich ein Wunschkind, weil seine Mutter glaubte, mit diesem Kind den Vater bessern und halten zu können. Der Vater hatte eine Geliebte, lehnte die Mutter ab und trank zu Hause Alkohol. Als Raimund fünf Jahre alt war, verließ der Vater die Familie. Vorher gab es noch unschöne Szenen, die Mutter wurde beschimpft, angeschrien und manchmal auch geschlagen. Raimund hat bis heute Angst vor seinem Vater. Er besuchte ihn nicht und der Vater meldete sich auch nicht.

Die meiste Zeit seiner Kindheit verbrachte der Junge vor dem Fernsehgerät. Seine Schwester besuchte das Gymnasium und war eine fleißige Schülerin, der ganze Stolz der Mutter. »Du aber bist ein Versager, wie dein Vater«, das bekam

Raimund immer wieder zu hören. Dabei gab er sich in der Schule manchmal so viel Mühe, aber er konnte sich einfach nicht konzentrieren, vergaß viel, machte noch mehr Flüchtigkeitsfehler und brachte schlechte Noten nach Haus.

Als Raimund sieben Jahre alt war, kam ein neuer »Vater« ins Haus, vorher hatte die Mutter wechselnde Bekanntschaften. Der neue Vater versuchte sofort, den Jungen »richtig« zu erziehen, womit er aber gerade das Gegenteil erreichte.

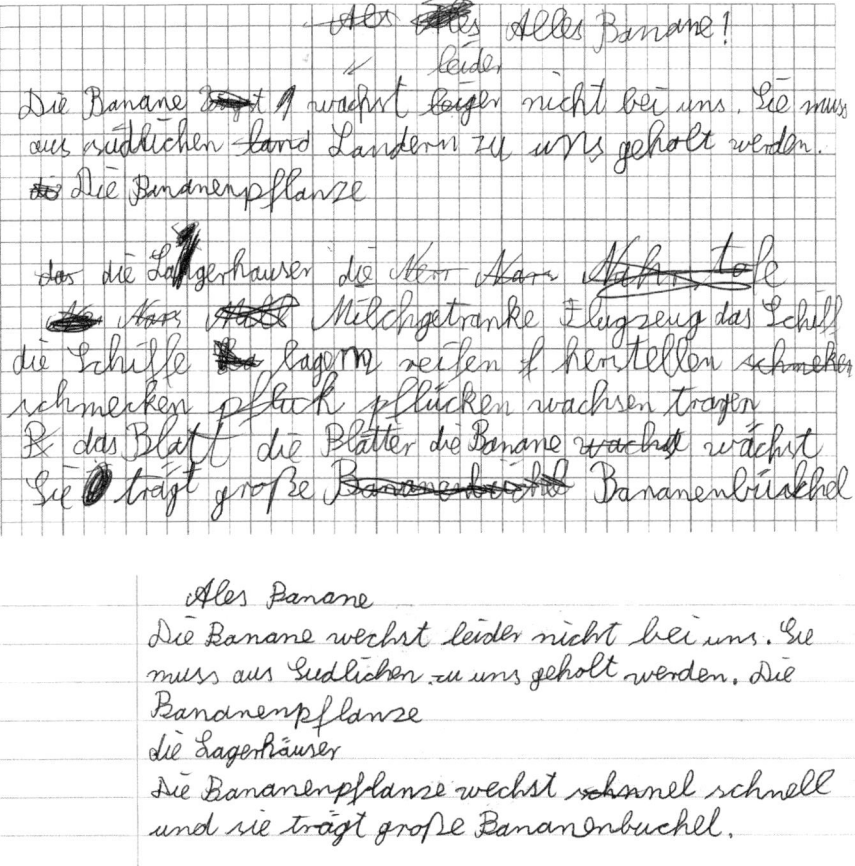

Abb. 3.10: Schreibprobe von Raimund (11 Jahre alt) vor und nach Behandlungsbeginn

Zum Zeitpunkt der stationären Aufnahme war die Mutter wieder verheiratet und Raimund hatte einen vierjährigen Halbbruder, Lars, mit dem er sich sehr gut verstand. Er war nie grob zu ihm und beschützte ihn sehr. »Lass den Kleinen in Ruhe, der soll nicht so werden wie du«, so verbot ihm sein Stiefvater den Umgang mit Lars.

In der neuen Familie gab es kaum eine gemeinsame Mahlzeit, keine gemeinsamen Ausflüge am Wochenende, kaum Lob oder Anerkennung. Machte Raimund mal etwas besonders gut, bekam er nur zu hören: »Es wird ja auch Zeit, dass du dich besserst, du bist schließlich alt genug«. Sonst wurde über eigene Probleme in der Familie nicht gesprochen. Nach der Arbeit wollte der Vater stets seine Ruhe haben und saß vor dem Fernsehgerät. Setzte sich Raimund dazu, störte er durch seine Unruhe und durch Geräusche, die er machte. Er wurde also hinausgeschickt.

Abb. 3.11: Ein Bild von Raimund, das seine Hilflosigkeit zeigt

Er hielt sich gern auf der Straße auf, er liebte die Bewegung und einmal nicht bevormundet zu werden. Auf der Straße waren seine Kumpels alle älter als er, aber sie respektierten ihn.

Mit seiner Mutter gab es oft Streit, sie regte sich schnell auf, schrie ihn dann an und schlug auch mal zu, wenn sie schlecht gelaunt war. Ansonsten konnte er bei seiner Mutter leicht seinen Willen durchsetzen, sie gab schnell nach. Die Mutter wiederum beklagte, dass sich Raimund überhaupt nichts sagen ließ, sondern immer das machte, was er wollte.

In den letzten Monaten begann er, die Schule zu schwänzen. Statt dem Unterricht zu folgen, trieb er sich am Vormittag in der Stadt umher, wo er sich in den Geschäften Nahrungsmittel, Zigaretten und andere Dinge »beschaffte«, die er gegen Geld eintauschte. Die Polizei schaltete sich ein, die Mutter beschloss, der Junge müsse in ein Heim. Raimund wollte auch selbst von zu Hause fort. Dort fühlte er sich ungeliebt und überflüssig.

Auf dem Jugendamt sagte er über sich, dass er Gewalt von Erwachsenen gegenüber Kindern total ablehnt. Er möchte nicht geschlagen und angebrüllt werden. Nie habe er bisher Gelegenheit gehabt, über seine Probleme zu sprechen, das habe keinen interessiert. »Hoffentlich kapieren die Erwachsenen auch einmal, dass Kinder Menschen sind, die Verständnis brauchen und die man nicht immer nur schlagen und ausmeckern kann«, so Raimund.

So kam Raimund über das Jugendamt in eine stationäre Behandlung, die ihm eine Chance für einen Neubeginn gab. Hier in der Klinik wurde bei dem Jungen erstmalig ein AD(H)S mit Hyperaktivität diagnostiziert. Die behandelnden Ärzte und Psychologen merkten rasch, dass Raimund voller Sehnsucht nach ehrlich gemeinter Zuwendung steckte, dass er sich gern ändern wollte, wenn er nur wüsste wie. Die Behandlung bestand darin, seine Impulse und seine Aggressivität mithilfe einer längeren Verhaltenstherapie, der Verinnerlichung von Normen sowie der Gabe von Stimulanzien besser zu steuern. Nach einem Klinikaufenthalt von mehreren Monaten konnte Raimund in eine Pflegefamilie vermittelt werden. Dort fühlt er sich das erste Mal in seinem Leben richtig wohl und möchte diese Familie nicht enttäuschen. Raimund ist dankbar für die Therapie und sagt: »Jetzt ist alles viel besser, ich werde nicht mehr ausgemeckert, keiner schlägt mich und die Schule macht auch mehr Spaß. Hoffentlich haben andere Kinder, denen es ähnlich geht, auch diese Möglichkeit.«

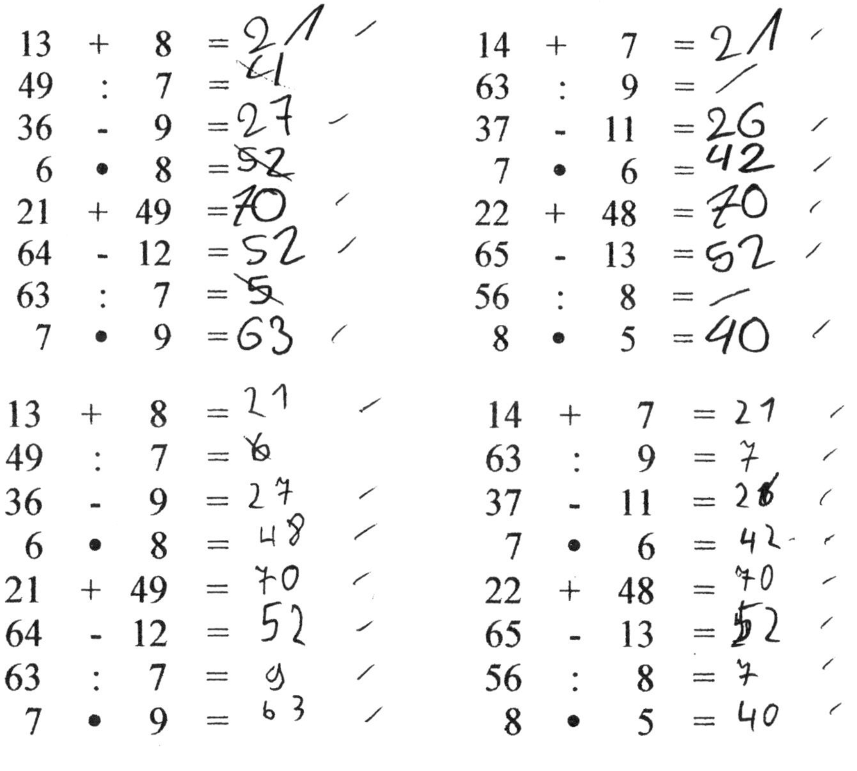

$$
\begin{array}{llll}
13 + 8 = 21 & \quad & 14 + 7 = 21 \\
49 : 7 = 41 & \quad & 63 : 9 = \\
36 - 9 = 27 & \quad & 37 - 11 = 26 \\
6 \cdot 8 = 52 & \quad & 7 \cdot 6 = 42 \\
21 + 49 = 70 & \quad & 22 + 48 = 70 \\
64 - 12 = 52 & \quad & 65 - 13 = 52 \\
63 : 7 = 5 & \quad & 56 : 8 = \\
7 \cdot 9 = 63 & \quad & 8 \cdot 5 = 40 \\
\end{array}
$$

$$
\begin{array}{llll}
13 + 8 = 21 & \quad & 14 + 7 = 21 \\
49 : 7 = 8 & \quad & 63 : 9 = 7 \\
36 - 9 = 27 & \quad & 37 - 11 = 26 \\
6 \cdot 8 = 48 & \quad & 7 \cdot 6 = 42 \\
21 + 49 = 70 & \quad & 22 + 48 = 70 \\
64 - 12 = 52 & \quad & 65 - 13 = 52 \\
63 : 7 = 9 & \quad & 56 : 8 = 7 \\
7 \cdot 9 = 63 & \quad & 8 \cdot 5 = 40 \\
\end{array}
$$

Abb. 3.12: Rechenbeispiel von Raimund (11 Jahre alt) vor und nach Behandlungsbeginn

Die Entwicklung zur »antisozialen« Persönlichkeit verhindern

Ein Zusammenhang zwischen Hyperaktivität, Konzentrationsstörung, Impulssteuerungsschwäche, Aggressivität und dem Gefühl benachteiligt zu sein, im Kindesalter ist wissenschaftlich nachgewiesen. Alle therapeutischen Maßnahmen, die sich auf aggressive Verhaltensweisen von Kindern und Jugendlichen mit AD(H)S beziehen, haben in der letzten Konsequenz zum Ziel, die Entwicklung der Betroffenen zu delinquenten Jugendlichen mit dissozialem Verhalten und/oder ihre weitere Entwicklung zu »antisozialen« Persönlichkeiten im Erwachsenenalter zu verhindern. Dafür muss in jedem Fall frühzeitig auf allen sozialen Ebenen (Elternhaus, Schule, Vereine, Freundeskreis etc.) eingegriffen und gehandelt werden. Nur so kann verhindert werden, dass Jugendliche und Erwachsene mit AD(H)S straffällig werden.

> **Was charakterisiert eine »antisoziale« Persönlichkeit?**
>
> - verantwortungsloses Handeln
> - Impulsivität und Reizbarkeit
> - Mangel an Gefühlstiefe und Fehlen von Mitleid
> - bewusstes Ignorieren gesellschaftlicher Normen
> - egoistische Denkweise und eigennütziges Handeln
> - Fehlen von Reue

In der Wissenschaft wird deshalb gefordert: »Wir müssen die Kinder und Jugendlichen zu einem frühen Zeitpunkt erreichen, wenn ihnen das Lernen noch leichter fällt. Dabei sind die therapeutischen Kräfte besonders auf die kleine Gruppe von 5 % derjenigen Kinder zu richten, die später 50 Prozent der Verbrechen und Gewalttaten begehen. Denn Kriminalität ist kein Schicksal, sie ist vielmehr durch ein Bündel von biologischen, sozialen, lerntheoretischen und psychodynamischen Faktoren bedingt.«[6]

3.6 Die häufigsten psychosomatischen Beschwerden

Psychosomatische Beschwerden sind eine häufige Begleiterkrankung des AD(H)S in allen Altersgruppen. Zwischen dem Auftreten dieser Beschwerden und den entwicklungsbedingt steigenden Anforderungen an Kinder, Jugendliche und Erwachsene (in Familie, Kindergarten, Schule und Beruf) besteht dabei ein deutlicher Zusammenhang. Dieser wird besonders offenbar, wenn die Betroffenen unter einer

---

[6] Zitat von Prof. Dr. Dr. Helmut Remschmidt (Marburg) aus »Zyklen der Gewalt« in Sozialpädiatrie für Klinik und Praxis 15 (1993), Nr. 11, S. 653 ff.

Selbstwertproblematik, Versagensängsten, Aggressivität und Rückzug leiden. Psychosomatische Störungen sind für AD(H)S typisch und müssen rechtzeitig erkannt werden, um sie erfolgreich behandeln zu können. Sie ganz zu beseitigen gelingt leider nicht immer, aber man kann lernen, mit ihnen umzugehen.

Was sind die Ursachen für psychosomatische Störungen?

Psychosomatische Störungen entstehen aus tiefgreifenden seelischen Konflikten, die über eingeschliffene Bahnen in körperliche Symptome umgesetzt werden. Diese bringen den psychischen Konflikt in symbolischer Form als organische Störung zum Ausdruck und entlasten dadurch zugleich die Psyche. Sie sind aber nur eine vorübergehende »Notlösung« der Problematik: Bei über 30% der Kinder mit psychosomatischen Beschwerden kommt es im Erwachsenenalter zu psychiatrischen Erkrankungen. Für das Entstehen von psychosomatischen Beschwerden ist eine gewisse Veranlagung – verbunden mit zu großer Stressempfindlichkeit bei anhaltender emotionaler, kognitiver, psychischer und/oder sozialer Belastung – Voraussetzung.

Ein Beispiel aus der Praxis – Tina

Die Eltern von Tina, einem neunjährigen Mädchen mit Rechtschreibschwäche und psychosomatischen Beschwerden, berichten in der psychiatrischen Sprechstunde: »Tina kommt aus der Schule fast nur noch frustriert und enttäuscht nach Hause. Sie lässt sich überhaupt nicht ruhig ansprechen, sondern verdrückt sich zumeist direkt in ihr Zimmer. Dabei schimpfen wir überhaupt nicht, wenn sie im Diktat eine 5 nach Hause bringt.« In meinem Gespräch mit Tina wird rasch klar, weshalb sich Tina auf diese Weise verhält: »Aber, wie die Eltern dann gucken …«. So sind sensible AD(H)S-Kinder, sie können Blicke ganz genau deuten, ihnen entgeht nichts, wenn sie sich auf eine Reaktion konzentrieren.

Faktoren, die einen Zusammenhang von AD(H)S und psychosomatischen Störungen begünstigen

Kinder, Jugendliche und Erwachsene mit AD(H)S haben eine besondere Veranlagung, psychosomatische Beschwerden zu entwickeln, weil sie:

- sehr empfindlich gegenüber Stress sind und diesen nur verzögert abbauen können
- bei geringer eigener Frustrationstoleranz ein hohes Anspruchsniveau an sich und andere stellen
- meist klug sind und brauchen die Anerkennung der anderen zur Selbstbestätigung
- sich in vielen Bereichen des alltäglichen Lebens besonders anstrengen müssen, aber trotzdem das Geforderte nicht erreichen

- ihre Verarbeitung von Informationen beeinträchtigt ist, sie sehen und hören oft Wesentliches nicht
- aufgrund von Teilleistungsstörungen schulische Defizite haben, die sie trotz Üben nicht beseitigen können
- sehr sensibel sind und über einen großen Gerechtigkeitssinn verfügen
- für alle ungerechten Dinge, die sie erleben, ein enormes Gedächtnis haben, wobei sie ansonsten jedoch oft vergesslich sind
- an einer Selbstwertproblematik mit Versagensängsten leiden und sich immer benachteiligt, unverstanden und ungerecht behandelt fühlen
- ihre Umgebung durch ihr hyperaktives Verhalten stören, was in Familie, Kindergarten, Schule und am Arbeitsplatz zu ihrer Ausgrenzung und Abwertung führt, oder sie reagieren übermäßig sensibel
- es nicht schaffen, sich in eine Gruppe angepasst einzugliedern

Die wichtigsten psychosomatischen Störungen bei Kindern

Kopfschmerzen

Schulische und seelische Überforderungen führen sehr häufig bei AD(H)S-Kindern – vor dem Hintergrund ihrer Neigung, auf alles sehr empfindlich zu reagieren – zu Kopfschmerzen. Sie treten insbesondere erst und während der Schulzeit auf und sind in den Ferien deutlich weniger ausgeprägt oder gar nicht vorhanden. Kinder mit AD(H)S klagen über sie vor allem morgens vor der Schule, nach dem Unterricht und am Sonntagabend. Größere Kinder bemerken von sich aus den Zusammenhang mit Schulstress.

Die Symptome der Kopfschmerzen entsprechen einem sog. Spannungskopfschmerz und haben selten Zeichen einer klassischen Migräne mit Übelkeit, Augensymptomen oder kurzen neurologischen Ausfällen. Durch Ruhe oder erwünschte Ablenkungen wie z.B. Fernsehen, Computerspiele oder sportliche Betätigung tritt zumeist eine Linderung ein oder die Kopfschmerzen verschwinden ganz.

Auch Stimulanzien können Kopfschmerzen verursachen. Sie regen die Gehirntätigkeit an, dadurch wird mehr Blutzucker verbraucht. Bei niedrigem Blutzuckerspiegel oder auf nüchternen Magen eingenommen, kann es zur Unterzuckerung mit Kopfschmerzen kommen.

Bei anhaltenden Kopfschmerzen ist es ratsam, einen Kopfschmerzkalender zu führen. Wichtig ist es zudem, andere Ursachen als das AD(H)S mithilfe einer gezielten ärztlichen Untersuchung auszuschließen.

Eine erfolgreiche Behandlung des AD(H)S führt oft dazu, dass auch die Kopfschmerzen immer seltener werden. Dies zeigt die alltägliche Erfahrung aus der ärztlichen Praxis.

Bauchschmerzen

Noch häufiger als Kopfschmerzen sind beim AD(H)S-Kind Bauchschmerzen. Schon im Kindergartenalter klagen besonders *hypoaktive* Kinder häufig über sie. Dies ist im Prinzip nicht verwunderlich, da der Magen-Darm-Trakt auf psychische Belastungen bekanntermaßen sehr empfindlich reagiert mit streßbedingtem Erbrechen und Durchfall. Werden Stimulanzien auf nüchternen Magen genommen, können sie die Motorik des Magen-Darm-Traktes so stark anregen, dass dies als Bauchsssschmerz empfunden wird.

Einnässen

Das Einnässen wird zuweilen als ein »inneres Weinen« des Kindes bezeichnet. Starke psychische und traumatische Belastungen sind nicht selten seine Ursache. Kinder mit einem ausgeprägten AD(H)S erfahren solche Belastungen spätestens in den ersten Schuljahren. Hier geraten sie durch ihre Defizite und Teilleistungsstörungen in Konflikte mit ihrer Umgebung. In deren Folge bekommen sie Probleme mit sich selber: An diesem Punkt beginnt ihr bisher oft noch positives Selbstwertgefühl zu kippen. Die *hypoaktiven* Kinder leiden dabei mehr als die *hyperaktiven*.

Letztere hüpfen von einer Beschäftigung zur anderen und haben dabei niemals Zeit, auf die Bedürfnisse ihres Körpers zu achten. So spüren sie es meist zu spät, dass ihre Blase »drückt« und sie auf Toilette müssen. Aber auch dann verdrängen sie es noch, weil gerade irgendetwas Spannendes passiert. Erst in allerletzter Minute rennen sie zum Klo und ehe sie ihre Hose auf oder heruntergezogen haben, ist diese schon nass.

Hyperaktive Kinder haben oft keine Zeit, tagsüber reichlich zu trinken. Viele Eltern kennen das Problem: Aus der Schule bringen ihre Kinder ihr Essen und Trinken mit dem Standardspruch »Keine Zeit gehabt« wieder mit nach Hause. Natürlich müssen die Kinder nach den eiligst gemachten Hausaufgaben – wenn sie überhaupt noch welche zu erledigen haben – sofort wieder raus, um zu spielen. Erst abends, vor dem Fernsehgerät, verspüren sie dann einen großen Durst. Nun können sie gar nicht genug trinken, am liebsten natürlich Cola. Und in der Tat, AD(H)S-Kinder können trotz reichlichem Durstlöschen mit Cola gut schlafen, da sie nach deren Genuss ruhiger werden. Cola stimuliert das Gehirn von Kindern mit AD(H)S und den in Cola reichlich enthaltenen Zucker benötigen sie, um ihre Energiereserven wieder aufzufüllen.

Viel Zucker verursacht einen noch größeren Durst und so trinken viele hyperaktive Kinder und Jugendliche abends, wenn sie vor dem Fernsehgerät zur »Ruhe« kommen, große Mengen Flüssigkeit. Tagsüber brauchen ihre Nieren kaum zu arbeiten, aber nachts beginnen sie nun – entgegen der vom Gehirn gesteuerten sonst üblichen Ruhephase in der Urinproduktion – zu arbeiten. So kann es nicht verwundern, dass die großen Mengen Nachturin in Verbindung mit dem Tiefschlaf bei AD(H)S-Kindern ein nasses Bett am Morgen zur Folge haben.

Die oben genannten Besonderheiten des AD(H)S, die das häufige Einnässen bei den betroffenen Kindern erklären können, sollten im Therapieansatz von Anfang an mitberücksichtigt werden. Gerade aus langjähriger Praxiserfahrung liegt es bei einnässenden Kindern nahe, an AD(H)S als die mögliche Ursache zu denken. Lässt sich ein Zusammenhang nachweisen, ist bei den betroffenen Kindern ein regelmäßiges Toilettentraining, verknüpft mit reichlichem Trinken tagsüber, durchzuführen.

> **Wichtig:** Beim Einkoten wie auch beim Einnässen sollten psychosomatische Ursachen nur dann vermutet werden, wenn die betroffenen Kinder zuvor etwa ein Jahr lang nicht eingekotet bzw. eingenässt haben. Des Weiteren müssen vor allen psychosomatischen Erklärungsversuchen organische Ursachen von einem Facharzt ausgeschlossen werden, wenn ein länger andauerndes, intensives Sauberkeitstraining erfolglos ist.

Einkoten

Das Einkoten lässt sich bei AD(H)S-Kindern fast immer als eine Folge eines »Überlaufeffektes« betrachten.

AD(H)S-Kinder leiden an einer Reizüberflutung. Da sie den Kopf immer »voll« haben, können sie Reize nicht filtern und Wichtiges nicht registrieren. Hinzu kommt, dass Kinder mit AD(H)S seelische Erregungen weitaus intensiver als körperliche Gefühle empfinden. Für die ersteren sind sie hochsensibel und überempfindlich.

Ist ein AD(H)S-Kind gerade beschäftigt, spürt es seinen Stuhldrang kaum. Stattdessen verdrängt es ihn. Erfolgt dies über einen längeren Zeitraum, dehnt sich der Enddarm so lange immer weiter aus, bis schließlich wegen Überdehnung ein Stuhldranggefühl nicht mehr ausgelöst wird. Die Reaktion des übervollen Enddarms besteht nun darin, dass sich kleine erbsgroße Stuhlteile unkontrolliert aus dem After schieben. Diese Art der Darmentleerung stört das stets auf seine Außenwelt orientierte AD(H)S-Kind nicht selten gar nicht. Und wenn doch, so ist es dennoch nicht in der Lage, das Einkoten zu beeinflussen oder gar zu verhindern. Hier hilft nur nach leichtem Abführen ein regelmäßiges und konsequentes Stuhlgangtraining. Meist ist es erfolgreich und die Kinder sind dankbar dafür, jedoch kommt es ohne eine Behandlung der Grundstörung leicht zu Rückfällen.

Fragt man ein etwa zehnjähriges *hyperaktives* Kind in einer altersgemäß verständlichen Sprache, ob es täglich Stuhlgang habe, wird es diese Frage in den seltensten Fällen beantworten können. Andere Dinge, die es im Laufe des Tages oder der Woche gekränkt haben oder die es interessieren, weiß es haargenau. Sein Körper jedoch ist dem hyperaktiven Kind nicht so wichtig.

Anders dagegen stellen sich die Dinge beim *hypoaktiven* Kind dar: Es macht nach außen hin zu und hört intensiv in sich hinein. Kotet ein hypoaktives Kind ein, hat dies viel eher seelische Ursachen – natürlich erlebt man in der Praxis eine breite Übergangsskala von hyperaktiv nach hypoaktiv: Manche Kinder reagieren sogar entsprechend »sowohl als auch«.

Schlafstörungen

Häufig hört man den Satz: »Ein AD(H)S-Kind kann schlecht einschlafen«. Das stimmt grundsätzlich keineswegs immer. Richtig ist jedoch, dass Kinder mit AD(H)S von Anfang an einen geregelten Tagesablauf mit festen Zeiten brauchen. Sie benötigen immer das gleiche »Zu-Bett-geh-Ritual« ohne Krach und ohne »Action«.

Alle Eltern können beobachten, dass ihre Kinder schlechter einschlafen, wenn sie irgendwelche Probleme haben, egal ob mit oder ohne AD(H)S. Der Punkt ist jedoch, dass Kinder mit AD(H)S zumeist mehr Probleme mit sich selber und ihrer Umwelt haben. Sie haben ein »Chaos« im Kopf und viel Fantasie. Sie neigen dazu, mehr als andere Kinder im Dunkeln »Gespenster« zu sehen und sie entwickeln im Dunkeln eine besondere Furcht vor Einbrechern. Vieles spricht dafür, dass ihre große Fantasie Folge ihrer besonderen Art der Informationsverarbeitung sein könnte bei Weitwinkeloptik mit fehlender Trennschärfe.

Während einige Kinder mit AD(H)S in einen Tiefschlaf verfallen und sich dabei lebhaft bewegen und sprechen, stehen andere AD(H)S-Kinder nachts auf, ohne richtig aufzuwachen und wandern umher. Obgleich sie wirres Zeug vor sich hinreden und in der Wohnung etwas suchen, wissen sie am Morgen nichts mehr davon. Sie schlafwandeln. Dabei kann es, wenn auch selten, durchaus zu Unfällen kommen. Ich selber habe als Neurologin auf der Intensivstation ein solches Kind betreut, das schlafwandelnd nachts über einen Balkon in die Tiefe stürzte. Ein Arzt hatte der Mutter Tage vorher noch versichert, dass das Schlafwandeln beim hyperaktiven Kind harmlos sei. Meist schlafwandeln AD(H)S-Kinder noch vor Mitternacht und werden dann von den Eltern beruhigt und wieder ins Bett gebracht. Sie leiden auch unter Alpträumen oder dem sog. Pavor nocturnus, einem sog. nächtlichen Aufschrecken.

Bekommen Kinder mit AD(H)S regelmäßig nächtliche Schreianfälle, bei denen sie stark gestikulieren, sich nicht aufwecken lassen, dabei sogar die Augen verdrehen und an Händen oder Füßen »steif« sind oder »zittern«, sollten die Eltern an sog. nächtliche »affektive Krampfanfälle« denken.

Sind die *hyperaktiven* Kinder morgens in aller Regel Frühaufsteher, kommen die *hypoaktiven* dagegen meist schlecht aus dem Bett. Hier ist Eltern der Rat zu geben, ihren Kindern rechtzeitig ein selbstständiges Aufstehen mittels Wecker anzutrainieren. Ansonsten droht aus dem morgendlichen Aufstehen schnell eine Katastrophe zu werden.

Neueste Studien ergaben, dass 55 % aller Kinder und Jugendlichen mit einem AD(H)S unter Störungen beim Ein- und/oder Durchschlafen leiden und dadurch oft zu wenig Schlaf erhalten.

Ein konstanter Tagesrhythmus mit fester Schlafenszeit und gleichbleibendem Einschlafritual setzt einen konsequenten, aber verständnisvollen Erziehungsstil voraus und hilft oft, die Einschlafproblematik zu bessern. Auch kann die Eltern-App für Kinderschlaf hiPanya®, eine Anleitung zur Verbesserung der Schlafhygiene, zur Anwendung kommen.

Wenn Schlafhygienemaßnahmen erfolglos bleiben, wird Melantonin zur Stabilisierung des Schlaf-Wach-Rhythmus empfohlen. In Studien hat sich Mellozzan® bewährt, ein schnell wirkendes Melantonin, dass die Schlafphasenverschiebung korrigiert und seit April 2024 zur Behandlung von Schlafstörungen bei Kindern und Jugendlichen mit AD(H)S zugelassen ist.

Unter einer medikamentösen Behandlung mit Methylphenidat haben hyperaktive Kinder abends weniger Stress. Beim AD(H)S bewirkt das Medikament, dass die betroffenen Kinder innerlich ruhiger werden, die Außenreize besser filtern und gezielter wahrnehmen können. Sie können sich effektiver und länger auf eine Sache konzentrieren und ihre Gefühle besser ordnen.

> **Was Sie für ein gutes Einschlafen im Rahmen einer medikamentösen Behandlung beachten sollten**
>
> Das Stimulans darf bei einem AD(H)S-Kind nicht zur Schlafstörung führen, wenn man Folgendes beachtet: Das Kind kann schlecht einschlafen, wenn das Medikament zu wirken aufhört. Dann gerät es in einen Zustand der äußeren und inneren Unruhe, wie er auch vor der Behandlung bestand. Dies wird in der Fachsprache Rebound-Effekt genannt. Um diesem Effekt entgegenzuwirken, ist es ratsam, Kindern mit AD(H)S das Medikament abends zu verabreichen. Dies wirkt sich positiv auch auf das abendliche Familienleben aus, das dann durch weniger Stress infolge sonstiger dauernder Streitigkeiten geprägt wird. Eine Stimulanzieneinnahme zwei bis drei Stunden vor dem Zubettgehen ist im Übrigen, wenn erforderlich, auch für Jugendliche und Erwachsene mit AD(H)S zu empfehlen:
>
> Jugendliche müssen abends oft noch lernen und Erwachsene nach der Arbeit noch den Haushalt ordnen und den nächsten Tag organisieren. Eltern berichten immer wieder, dass ihre Kinder bei einer abendlichen Gabe des Medikaments viel ruhiger schlafen und weniger ängstlich sind. Wichtig ist es, die letzte Dosis so zu verabreichen, dass sie noch während der Einschlafphase wirkt.

Ängste

Ängste sind ein typisches und eines der wichtigsten nach außen sichtbaren Symptome des *AD(H)S ohne Hyperaktivität* im Kindes-, Jugend- und Erwachsenenalter. Für die hypoaktiven Kinder bilden Ängste oft die ersten Anzeichen einer seelischen Belastung, sie sind ein ganz wesentlicher Ausgangspunkt für die Entwicklung psychosomatischer Beschwerden, die häufig durch AD(H)S ausgelöst werden. Denn dieses bewirkt bei den betroffenen Kindern, Jugendlichen und Erwachsenen eine nicht zu unterschätzende ängstliche Verunsicherung.

Treten bei Kindern starke Ängste über einen längeren Zeitraum auf, sollten Eltern, Lehrer und Therapeuten nach ihren Ursachen forschen – ein mögliches AD(H)S sollte dabei in jedem Fall mitberücksichtigt werden.

Die Ursachen von Ängsten richtig erkennen und behandeln

In vielen psychologischen und ärztlichen Praxen wird hinter kindlichen Ängsten ein familiärer Konflikt mit oder ohne Trennungsproblematik vermutet. Kinder erhalten eine Spieltherapie, den Eltern empfiehlt man eine Paar- oder eine Familientherapie. Beruhen die tatsächlichen Ursachen für die Ängste jedoch auf einem AD(H)S, können Spiel-, Paar- oder Familientherapie nicht wirklich erfolgreich sein. Während ihrer Durchführung verstreicht nur unnötige Zeit, in der die Ängste des Kindes nicht weniger werden.

Im Rahmen einer Diagnostik sollte untersucht werden, was die Ängstlichkeit des Kindes tatsächlich verursacht. Beim AD(H)S ist es die innere Verunsicherung, die das Kind aufgrund seiner Veranlagung und der damit oft verbundenen Defizite spürt. Ein AD(H)S-Kind mit wenig Wahrnehmungsstörungen, gutem Selbstwertgefühl, guter sozialer Einbettung und ohne Überforderung zeigt zunächst keine Ängste. Diese treten erst auf, wenn die Schutzfaktoren wegfallen und das Kind zu dekompensieren beginnt.

Eine Diagnose, die die Ursachen vieler weiterer Symptome gründlich erforscht und in Beziehung zu einem eventuellen AD(H)S setzt, kann deren Behandlung oftmals vereinfachen und erfolgreicher gestalten. Auch hinter einer Schulangst kann sich beispielsweise ein AD(H)S verbergen. Hier hat das Kind – bedingt durch das AD(H)S – Angst zu versagen und ausgelacht zu werden. Es fühlt sich durch die schulischen Anforderungen überfordert. Solche Ängste, bestehen sie erst einmal stark und lange genug, führen oft zu psychosomatischen Beschwerden wie Kopf- oder Bauchschmerzen am Abend oder früh morgens vor der Schule.

Was beim hypoaktiven Kind Ängste auslöst, führt beim *hyperaktiven* Kind zu Aggressivität. Hyperaktive Kinder sind nicht ängstlich, sie reagieren sich nach außen hin ab. Immer die anderen, nie sie selbst sind schuld. Spüren sie eine innere Verunsicherung, reagieren sie aggressiv.

Hypoaktive Kinder geben sich dagegen an vielem selbst die Schuld und können sich nicht gut wehren. Sie sind überempfindlich, leicht kränkbar, verunsichert und ängstlich. Sie unterdrücken ihre Gefühle und weinen leicht. Durch das Aufstauen von negativen Gefühlen, von Frust und Enttäuschung entwickeln sie Ängste. Die Umgebung erleben sie als unberechenbar und sich selbst als minderwertig. Zunächst kommt es zur Trennungsangst, das Kind läuft den ganzen Tag seiner Mutter hinterher. Sie darf weder im Keller Wäsche aufhängen noch allein auf die Toilette gehen. Das Kind hängt mit sechs Jahren noch am Rockzipfel der Mutter. Hinzu kommt Dunkelangst. Wenn das Kind nicht mehr im Bett der Eltern schläft, braucht es Licht im Schlafzimmer und natürlich eine offene Tür zum beleuchteten Flur. Nachts kommt es dann ins Bett der Eltern oder versucht es zumindest. Es spielt allein und nicht mit anderen Kindern, es mag den Kindergarten nicht. Spätestens bei der Schuluntersuchung fallen seine mangelnde soziale Reife und die Unselbstständigkeit auf.

Sehr ängstliche Kleinkinder entwickeln mutistische Züge: Solche Kinder sprechen nicht mit fremden Menschen, sondern nur mit ihren Eltern und Geschwistern sowie mit dem Haustier. In der Fachsprache spricht man in diesem Fall von Teilmutismus, was mitunter auch eine Erscheinungsform des AD(H)S sein kann.

Die wichtigsten psychosomatischen Beschwerden bei Jugendlichen und jungen Erwachsenen mit AD(H)S

Belegt durch eine Studie der Weltgesundheitsorganisation von 1998 leiden 20 % aller Erwachsenen, die zum Allgemeinarzt gehen, unter körperlichen Beschwerden, für die es keine erklärenden Organbefunde gibt. Dabei können organische Befunde schon existieren, sie stehen aber in keinem Verhältnis zur Intensität der Beschwerden und der Forderung nach weiteren Maßnahmen. Solche körperlichen Beschwerden sind funktionelle Störungen infolge starker psychischer Dauerbelastung.

Psychische Dauerbelastung bedeutet Dauerstress für den Organismus, der durch Ausschüttung von Stresshormonen in die Blutbahn unterhalten wird. Herzfrequenz, Blutdruck und Blutzuckerspiegel steigen, die Muskulatur verspannt sich, die Peripherie wird schlechter durchblutet.

Organisch kann eine anhaltende Muskelverspannung zu Rücken- und Gelenkschmerzen führen. Hält dieser Zustand über Jahrzehnte an, kommt es zu bleibenden Verhärtungen im Muskelsehnenbereich, dadurch summieren sich die Beschwerden an Stärke und Dauer und können zum Krankheitsbild einer Fibromyalgie führen. Die hierbei entstandenen Schmerzbahnen verselbstständigen sich und lösen Dauerschmerzen aus. Überzufällig häufig weisen Fibromyalgie-Patienten in ihrer Kindheit AD(H)S-Symptome auf; sie wurden bisher als solche nur selten bewertet. Auch eine Häufung an Fibromyalgie ist in AD(H)S-Familien bei älteren Erwachsenen anzutreffen.

Ebenfalls recht häufig findet man bei Müttern von AD(H)S-Kindern eine Schilddrüsenunterfunktion als Folge einer Antikörperbildung gegen das eigene Schilddrüsengewebe, das dann zerstört wird. Es handelt sich dabei um die sog. Autoimmunkrankheit Hashimoto-Thyreoiditis. Sie kommt ebenfalls gehäuft bei familiärer AD(H)S-Veranlagung vor und betrifft vorwiegend Frauen. Aber auch bei AD(H)S-Kindern lässt sie sich diagnostizieren, sofern man die Schilddrüsenwerte im Blut und bei Bedarf auch deren Antikörper bestimmt.

Das Immunsystem leidet unter der andauernden psychischen Belastung und dem dadurch verursachten negativen Dauerstress. Viele AD(H)S-Kinder haben von klein auf ständig Infekte der Ohren (Mittelohrentzündung), der Kieferhöhlen oder der Mandeln.

Über einen Zeitraum vieler Jahre ständig unter einer enormen psychischen Belastung zu leiden, verbunden mit einer anlagebedingten Überempfindlichkeit, muss Folgen haben. Umso mehr, wenn dies mit den vielen »positiven« Eigenschaften einer immer helfen wollenden und sich nicht schonenden AD(H)S-Persönlichkeit mit hohem Selbstanspruch und großem Gerechtigkeitssinn verbunden ist. So kann sich auf der Grundlage eines AD(H)S später ein Burn-out-Syndrom entwickeln, bei dem ein Serotoninmangel eine wichtige Rolle spielt. Eine Kombination der Behandlung von Stimulanzien mit Serotonin-Wiederaufnahme-Hemmern verbessert hierbei den therapeutischen Erfolg.

Negativer Dauerstress belastet das seelische Gleichgewicht, je nach Schwere und Empfindlichkeit kann es zu dem in ▶ Abb. 3.13 dargestellten Kreislauf kommen.

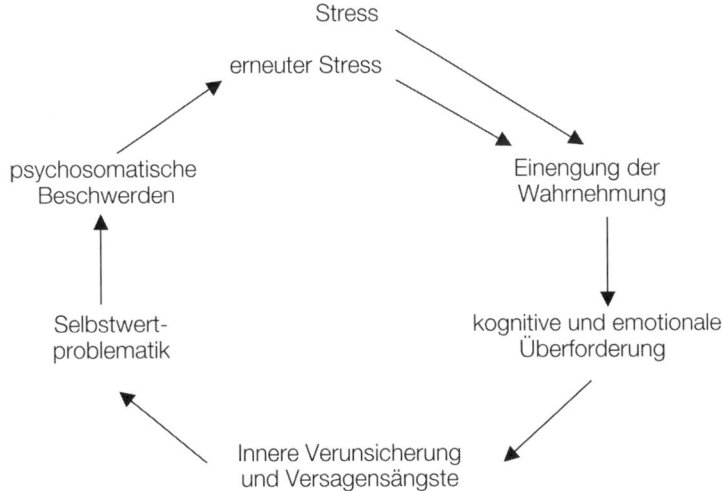

Abb. 3.13: Kreislauf aus Dauerstress entstehender seelischer Belastungen

Fast alle Jugendlichen und Erwachsenen mit ausgeprägtem AD(H)S sind mehr oder weniger von psychosomatischen Störungen betroffen. Dabei könnte den Betroffenen geholfen werden: Schon allein dadurch, dass Psychologen und Ärzte ihre Beschwerden in Beziehung zu ihrem AD(H)S setzen, könnten die Jugendlichen und Erwachsenen eine innerliche Erleichterung erfahren und sich von den quälenden Gedanken: »Mit mir stimmt etwas nicht«, distanzieren. Ist dieser Schritt getan, kann nun vieles erklärt werden und die Betroffenen beginnen zu begreifen, dass sie ihre Beschwerden mit vielen teilen, selbst wenn diese bei jedem Einzelnen etwas anders ausgeprägt sind.

Jugendliche und Erwachsene mit AD(H)S, die zu psychosomatischen Störungen neigen,

- verspüren eine innere Unruhe, sind leicht reizbar und schnell verunsichert
- können sich schlecht konzentrieren und vergessen viel
- sind nach anstrengender Arbeit, die Konzentration erfordert, völlig erschöpft
- sind sehr sensibel, weinen leicht und regen sich schnell auf
- versagen unter Stress, obwohl sie eigentlich besonders gute Leistungen erbringen wollen
- haben immer viel zu tun, werden nicht fertig und verlieren schnell den Überblick
- grübeln viel und suchen die Schuld immer bei sich

- reagieren überschießend und unüberlegt und beleidigen dabei andere, ohne es zu wollen
- können Ungerechtigkeit nicht ertragen, sich aber auch nicht angemessen verteidigen; dazu fehlen ihnen im richtigen Moment die passenden Worte
- haben viele Ängste, grübeln viel und können nicht gut schlafen
- leiden unter Beschwerden, die ganz verschieden sind und in der Art und Intensität stark wechseln
- fühlen sich von niemandem – einschließlich Ärzten und Psychotherapeuten – ernst genommen und klagen darüber, dass ihnen keiner helfen könne

Bei Jugendlichen und Erwachsenen mit AD(H)S können sich psychosomatische Störungen äußern in:

- Psychogenen Schlafstörungen: schlechtes Einschlafen vor lauter Grübeln und angstauslösenden Gedanken, unruhiger Schlaf, Alpträume, nächtliches Erwachen, am Morgen dann unausgeschlafen und völlig »down«
- Kopfschmerzen, als Spannungskopfschmerz oder auch als Migräne. Dadurch unkonzentriert und nicht leistungsfähig, mit sich unzufrieden, zu oft krank mit Problemen am Arbeitsplatz
- Magen-Darm-Beschwerden: Sodbrennen, Aufstoßen, Magenschmerzen, Übelkeit, Appetitlosigkeit, Erbrechen, starke Blähungen, Durchfallneigung, Verstopfung, Magenschleimhautentzündungen bis zu Magengeschwüren
- Herz-Kreislauf-Störungen: Schmerzen in der Brust, Angst, einen Herzinfarkt zu bekommen, plötzliches Herzrasen, Druckgefühl im Brustkorb mit Atemnot, Herzstolpern, Schwindelanfälle, Ohnmachten und vor allem und besonders häufig stressbedingter Bluthochdruck
- Verstärkte prämenstruelle Beschwerden mit Neigung zu depressiven Verstimmungen in der Menopause

Den oben genannten psychosomatischen Beschwerden beim AD(H)S gehen zumeist jahrelange seelische Belastungen voraus, die mit ständiger innerer Unruhe, leichter Erregbarkeit bei Überempfindlichkeit und einer Selbstwertproblematik mit vielen Ängsten verbunden sind. Davon betroffen sind besonders Jugendliche und Erwachsene mit dem hypoaktiven AD(H)S-Typ. Sie reagieren sich nach innen und nicht wie ihre hyperaktiven »Schwestern und Brüder« nach außen ab. Sie suchen nämlich die Schuld immer erst bei sich, während ein Hyperaktiver schon in der Kindheit (als Selbstschutz) lernt, die Schuld immer zunächst dem anderen zuzuschieben. Personen mit einem AD(H)S ohne Hyperaktivität sind für psychosomatische Störungen und psychische Erkrankungen viel anfälliger.

Hyperaktive kennzeichnet im Erwachsenenalter oft eine große innere Unruhe, ihre äußere Hyperaktivität tritt als Leitsymptom zurück. Sie fallen auf durch Hektik und ihre emotionale Steuerungsschwäche, mit der sie ihre Umwelt belasten, sich selbst aber psychisch entlasten. Ihre Umgebung leidet in der Folge zunächst mehr als sie selber. Aber ihre Umwelt reagiert auf ihr Verhalten mit zunehmender Dauer mit wachsender Distanz und Ablehnung, worunter die Betroffenen dann leiden. Ein Teufelskreis, der ihnen und ihrer Umgebung das Leben schwer macht.

Psychosomatische Beschwerden bilden beim AD(H)S oft den Anfang eines Kreislaufs, der über massive Ängste (z. B. ernsthaft krank zu sein) in Deprimiertheit bis zu depressiven Verstimmungen führen kann. Da nur wenige der betroffenen Jugendlichen und Erwachsenen einen Psychotherapeuten aufsuchen, ist die Dunkelziffer groß. Sehr viele AD(H)S-Betroffene verschweigen ihre psychischen Störungen: Sie haben Angst, von ihrer Umwelt ausgegrenzt zu werden.

Werden bei Jugendlichen und Erwachsenen mit AD(H)S, die unter psychosomatischen Störungen leiden, die AD(H)S-typischen Symptome von einem fachlich versierten medizinischen oder psychologischen Therapeuten diagnostiziert, steht es um die Behandlungschancen um ein Vielfaches besser. Es heißt dann, einen Mangelzustand mit neurobiologischen und psychosozialen Folgen auszugleichen. Zu einer aktiven Mitarbeit sind die meisten Betroffenen gern bereit. Der Patient erfährt jetzt erstmalig eine einleuchtende Erklärung für seine Beschwerden und erhält konkrete Hinweise für eine mögliche Gesundung. Das befriedigt und motiviert ihn.

Für viele Betroffene ist es schließlich wesentlich zu wissen, dass sie nicht psychisch krank sind, sondern unter einer neurologisch verursachten, ererbten Störung leiden.

3.7 Drohende seelische Behinderung bei Kindern und Jugendlichen

Das VIII. Sozialgesetzbuch regelt den Anspruch auf Eingliederungshilfe für Kinder und Jugendliche, die seelisch behindert oder von einer seelischen Behinderung bedroht sind. Liegt ein Anspruch auf Eingliederungshilfe vor, kann diese in folgender Form gewährt werden:

- in ambulanter Form
- in Tageseinrichtungen für Kinder oder in teilstationären Einrichtungen
- durch geeignete Pflegepersonen
- in Einrichtungen über Tag oder Nacht sowie sonstigen Wohnformen

Von einer »drohenden« seelischen Behinderung spricht man, wenn eine Behinderung noch nicht eingetreten, aber zu erwarten ist. Dies ist dann der Fall, wenn Frühsymptome vorliegen, die auf eine beginnende seelische Behinderung hindeuten. Dazu gehören:

- multiple Teilleistungsstörungen in Folge eines Aufmerksamkeitsdefizitsyndroms
- emotionale Störungen
- Teilleistungsstörungen wie Legasthenie und Rechenschwäche
- Störungen im Sozialverhalten
- neurotische Fehlentwicklungen
- seelische Störungen infolge einer körperlichen Erkrankung

- Persönlichkeitsstörungen
- Abhängigkeitserkrankungen
- Depressionen
- alle erheblichen Störungen des Befindens und Erlebens, die eine Eingliederung in die Gesellschaft beeinträchtigen

Der Antrag auf eine Eingliederungshilfe muss beim Jugendamt gestellt werden und erfordert eine fachärztliche Stellungnahme. Über diese Maßnahme können auch Kinder mit AD(H)S und erheblichen Teilleistungsstörungen auf Antrag eine zeitlich befristete Notenbefreiung in Verbindung mit Förderunterricht erhalten. Dieser Nachteilsausgleich stellt eine staatliche Maßnahme dar, die schon vielen Kindern geholfen und bei ihnen eine seelische Beeinträchtigung verhindert hat.

Wichtig: Das Vorhandensein eines AD(H)S, eine Rechtschreib- oder Rechenschwäche allein ist noch keine seelische Behinderung, sondern es kommt auf die Schwere der Beeinträchtigung der Persönlichkeitsentwicklung des Kindes an.

Sobald ein Kind seelisch leidet, sich Ängste, eine ausgeprägte Selbstwertproblematik, psychosomatische Beschwerden oder eine Verweigerungshaltung zeigen und schulische Fördermaßnahmen nicht mehr ausreichen, droht ihm eine seelische Behinderung. Spätestens jetzt müssen nach einer fachärztlichen Diagnostik gezielte Hilfen angeboten werden, damit das Kind eine seiner Intelligenz angemessene Schullaufbahn absolvieren kann. Bleiben diese Hilfen aus oder werden sie nicht optimal genutzt, drohen dem Kind sekundäre Schäden in seiner Persönlichkeitsentwicklung weit über die Schulzeit hinaus.

Ab der 5. Klasse erhalten Kinder mit Teilleistungsstörungen wie Rechtschreib- oder Rechenschwäche kaum noch Unterstützung von Seiten der Schule. Wenn sich hier die Eltern nicht kümmern, erfahren die Kinder unverschuldet Versagenserlebnisse, die sie sehr oft seelisch krank machen. Trotz ihrer guten oder sogar überdurchschnittlichen Intelligenz erreichen diese Kinder niemals einen ihren Fähigkeiten entsprechenden Schulabschluss.

Für das Erwachsenenalter lässt sich feststellen, dass mehr Frauen als Männer aufgrund einer Rechtschreibschwäche seelisch erkranken. Männer gleiten dagegen eher in die Dissozialität ab. Beiden Geschlechtern gemeinsam ist, dass sie bei Vorliegen einer Rechtschreibschwäche deutlich stärker als die allgemeine Bevölkerung von Arbeitslosigkeit betroffen sind. Deshalb sind eine sachgerechte Frühdiagnostik und Frühförderung schon im Kindesalter so wichtig. Vorschulpädagogen, Lehrer, Eltern und Mitarbeiter vom Jugendamt müssen für dieses Thema in Zukunft noch stärker sensibilisiert und mit ausreichenden Informationen versorgt werden, denn Anträge auf eine Eingliederungshilfe bei drohender seelischer Behinderung müssen beim Jugendamt eingereicht werden.

4 Folgeerkrankungen des AD(H)S

4.1 Die Angststörung

Angst ist ein Affektzustand, bei dem eine Gefahr erwartet wird, auf die sich der menschliche Körper aufgrund seiner bisher gemachten Erfahrungen eingestellt hat. Das Gefühl der Angst kann für den Menschen sehr nützlich sein und ihn schützen. Nimmt die Angst an Stärke zu, löst sie im Menschen ein Gefühl von Bedrohung aus. Dies führt – verbunden mit seelischer Anspannung – bedingt durch einen Anstieg des Adrenalinspiegels zu Stress.

Ängste und ihre körperlichen Begleiterscheinungen

Körperliche Begleiterscheinungen von Ängsten sind:

- Beschleunigung von Puls und Atmung
- Blässe, Zittern, Übelkeit und Schwindelgefühl
- Schwitzen an den Handinnenflächen
- Steigender Blutdruck, Erweiterung der Pupillen
- Trockenheit im Mund, Kloßgefühl im Hals
- Beschleunigung der Magen- und Darmtätigkeit, Bauchschmerzen, Durchfall, Erbrechen

Die oben genannten körperlichen Erscheinungen können sich als Angstäquivalente verselbstständigen und isoliert auftreten, ohne dass die Betroffenen die verursachende Angst bewusst wahrnehmen oder spüren. Ängste können sich automatisieren und so zu unbewusst ablaufenden Reaktionen werden, die nur schwer zu beeinflussen und zu unterdrücken sind. Ängste verursachen Stress und darüber wird der Weg zur Entstehung von psychosomatischen Beschwerden gebahnt.

Ängste bei AD(H)S

Im Vergleich zu hyperaktiven treten bei allen *hypoaktiven* Kindern Ängste früher, häufiger und intensiver auf. Gründe hierfür könnten in einer Imbalance des Serotoninstoffwechsels und in einem Mitbetroffensein des Limbischen Systems liegen. Das Limbische System ist ein im Gehirn gelegenes Nervenzentrum, das für die

Regulation der Gefühle verantwortlich ist. Serotoninmangel spielt bei der Entstehung von Depressionen, Ängsten und Zwängen eine entscheidende Rolle.

Ängste im Vorschulalter sind geradezu ein Leitsymptom für ein AD(H)S ohne Hyperaktivität und sie bleiben es über das Jugendalter hinaus bis ins Erwachsenenalter. Von den Erwachsenen mit AD(H)S leiden nach ersten wissenschaftlichen Erkenntnissen etwa 20 bis 40% unter einer Angststörung, aber hier hat die statistische Erfassung gerade erst begonnen. Mit der weiteren Diagnostik und Behandlung von Erwachsenen und Jugendlichen mit AD(H)S wird die Erhebung genauerer Zahlen möglich sein. Bisher wird selbst bei Kindern und Jugendlichen mit multiplen Ängsten an das AD(H)S ohne Hyperaktivität zu selten gedacht und dieses somit zu selten diagnostiziert.

Zur Diagnostik von Angststörungen

Es bestehen noch immer große Unsicherheiten in der Diagnostik von hypoaktiven Kindern, die wesentlich schwieriger und komplizierter als die von hyperaktiven Kindern ist. Sie setzt seitens des untersuchenden Facharztes entwicklungsneurologische, psychodynamische, kinderpsychiatrische und familiendynamische Kenntnisse und Erfahrungen voraus. Noch immer wird bei Ängsten im Kindesalter viel zu oft eine Familientherapie empfohlen und damit mehr oder weniger die Familie für die kindlichen Ängste verantwortlich gemacht, ohne auf diese Weise die tatsächlichen Ursachen aufzudecken.

Angststörungen von Kindern bleiben der Außenwelt oft lange Zeit verborgen. Sie werden sowohl von den Eltern als auch von den Erwachsenen in Kindergarten und Schule häufig über Jahrzehnte toleriert und bagatellisiert. Ein ängstlich klammerndes Vorschulkind wird in der ärztlichen Sprechstunde meist aus einem anderen Grund vorgestellt und von den Eltern nicht selten als mutig und selbstbewusst geschildert. Als »mutig« bewerten Eltern dabei die Energie und den starken Willen, den ihr Kind im Vermeidungsverhalten seiner Ängste immer wieder beweist. So besteht es z. B. mit großer Willenskraft darauf, mit Licht einschlafen oder im Bett der Eltern nächtigen zu dürfen sowie die Mutter nicht in den Keller zum Wäscheaufhängen oder aus der Wohnung zum Briefkasten gehen zu lassen, während es alleine in seinem Zimmer spielt.

Warum Kinder mit AD(H)S so leicht zu Ängsten neigen

Angst ist bei AD(H)S-Kindern die Folge einer Veranlagung, die zu einer sozialen Verunsicherung bei der Identitätsfindung führen kann. Ein gutes Selbstwertgefühl bauen Kinder über ihr positives soziales Durchsetzungsvermögen auf – damit einhergehen müssen Lob und Anerkennung ihrer Person und ihrer Aktivitäten. Die Reaktionen der Umgebung werden von Kindern als deutliche Signale beständig (wenn auch häufig unbewusst) registriert, bewertet und gespeichert. AD(H)S-Kinder erfahren jedoch infolge ihres besonderen sozialen und emotionalen Verhaltens sowie aufgrund ihrer kognitiv eingeschränkten Leistungen oft eine negative Rückmeldung. So werden die Kinder innerlich verunsichert und der Aufbau eines positiven Selbstbildes dauerhaft verhindert.

Aufgrund ihrer Veranlagung sind AD(H)S-Kinder, wenn sie überfordert werden, geradezu für Ängste prädestiniert – dies geschieht oft schon durch ganz normale altersentsprechende Anforderungen. Hier kommt es sehr oft zu Versagensängsten, zur Angst, von den Mitschülern ausgelacht oder ausgegrenzt zu werden, zur Angst, vor der Klasse zu sprechen, zur Angst, einen Raum mit vielen Menschen zu betreten, kritisiert zu werden, Angehörige oder Freunde zu verlieren, zur Angst vor Gespenstern oder Einbrechern, zur Angst, »verrückt« zu sein, und vor allem zur Angst, abgelehnt und nicht geliebt zu werden.

Wenn aus Ängsten eine Phobie wird

Aus Ängsten entwickelt sich bei Kindern und Jugendlichen mit AD(H)S schnell eine Phobie! Dies ist dann der Fall, wenn die Angst sich automatisiert und zwanghaft wird. Sie drängt sich entgegen aller Vernunft und der Einsicht, da sie eigentlich unbegründet ist, immer wieder auf. Die Phobie ist eine zwanghafte Befürchtung, eine Angst vor der Angst, die die betroffenen Kinder und Jugendlichen völlig hilflos macht. Sie »wissen« zwar, dass ihre Ängste in keiner Weise gerechtfertigt sind, können sich ihnen aber nicht widersetzen.

> Phobien unterscheiden sich von Ängsten durch ihre zwingende Übermacht der sich aufdrängenden Befürchtung, durch ihre Unbegründetheit und durch den meist erfolglosen inneren Widerstand.

Besonders häufig sind Phobien beim AD(H)S ohne Hyperaktivität. Aus einem ängstlichen Verhalten im Kindesalter entwickeln Hypoaktive im Jugend- und frühen Erwachsenenalter nicht selten ein durch Phobien geprägtes Auftreten. Zeitlich fällt das oft mit der Pubertät zusammen, eine Altersspanne, die mehr Übernahme von Selbstständigkeit und Verantwortung erfordert.

Die häufigsten Phobien sind:

- die soziale Phobie mit der Angst, von anderen Menschen beobachtet und lächerlich gemacht zu werden, oder in ihrer Gegenwart zu versagen
- die Platzangst, die aus einer Angst vor großen Menschenansammlungen besteht
- spezifische Phobien wie solche gegenüber einzelnen Tieren, Höhen- oder Flugangst, Angst vor Gewitter, vor der Schule, vor Prüfungen, vor dem Zahnarzt und ähnlichem

Phobien sind immer mit einer dauerhaften, unangemessenen Angst verbunden und gehen stets mit einem ausgeprägten entsprechenden Vermeidungsverhalten einher. Sie werden für die betroffenen Kinder, Jugendlichen und Erwachsenen zu einem sehr belastenden Langzeitproblem und schränken ihre Lebensqualität erheblich ein.

Was kann man gegen Ängste und Phobien tun?

Haben sich einmal Phobien entwickelt, sind sie nur schwer wieder zu beseitigen. Sie bedürfen meist einer langwierigen, zeitaufwendigen und kostspieligen Therapie. Egal, ob man neuartige angstlösende Medikamente oder langwierige Psychotherapien anwendet. Zuerst muss nach der Ursache gefahndet werden. Dies bedeutet in der Praxis, unter anderem auch nach einem AD(H)S zu suchen. Dabei ist die Familiengeschichte wichtig. Hat bereits ein Kind AD(H)S, lässt sich auch bei den Eltern ein AD(H)S als Ursache der Angststörung vermuten. Trifft die Vermutung zu, lassen sich sodann neue Wege in der Behandlung gehen.

Die Aussichten für eine Therapie sind am erfolgreichsten, wenn die Ursachen der Ängste so frühzeitig wie möglich erkannt werden. Bei Kindern mit AD(H)S lassen sich fast alle Ängste relativ rasch beseitigen, sofern diese zu einem frühen Zeitpunkt als Folge eines AD(H)S erkannt und im Rahmen einer Verhaltenstherapie und eines häuslichen Trainingsprogramms unter fachärztlicher Begleitung behandelt werden. Das wichtigste Element besteht dabei im Aufbau eines positiven Selbstwertgefühls, das mit eigener Leistungsmotivation und der Anerkennung durch Elternhaus und Schule verknüpft ist. Deshalb ist bei einer ausgeprägten AD(H)S-Symptomatik eine Stimulanzienbehandlung verbunden mit lern- und veraltenstherapeutischen Strategien erforderlich.

Die verhaltenstherapeutische Begleitung beim AD(H)S beginnt für die Betroffenen mit dem *Aufbau eines positiven Selbstwertgefühls* mittels Nutzung persönlichkeitseigener Ressourcen. Allein durch eine feste Strukturierung des Alltags gelingt es den meisten Kindern und Jugendlichen, von den eigenen Fähigkeiten effektiver zu profitieren. Da AD(H)S-bedingte Wahrnehmungs- und Teilleistungsstörungen jedoch zumeist blockierend wirken, ist der Einsatz von Stimulanzien oft unumgänglich.

Welche Medikamente werden verordnet?

Erhalten Kinder mit AD(H)S in aller Regel Stimulanzien (Methylphenidat und Amphetamine), muss der Facharzt bei Jugendlichen im Rahmen einer Langzeitbetreuung entscheiden, welche Medikamente angewendet werden. Amphetamine (Elvanse, Attentin) und Noradrenalinwiederaufnahmehemmer (Strattera) haben sich in der Praxis bewährt. Bei Jugendlichen und Erwachsenen mit AD(H)S und ausgeprägter Angststörung kann eine kombinierte Gabe von Stimulanzien und speziellen Antidepressiva erfolgreich sein.

Entspannungsübungen helfen

Niemals jedoch reichen Medikamente allein aus! Aktiv müssen die AD(H)S-Betroffenen und ihre Angehörigen unter verhaltenstherapeutischer Anleitung gegen Vermeidungsverhalten und Rückzugstendenzen angehen. In einem *sozialen Kompetenztraining*, das den sozialen Reiferückstand beseitigen soll, liegt ein weiterer wichtiger Therapiebaustein. Ein anderes wirkungsvolles Element bilden *Entspan-

nungstechniken. Mittels deren Anwendung können die Angstsymptome vermieden und beseitigt werden. Patienten mit AD(H)S ist dabei das Autogene Training über eine muskuläre Entspannung nach Jacobson zu empfehlen. Dabei zeigt die Praxis, dass sich Jugendliche und Erwachsene häufig erst nach Beginn der medikamentösen Behandlung richtig und erfolgreich entspannen können.

Bei Kindern bis zu etwa acht Jahren kann eine sanfte Körpermassage Entspannung bringen. Bei Kindern von 9 bis 14 Jahren sieht die Praxis der Entspannungsübungen schwieriger aus: Sie sind zwar durchaus in der Lage, die Übungen zu erlernen, aber nur die wenigsten Kinder wenden sie dann auch therapeutisch regelmäßig an.

Panikreaktionen

Panik und Blackout-Reaktionen sind extreme Angstreaktionen, die die Leistungsfähigkeit und die Lebensqualität der betroffenen Kinder, Jugendlichen und Erwachsenen – und ihrer Umwelt – erheblich beeinträchtigen. Gerade bei Jugendlichen mit AD(H)S sind Panikreaktionen und ihre negativen Folgen (z. B. Blackout) oft der erste Anlass, sich in eine fachärztliche Behandlung zu begeben. Alle anderen AD(H)S-Symptome wurden von den Eltern und Lehrern als gegeben toleriert oder selbst »behandelt«. Hier hilft nach einer gründlichen Diagnostik nur eine intensive, vielschichtige Therapie.

4.2 Zwangstörungen bei AD(H)S

Zwangshandlungen, Zwangsgedanken, Zwangsimpulse

Zwänge sind Rituale, die immer wiederkehren und sich auf Dauer nicht unterdrücken lassen. Sie beherrschen den Betroffenen, selbst wenn er sie auch selber als unsinnig und unangemessen erkennt. Zwänge drängen sich im Denken, im Vorstellen, im Sprechen, Zählen und beim Handeln auf.

Beim AD(H)S sind Zwangsstörungen besonders häufig. Sie dienen der Neutralisation von Ängsten, Aggressionen sowie der Stabilisierung des Selbstwertgefühls, wenn keine anderen Bewältigungsstrategien für eine psychische Entlastung zur Verfügung stehen. Neurobiologisch sind Zwänge dem AD(H)S sehr verwandt. Auch sie sind Ausdruck einer Stirnhirnunterfunktion mit Reizüberflutung und einem viel zu feinen neuronalem Netz, das die Ausbildung dichter Lernbahnen begünstigt, wenn gleiche Informationen sich immer wiederholen.

Zwänge sind nicht grundsätzlich krankhaft. Geringe Kontrollzwänge können eine harmlose Angewohnheit und im Alltag durchaus nützlich sein. Entscheidend ist jedoch die Frage, wer wen beherrscht. Die Grenze zum Krankhaften ist fließend. Im Extremfall können sie das ganze Leben des Betroffenen bestimmen und seine

Lebensqualität und Leistungsfähigkeit in der Schule oder am Arbeitsplatz erheblich beeinträchtigen. Das Bemühen, starken Zwängen zu entrinnen, kann vielfältige körperliche Reaktionen und vor allem massive Ängste auslösen.

Umgekehrt werden gerade bei vielen AD(H)S-Betroffenen Zwänge zum Mittel einer Angstreduktion. Bei ihnen scheint primär die Angst der Auslöser für Zwänge zu sein. Zuerst sind die Angst, die innere Verunsicherung und das negative Selbstbild beim AD(H)S-Kind vorhanden. Dann entwickelt das Kind zur Angstvermeidung zwanghafte Rituale, die bei ihrer Anwendung zur inneren Entspannung führen. Körperliche Zwangshandlungen werden bei hyperaktiven Kindern zum Abbau der inneren Unruhe als Bewegungsäquivalent eingesetzt. Dazu gehören die störenden stereotypen Bewegungsmuster der Hyperaktiven – z. B. rhythmisches Schaukeln beim Einschlafen, Grimassieren, Haare drehen, in der Nase bohren etc. –, die automatisch ablaufen und nicht unterdrückt werden können. Kinder mit Zwangshandlungen fassen alles an, riechen an allem, sammeln alles und heben alles auf, müssen ständig ihr Zimmer nach vermeintlichen Gespenstern absuchen, Türen abschließen usw.

Ein Beispiel aus der Praxis – Thomas

Thomas, ein 12-jähriger Gymnasiast und Sohn des Dorfpfarrers, muss immer auf dem Heimweg vom Schulbus die Hände heben, sie zusammenschlagen und »Hellau« flüstern oder rufen. Kommt ihm jemand entgegen, möchte er dieses Verhalten mit aller Kraft unterdrücken, was ihm sehr schwerfällt. Dabei wird er dann ganz »hippelig und aggressiv«. So beschreibt Thomas selber seine Empfindungen beim Versuch, das Klatschen zu unterdrücken. Er will es unbedingt vermeiden, da es ihm peinlich ist, wenn es jemand sieht. Obgleich er also selber dieses Verhalten ablehnt, kann er das Klatschen nicht lange unterdrücken.

Zu Hause angekommen provoziert er stets dasjenige Familienmitglied, das ihm gerade über den Weg läuft. Für seine Mutter und seinen kleinen Bruder ist es wie eine Strafe, wenn Thomas zu Hause ist. Es gibt immer Krach und Streit. Dabei ist Thomas in der Schule ganz anders. Dort muss er sehr aufpassen und sich anstrengen, um gute Leistungen zu erbringen. Auch sein Verhalten sei in der Schule unauffällig.

Die Eltern kommen mit dem Jungen in die kinder- und jugendpsychiatrische Praxis, da im Dorf schon über das eigenartige Verhalten des Jungen geredet wird. Der Hausarzt hatte zuvor ein Tourette-Syndrom vermutet, was es aber zum Glück nicht ist. Thomas hat vielmehr ein AD(H)S mit Versagensängsten und einer ausgeprägten Selbstwertproblematik. Dank seiner sehr guten intellektuellen Ausstattung und seiner positiven Leistungsmotivation konnte er in der Schule über lange Zeit vieles kompensieren. Zu Hause brachte man – wenn es auch schwerfiel – für sein Verhalten Verständnis auf, niemals wurde er abgewertet. Er besaß bei einem konsequenten Erziehungsstil der Mutter viel Freiraum.

Erst durch eine multimodale AD(H)S-Therapie konnte Thomas sein zwanghaftes Klatschen mit Hilfe eines kognitiven Gegensteuerns und Vorsatzbildung erfolgreich unterdrücken.

AD(H)S und Zwangsstörungen rechtzeitig diagnostizieren und behandeln

Zwangsstörungen im Kindesalter sind nicht selten. Leichtere entsprechen oft vorübergehenden Ritualen und müssen nicht behandelt werden. Kommt es dagegen unter bestimmten besonderen seelischen Belastungssituationen – wie Schulwechsel, soziale Verluste, Überforderung – zu Zwangshandlungen, sollte unbedingt auch das eventuelle Vorhandensein eines AD(H)S in Erwägung gezogen werden. Eine frühzeitige Diagnose mit anschließender Behandlung der eigentlichen Ursache kann Kindern und Jugendlichen oft einen lebenslangen Leidensweg ersparen. Sind die Zwänge erst einmal eingeschliffen und haben sie sich automatisiert, ist ihre Behandlung später viel komplizierter.

Wenn die Eltern selber betroffen sind

In der Bevölkerung sind Zwangsstörungen sehr häufig, aber sie sind mit Scham besetzt und nur wenige Erwachsene haben den Mut, darüber zu sprechen. Gerade in der Verhaltenstherapie von AD(H)S-Kindern erstaunt es immer wieder, mit wie viel psychischer Belastung Kinder im Elternhaus fertig werden müssen. Manchmal sind es die eigene Mutter oder die eigene Familie, die das Kind krank machen. In diesen Fällen ist es erforderlich, die betreffenden Familienmitglieder zu einer eigenen Behandlung zu überreden. Leider ist es allerdings noch immer sehr schwierig, kompetente Verhaltenstherapeuten zu finden, die sich mit AD(H)S bei Erwachsenen auskennen.

Leiden die Eltern selber unter Zwangsstörungen, treten folgende Zwänge am häufigsten auf:

- Ordnungszwang und Perfektionismus
- Reinigungs- und Waschzwang
- Kontrollzwänge
- Sammel- und Aufbewahrungszwänge

Mit ihren eigenen Zwängen reagieren AD(H)S-Kinder ihre und oft auch die Ängste der Eltern ab. Gerade AD(H)S-Kinder haben nicht nur Mütter mit Zwängen, sondern oft auch mit ausgeprägter Angststörung. Diese übertragen sie auf die Kinder und verunsichern sie dadurch ungewollt zusätzlich.

> **Sieben Grundregeln für eine erfolgreiche Verhaltenstherapie bei AD(H)S mit Zwangs- und Angststörungen**
>
> 1. Geben Sie Ihrem Kind die Chance, ein positives Selbstwertgefühl aufzubauen. Ermöglichen Sie ihm dafür Erfolge. Frust und Enttäuschungen wird es dabei gleichzeitig abbauen.

2. Geben Sie Ihrem Kind Gelegenheit, sich positiv zu erleben, seine Fähigkeiten nutzen und soziale Kontakte knüpfen zu können.
3. Erlernen Sie zusammen mit Ihrem Kind ein Selbstinstruktionstraining.
4. Schaffen Sie die Voraussetzung dafür, dass Ihr Kind soziale Kompetenz erlernen und Anerkennung genießen kann.
5. Vermeiden Sie Stresssituationen, lassen Sie Ihr Kind dort, wo es nicht anders geht, den aggressionslosen Umgang mit Stress erlernen.
6. Helfen Sie Ihrem Kind, seine zu große Empfindlichkeit zu bewältigen.
7. Unterstützen Sie Ihr Kind dabei, unlogische Bewertungen und negative Schlussfolgerungen zu vermeiden

4.3 Depressionen

Depression als Folgeerkrankung eines AD(H)S im Erwachsenenalter

Depressionen als Folge einer AD(H)S-Veranlagung oder eines bisher nicht erkannten AD(H)S sind viel häufiger als bisher bekannt. Noch immer wird in der Fachliteratur viel zu wenig darüber publiziert. Viel schlimmer noch, dass vielen Psychiatern für Erwachsene dieser Zusammenhang bisher kaum bekannt ist. Sie entlassen noch immer depressive Patienten aus ihrer Behandlung als »austherapiert« oder nicht behandelbar, was nicht selten zur Berentung führt. Dabei wird nicht nach frühen AD(H)S-Symptomen in der Kindheit oder bei Verwandten 1. Grades gesucht. Zugegeben, die Diagnose eines AD(H)S ohne Hyperaktivität, also vom unaufmerksamen Typ, ist viel schwieriger rückläufig noch zu erfassen. Dazu bedarf es guter entwicklungsneurologischer Kenntnisse und einer ausführlichen Anamnese.

Aber die Suche nach einer AD(H)S-Veranlagung würde sich gerade bei schlecht zu behandelnden Depressionen lohnen, denn die Häufigkeit der Komorbidität AD(H)S und Depression liegt nach internationalen Angaben bei über 20 % im Erwachsenenalter, d.h jede fünfte Depression könnte als neurobiologische Ursache ein unbekanntes und damit unbehandeltes AD(H)S haben.

Erwachsene mit AD(H)S und einer depressiven Symptomatik vertragen manche Antidepressiva schlechter. Sie werden unter diesen Medikamenten nur müde, matt und unfähig, Haushalt und Beruf weiter zu führen. Einzelne Antidepressiva sind für die AD(H)S-Behandlung geeignet und können bei Bedarf mit Stimulanzien kombiniert werden. Wobei beide Substanzgruppen sich in der Wirksamkeit potenzieren, was unbedingt berücksichtigt werden muss.

In meiner Praxis konnte ich solche AD(H)S-bedingten Depressionen bei Erwachsenen erfolgreich behandeln, aber nicht nur mit Stimulanzien, sondern kombiniert mit der Vermittlung kognitiver Lern- und Verhaltensstrategien. Dabei hat sich die kognitive Verhaltenstherapie besonders bewährt, die den Patienten aktuell und konkret hilft, im Alltag zurechtzukommen. Sie vermittelt Kindern, Jugendlichen und Erwachsenen Strategien zur Bewältigung ihrer Defizite und beim Aufbau eines positiven Selbstwertgefühls. Leider gibt es immer noch viel zu wenig Verhaltenstherapeuten, die über Kenntnisse und Praxiserfahrungen bei der Behandlung eines AD(H)S verfügen. So ist bedauerlicherweise noch immer zu wenig bekannt, dass durch eine rechtzeitige und fachgerechte Behandlung eines AD(H)S die Entwicklung einer Depression und vieler anderer psychischer Störungen verhindert werden kann. Die Behandlung muss nur zeitig genug beginnen und lange genug durchgeführt werden. Sie bedeutet aber nicht nur die Gabe von Stimulanzien, sondern setzt eine konsequente Führung durch einen Arzt mit verhaltenstherapeutischen Kenntnissen, einen Therapiebegleiter (Coach) zu Hause oder im sozialen Umfeld und eine Therapiebereitschaft voraus. Hierbei sind Selbsthilfegruppen, Gesprächskreise, Eltern- und Patientenseminare sowie Ratgeber aus kompetenter Feder (vgl. die Literaturtipps im Anhang) von großer Wichtigkeit. Außerdem brauchen diese Patienten eine Möglichkeit, bei der sie ihre Fähigkeiten entfalten können, um dadurch die für sie so wichtige Anerkennung zu bekommen. Vor allem brauchen sie Verständnis in der Familie und im Freundeskreis, was Kenntnisse über das AD(H)S voraussetzt, besonders über seine vielen positiven Seiten, die unbedingt aktiviert und gefördert werden müssen.

AD(H)S und analytische Psychotherapien

Als ungünstig, da nicht hilfreich, hat sich die analytische Psychotherapie bei der AD(H)S-Behandlung erwiesen. Denn AD(H)S mit seiner emotionalen Steuerungsschwäche ist nicht Folge einer Beziehungsstörung zwischen den betroffenen Kindern bzw. Jugendlichen und ihren Eltern, sondern deren Ursache. Ein AD(H)S-Kind kann von Anfang an anders reagieren und damit seine Eltern in ihrem Erziehungsverhalten irritieren. Die analytische Therapie sieht Konflikte in der frühen Eltern-Kind-Beziehung als Ursache für die Fehlentwicklung der Betroffenen an und belastet dadurch letztlich die Eltern noch zusätzlich, ohne dass sie ihnen wirksame Hilfe anbieten kann. So empfehlen beispielsweise analytische Psychotherapeuten den Jugendlichen, die Konflikte mit ihren Eltern haben, rechtzeitig aus dem Elternhaus auszuziehen. Eine Empfehlung, die für Jugendliche mit AD(H)S sehr nachteilig sein kann, denn gerade diese brauchen ihre Eltern noch weit über ihre Volljährigkeit hinaus als Coach. Sie scheitern, wenn sie plötzlich für sich selbst verantwortlich sind. Die primäre Ursache von AD(H)S ist keine Beziehungsstörung, sondern eine genetisch bedingte neurobiologische Persönlichkeitsvariante, die bei einigen Betroffenen zum Konflikt nicht nur mit ihren Eltern führen kann. Dieser Konflikt ist aber immer nur ein Symptom von vielen, deren neurobiologische Ursache behandelt werden sollte.

4.4 Tics und Tourette-Syndrom

Hyperaktive leiden mehr als hypoaktive Kinder an verschiedenartigen Tics. In den Statistiken wird eine entsprechende Häufigkeit von bis zu 20% angegeben. Sowohl das AD(H)S als auch der Tic beruhen auf einer Störung im Dopaminstoffwechsel: Im Falle des AD(H)S liegt ein Mangel, im Falle des Tics ein Überschuss an Dopamin vor. Bei der Behandlung des AD(H)S mit Stimulanzien sind die Tics von Bedeutung und sollten unbedingt beachtet werden.

Was versteht man unter einem Tic und einem Tourette-Syndrom?

Ein *Tic* ist eine unwillkürliche Muskelreaktion, die sehr schnell, ungesteuert und in Serie verlaufen kann (z. B. Blinzeltic). Es können auch mehrere Muskeln und somit ganze Körperteile betroffen sein (Schultertic; hierbei wird die Schulter ruckartig hochgezogen). Solche Tics treten mehrmals am Tage auf, manchmal auch ständig und können gar nicht oder nur kurzzeitig unterdrückt werden. Sie beginnen zu 90% im Alter von 6–12 Jahren, oft in Verbindung mit stärkeren psychischen oder schulischen Belastungen. Sie können sich unter Stress, Angst, Aufregung und Müdigkeit verstärken und bei konzentrierter Tätigkeit und Entspannung abnehmen. Häufige Tics sind außer den schon genannten Blinzel- und Schultertic ein ruckartiges Kopfdrehen, Schnüffeln und Räuspern. Unterschieden wird in der Fachwelt zwischen motorischen und vokalen Tics. Beide Arten können isoliert oder kombiniert auftreten. Sie können nach einigen Monaten wieder verschwinden oder von anderen abgelöst werden. Treten motorische und vokale Tics gemeinsam auf, spricht man von einem *Tourette-Syndrom.* Liegt dieses in Verbindung mit einem AD(H)S vor, so ist die Prognose für seine spontane Rückbildung wesentlich schlechter. Typisch für ein Tourette-Syndrom ist, dass die Betroffenen plötzlich und völlig ungesteuert laute Worte oder Silben von sich geben und bizarre Körperbewegungen sowie Zwangshandlungen vollziehen. Leiden Kinder und Jugendliche unter einem Tourette-Syndrom, erreichen sie dadurch nicht selten einen Behinderungsgrad von 50–80%.

Zur medikamentösen Behandlung von Tics und dem Tourette-Syndrom

Nicht nur bei AD(H)S-Kindern, hier aber im Besonderen, sollten einfache Tics, die über viele Monate bestehen, behandelt werden. Die Behandlung mit Tiapridex zeigt unter fachärztlicher Anleitung kaum Nebenwirkungen und kann die Ausbildung eines Tourette-Syndroms in einigen Fällen verhindern, sofern sie zeitig genug begonnen wird.

Treten bei einem AD(H)S-Kind unter Stimulanzienbehandlung Tics auf, muss individuell entschieden werden, ob man zunächst die Tics mit Tiapridex behandelt (und in einem späteren Schritt vorsichtig mit der üblichen Stimulanziengabe beginnt) oder ob man mit Strattera behandelt.

Manchmal beginne ich auch bei diskreter Tic-Symptomatik vorsichtig die Stimulanzienbehandlung mit Amphetaminsaft, da er langsamer wirkt und somit starke Schwankungen im Dopaminstoffwechsel vermeidet.

Dass eine leichte Tic-Symptomatik unter Stimulanzientherapie verschwinden kann, habe ich schon öfter beobachtet. Genauso, wie die Gabe von Stimulanzien im Gegensatz dazu auch Tics auslösen kann. Im letzteren Fall lässt sich vermuten, dass eine Bereitschaft zum Tic schon vorher bestand und dass diese Veranlagung nur aktiviert wurde (nicht selten haben die betroffenen Kinder sogar schon einmal früher unter einem Tic gelitten). In diesem Fall spricht man in Fachkreisen von sogenannter larvierter Tic-Bereitschaft.

Wichtig: Eine unverzichtbare therapiebegleitende Maßnahme besteht darin, mithilfe von Entspannungsübungen zu Hause und in der Schule den Stress abzubauen. Sowohl eine Tic-Symptomatik als auch ein Tourette-Syndrom lassen sich mit Medikamenten allein nicht effizient behandeln.

Ein ausgeprägtes Tourette-Syndrom hat dagegen geringe Heilungschancen und beeinträchtigt die Lebensqualität des Betroffenen erheblich. 60% aller Tourette-Patienten sind vorher hyperaktiv gewesen, ohne eine entsprechende Diagnostik oder Behandlung.

4.5 Anfallsleiden

Können Stimulanzien Krampfanfälle auslösen?

Anfallsleiden bzw. Krämpfe verbieten grundsätzlich nicht eine notwendige Stimulanzienbehandlung beim AD(H)S, setzen aber besondere Kenntnisse von Seiten des Therapeuten und der Betroffenen voraus. Die Stimulanzien verursachen an sich keine Krampfanfälle, aber bei einer vorhandenen Krampfbereitschaft können sie möglicherweise das Auftreten von Anfällen forcieren. Solche Krampfbereitschaft kann angeboren sein (bei familiär bedingten Epilepsien) oder auch Folge einer traumatischen Schädigung des Gehirns (nach Geburt oder Unfall) sein. Um die Risiken einer Therapie mit Stimulanzien realistisch abzuschätzen, ist vor ihrem Beginn immer eine EEG-Untersuchung anzuraten. Diese ist zudem aus diagnostischen Gründen sinnvoll.

Voraussetzungen und Besonderheiten der Stimulanziengabe bei Anfallsleiden

Bei Kindern und Jugendlichen mit AD(H)S, bei denen ein Verdacht auf Anfallsleiden vorliegt, müssen für eine Stimulanzienbehandlung stets einige Besonderheiten bedacht und wichtige Voraussetzungen eingehalten werden. Eine Besonderheit besteht darin, dass die Schwere der AD(H)S-Symptomatik und ihre Auswirkungen auf die Entwicklung des betroffenen Kindes oder Jugendlichen besonders ausgeprägt sein sollten. Die Durchführung einer Therapie mit Stimulanzien setzt schließlich voraus, dass die behandelnden Fachärzte sowohl für die unterschiedlichen Formen von Krampfanfällen als auch für AD(H)S die nötige Kompetenz und Erfahrung einbringen. Ist die Anfallsdiagnostik präzise erhoben worden, ist eine kombinierte Behandlung möglich und manchmal auch erforderlich.

> Epilepsie und AD(H)S schließen sich nach heutigem wissenschaftlichem Erkenntnisstand nicht generell in der Behandlung aus.

5 »Liebe allein genügt nicht!«

5.1 Kinder und Jugendliche mit AD(H)S brauchen mehr als Zuneigung

Aus der langjährigen Behandlung von Kindern und Jugendlichen mit AD(H)S erwachsen einige wichtige Erfahrungen:

- Liebe allein im Umgang mit AD(H)S-Kindern und Jugendlichen genügt nicht
- Nur Üben reicht nicht
- Schimpfen nützt nichts
- Strafen zerstört das Vertrauen

Ein liebevoller Umgang mit Kindern und Jugendlichen (mit und ohne AD(H)S) ist das A und O jeglicher Erziehung und doch gilt gerade beim AD(H)S die Erkenntnis: Liebe allein genügt nicht! Welche weiteren Erziehungs- bzw. Rahmenbedingungen benötigen Kinder und Jugendliche, um sich glücklich und altersgerecht entwickeln zu können?

Die Antworten auf diese Frage lassen sich wie folgt zusammenfassen: Kinder und Jugendliche mit AD(H)S brauchen

- ein gutes Selbstbewusstsein
- großes Verständnis für ihr Verhalten und viele Informationen über sich selbst
- klare Ziele, einen hilfsbereiten Coach und wenn nötig eine Therapie

Welche konkreten Hilfen brauchen AD(H)S-Kinder im Einzelnen?

Jedes Kind ist anders veranlagt, jede Familie funktioniert anders. Eine erfolgreiche Erziehung eines Kindes (mit AD(H)S) setzt deshalb voraus, dass Eltern die ganz individuellen Ressourcen ihres Kindes, der es umgebenden Familie und seines sozialen Umfeldes – sowie gute Kenntnisse über das AD(H)S – in der täglichen Praxis berücksichtigen.

5 »Liebe allein genügt nicht!«

Für Eltern von Kindern mit AD(H)S, die den richtigen Weg zu einer positiven Entwicklung ihres Kindes suchen, ist es ratsam, sich folgende Fragen zu stellen und zu beantworten:

- Welche Faktoren spielen für die Entwicklung unseres Kindes eine wesentliche Rolle?
- Wie geht es bei uns in der Familie zu? Wie verhalten wir uns untereinander, wie sprechen wir mit- und übereinander, welche Formen von Respekt und emotionaler Wärme bringen wir gegenseitig auf?
- Welche Besonderheiten hat unser Kind und werden diese von uns und seinen Geschwistern auch im vollen Umfang erkannt und berücksichtigt?
- Haben wir als Eltern genug Zeit, uns mit den Problemen unseres Kindes zu beschäftigen und ihm Lösungswege aufzuzeigen?
- Welche Hilfestellungen werden von uns als Eltern, Geschwistern, Lehrern, Bekannten und Verwandten für unser Kind erwartet und welche können wir tatsächlich leisten?
- Verwöhnen wir unser Kind nicht zu viel, sondern fordern und fördern es auch genügend?
- Kann sich unser Kind in jeder Situation auf uns verlassen oder versprechen wir ihm häufig leichtfertig etwas, ohne es zu halten?
- Wer von uns kann die Rolle des Coachs übernehmen?
- Wie können wir ein Verhaltenstagebuch als ein begleitendes Instrument der Selbsthilfe für unser Kind und die ganze Familie erfolgreich einsetzen?

Muss Erziehung so schwer sein? – Fragen, die sich alle Eltern stellen sollten

- Warum sind so viele Eltern von ihren Kindern enttäuscht, obwohl sie glauben, ihnen alles gegeben zu haben?
- Warum wird mit der »Erziehung« und der Vermittlung von Normen oft zu spät begonnen?
- Warum wird die Kindergartenzeit so häufig nicht genügend zur spielerischen Förderung der Fähigkeiten der Kinder und zur Vorbereitung auf die Schule genutzt?
- Warum »erziehen« viele Eltern durch lange Reden und nicht durch ihr Vorbild?
- Warum delegieren immer mehr Eltern wichtige Teile ihrer erzieherischen Zuständigkeit an professionelle Helfer?
- Viele Kinder klagen, dass sie ihre Väter selten zu Gesicht bekommen. Geht das wirklich nicht anders?
- Warum wird in den meisten Familien selten etwas gemeinsam unternommen?

Die wissenschaftliche Ursachenforschung für Verhaltensstörungen hat in den letzten Jahren einen starken Aufschwung erlebt. Anlass dafür ist die beträchtliche Zunahme von psychischen Auffälligkeiten bei Kindern und Jugendlichen. Viele neue

Erkenntnisse liegen damit auch für das AD(H)S und seine primären und sekundären Störungen vor und werden trotzdem nur zögerlich in die Praxis umgesetzt.

Seelische Störungen bei Kindern und Jugendlichen – wie alltäglich sind sie?

Viele Menschen spüren und erleben täglich, wie sich das soziale Verhalten zahlreicher Kinder und Jugendlicher zum Negativen verändert hat. In der Fachsprache ist vom sogenannten »dissozialen Verhalten« die Rede, das mit Diebstahlsdelikten, Alkohol- und Drogenmissbrauch, Schulbummelei und mit verbaler und körperlicher Aggressivität einhergeht. Ein solches Verhalten gehört heute anscheinend zum »Freizeitsport« vieler Jugendlicher. Auch die Störungen auf der Gefühls- und Anpassungsebene haben deutlich zugenommen. In der Fachliteratur wird ferner über eine Zunahme von Haltungsschäden und Muskelschwäche berichtet. Außerdem sind immer mehr Kinder übergewichtig, Essstörungen nehmen zu. Gleichzeitig wird das Übergewicht dann im Jugendalter über Abmagerungskuren und Erbrechen »normalisiert«. Das führt in vielen Fällen zur Magersucht und Bulimie.

Untersuchungen zeigen, dass psychische Störungen bei Jugendlichen in den letzten Jahrzehnten rapide zugenommen haben. In der Altersgruppe der 15- bis 29-Jährigen stieg die Häufigkeit seelischer Erkrankungen zwischen den Jahren 1997 und 2001 um 70 bis 90 % an. Die Hauptstörungsbilder waren dabei Depressionen, Angst- und Zwangsstörungen, Suchterkrankungen und Essstörungen. Die Jugendlichen ziehen sich in die eigenen vier Wände zurück und kommunizieren nur noch über z. B. Whatsapp und Facebook. Die Wahrnehmung der Gesprächspartner ist dadurch sehr eingeengt, deren Körpersprache wird nicht wahrgenommen.

Symptome einer seelischen Störung sind nicht plötzlich da, sie entwickeln sich allmählich aber stetig, wenn dagegen nichts unternommen wird. Was sind die entsprechenden Frühzeichen und wann müssen Eltern eingreifen? Dulden Eltern hier nicht manches aus Bequemlichkeit, aus Unkenntnis oder falscher Scham zu lange, bis es dann fast zu spät ist? Stundenlanges Computerspielen und Fernsehen wirken sich auf die körperliche, geistige und soziale Entwicklung von Kindern und Jugendlichen sehr negativ aus!

Störungen in Elternhaus und Kindergarten rechtzeitig und richtig wahrnehmen

Sowohl Eltern als auch Erzieherinnen in Kindergärten ist zu raten, ihre Vorschulkinder bewusster zu beobachten und Auffälligkeiten zu registrieren. Hier kann zum Beispiel ein kleiner Junge aufgrund seiner hochgradig motorischen Unruhe auffallen, die mit einem aggressiven Verhalten gegenüber Gleichaltrigen verbunden ist. Ein anderes Vorschulkind mag dagegen überängstlich mit Vermeidungsverhalten und Rückzug reagieren. Es lehnt es ab, mit anderen Kindern zu spielen, und meidet den Stuhlkreis. Ein anderes Kind mag überhaupt nicht einen Stift zum Malen in die Hand nehmen und will auch nicht basteln.

Beschäftigt man sich mit solchen Kindern intensiver, stellt man oft fest, dass sie nicht nur Verhaltens-, sondern auch motorische und kognitive Probleme haben. Diese Kinder würden gern manches anders machen, aber sie können es nicht. Sie haben Schwierigkeiten sowohl in der Fein- als auch in der Grobmotorik. Nicht selten sind zudem Auffälligkeiten in ihrer Sprache vorhanden. Außerdem sind diese Kinder sehr empfindlich, sie weinen leicht und regen sich über Kleinigkeiten schnell auf. Das alles sind Hinweise, die es Kindern im Alter von sechs Jahren erschweren, eine Schulreife mit ihrer Anforderung im Leistungs- und Sozialverhalten zugesprochen zu bekommen.

Damit es erst gar nicht so weit kommt, sollte im Interesse der Kinder das Fachwissen der Kindergärtnerinnen gestärkt und die Sensibilität der Eltern verbessert werden.

Wir wissen heute, dass die oben beschriebenen Erscheinungen Teilsymptome eines AD(H)S sein können. Deshalb ist es wichtig, diese Kinder schon vor ihrer Einschulung einem Spezialisten für AD(H)S vorzustellen und auf Störungen in der Verarbeitung von Informationen untersuchen zu lassen. Es sollte den Kindern erspart bleiben, sich in der Schule als Versager und Außenseiter zu erleben.

Das innerfamiliäre Verhaltensmanagement – ein wichtiger Therapiebaustein in der Behandlung von Kindern mit AD(H)S

Rahmenbedingungen und Instrumente des familiären Coachings bei Kindern und Jugendlichen mit AD(H)S

- Gemeinsam über die Auswirkungen der AD(H)S-Symptome auf das Verhalten zu Hause, in der Schule und im Freundeskreis nachdenken und sprechen
- Arbeitsbündnis schließen mit konkreten Zielen
- Mithilfe der Familie bei der gezielten Problemlösung
- Intensive Motivierungsphase zu Beginn der Behandlung
- Selbstständigkeit des betroffenen Kindes fördern
- Viel Bewegungsfreiheit und sportliche Aktivitäten anbieten
- Möglichkeiten zum Aggressionsabbau schaffen
- Selbstsicherheit und soziale Kompetenz fördern
- Adäquater Umgang mit AD(H)S-Symptomen und Aufbau gezielter Selbstkontrollmechanismen
- Gemeinsam Grenzen vereinbaren, innerhalb derer Toleranz gegenüber Teilen der AD(H)S-Symptomatik geübt wird
- Positive Aufarbeitung bisheriger nur wenig erfolgreicher Bewältigungsversuche

Wann ist unser Kind schulreif?

Verhalten sich Kinder nicht altersgerecht, hört man von Eltern und Erzieherinnen nicht selten den Satz: »Das verwächst sich noch«. Dieser leichtfertig gemachte

Spruch müsste angesichts einer Realität, die zeigt, dass *nach* der Einschulung der prozentuale Anteil an Verhaltensauffälligkeiten rapide zunimmt, häufiger hinterfragt werden. Denn an den vermehrten Verhaltensstörungen ist zumeist nicht die Schule an sich schuld, sondern fast immer die fehlende Schulreife der betroffenen Kinder. Diese sind nicht ausreichend auf die Schule vorbereitet.

Schulreif und somit *schulfähig* zu sein, bedeutet nicht nur, das Alter und den Körperbau eines sechsjährigen Kindes zu haben, sondern – und das ist mindestens genauso wichtig – die Reife, die Erfahrungen, die Fähigkeiten und die Intelligenz eines Sechsjährigen zu besitzen in Bezug auf eine tatsächlich altersgemäße

- Fein- und Grobmotorik
- Körperkoordination
- Beherrschung des Wortschatzes
- Einhaltung sozialer Normen
- Selbstständigkeit (mit Fähigkeit zur kurzzeitigen Trennung vom Elternhaus)
- Gruppenfähigkeit mit angepasster Selbstbehauptung

Bestehen in einem oder in mehreren der oben genannten Bereiche deutliche Defizite, beginnt für das Kind mit der Einschulung nicht selten ein Leidensweg. Zunächst leise und unbemerkt, bis körperliche und/oder seelische Symptome auf sich aufmerksam machen.

Solche Symptome sind: Alpträume, Schlafstörungen allgemein, Bauchschmerzen morgens vor der Schule, Kopfschmerzen nach der Schule, Ängste verschiedener Art, Zwangshandlungen, Verweigerungshaltung gegenüber Hausaufgaben, Klagen über ungerechte Behandlung durch den Lehrer oder von Seiten der Mitschüler, Wutanfälle oder lautes Herumschreien, sich wegen jeder Kleinigkeit unangemessen Aufregen. Auch Aussagen, wie: »ich bin ja dumm«, »keiner mag mich«, »mir gelingt sowieso nichts«, sollten, wenn sie sich ständig wiederholen, aufmerken lassen.

Hinzu kommen bei AD(H)S-Kindern eine hochgradige motorische Unruhe mit ungebremstem Bewegungsdrang oder ein viel zu langsames Arbeitstempo, je nachdem, ob ein hyper- oder hypoaktiver Untertyp vorliegt. Beiden gemeinsam ist eine Impulssteuerungsschwäche, die mit geringer Daueraufmerksamkeit, schlechtem Arbeitsgedächtnis sowie grapho- und feinmotorischen Auffälligkeiten verbunden ist. Viele AD(H)S-Kinder sind von Teilleistungsstörungen betroffen, die das Erlernen von Lesen, Schreiben und Rechnen erheblich erschweren. Sie leiden unter den schulischen Anforderungen besonders stark.

> Die Gruppe der hyperaktiven AD(H)S-Kinder umfasst etwa 4,5 % aller Schulkinder. Für die hypoaktiven Kinder liegen noch keine eindeutigen Angaben vor. Letztere Gruppe wurde wissenschaftlich bisher nur wenig beachtet und untersucht. Dies ist für die Kinder und ihre Angehörigen bedauerlich, da hypoaktive Mädchen und Jungens im Alltag häufig noch stärker als ihre hyperaktiven »Geschwister« leiden und unbehandelt viel schwerere seelische Schäden für das spätere Leben davon tragen.

Wenn AD(H)S und LRS zusammen vorliegen

Auf Grund der besonderen neuronalen Vernetzung können AD(H)S-Betroffene schwerer feste Lernbahnen entwickeln, die für das Erlernen von Lesen, Schreiben und Rechnen erforderlich sind. Sie müssen viel mehr üben, damit sie keine Lese-Rechtschreib- Schwäche (LRS) und Rechenschwäche entwickeln. Diesen Kindern könnten erfolgreicher geholfen werden, wenn man ihr AD(H)S frühzeitig diagnostiziert und in den Therapieplan mit einbezieht. Um Spätschäden zu vermeiden, ist eine Frühdiagnostik und – wenn nötig – auch eine Frühbehandlung von Kindern mit AD(H)S unbedingt erforderlich. Je später die Diagnostik, umso schwieriger ist die Behandlung, ihrer Teilleistungsstörngen.

Wie mühsam trotz Stimulanzientherapie ein Rechtschreibtraining bei einem AD(H)S-Kind ist, zeigt der Bericht einer Mutter. Dieser lässt erkennen, wie groß Motivation, Ausdauer und Konsequenz beider Seiten für eine erfolgreiche Behandlung sein müssen.

Ein Beispiel aus der Praxis – Kai

Kai ist zehn Jahre alt und besucht die 3. Klasse. Die 1. Klasse wiederholte der Junge, der eine Lese-Rechtschreib-Schwäche und Probleme im Rechnen hat. Kai leidet unter multiplen Ängsten, einer Allergie, Einschlafproblemen und einer Essstörung. Er ist wie viele AD(H)S-Kinder Linkshänder und viel zu mager.

Die Diagnostik in einer kinderpsychiatrischen Praxis ergab ein AD(H)S ohne Hyperaktivität mit einer ausgeprägten visuomotorischen und auditiven Wahrnehmungsstörung. In einem ersten Rechtschreibtest erreichte Kai im August 2010 einen Prozentrang von 6, d.h. 94% seiner Klassenkameraden hatten eine bessere Rechtschreibung als er. Ende November 2010, nach den ersten fünf Wochen einer Behandlung mit Stimulanzien, wurde der Test wiederholt: Nun erreichte Kai bereits einen Prozentrang von 30 – nur 70% seiner Klassenkameraden waren nun noch besser als er.

Kais Mutter beschreibt den Verlauf der ersten sieben Wochen medikamentöser Behandlung des AD(H)S wie folgt:

Freitag, den 22.10.2010
Kai erhält eine halbe Stunde nach dem Essen eine 1/4 Tablette. Er hat leicht Bauchschmerzen, ist aber wesentlich aufmerksamer und kann zuhören sowie ganz vernünftig reden. Es gelingt ihm, bei der Sache zu bleiben! Die Wirkung hält vier Stunden an, danach ist er wie aufgezogen, redet viel und läuft ständig umher, es war nichts mehr mit ihm anzufangen.

Samstag, den 23.10.2010
Eine halbe Stunde nach Einnahme einer 1/4 Tablette haben wir gerechnet, gelesen und geschrieben, und das alles ohne Protest. Kai konnte gut zwei Stunden hintereinander konzentriert arbeiten, was ich bei ihm noch nie erlebt habe. Danach hat er noch gebastelt und wollte alles ausprobieren. Dazu hatte er sonst nie Geduld. Mittags war Kai wieder sehr unruhig.

Sonntag, den 24.10.2010
Wir haben gemeinsam wieder gerechnet, geschrieben und gelesen, dem Jungen ging alles gut von der Hand, er war selbst begeistert.

Montag, den 25.10.2010
Kai bekommt 1/2 Tablette. Seine Schrift und sein Verhalten waren in der Schule deutlich besser. Die Lehrerin sprach ihn daraufhin an. Am Nachmittag war er dagegen wieder sehr nervös – je später, desto schlimmer. Es war kaum etwas mit ihm anzufangen, eigentlich wie sonst auch am Nachmittag, nur dass Kai heute selbst mit sich unzufrieden war.

Dienstag, den 26.10.2010
Der Junge bekommt morgens 1/2 und mittags eine 1/4 Tablette. Nun geht es auch nachmittags mit dem Lernen. Kai ist viel ruhiger und konzentrierter bei der Sache, das Lernen macht ihm Spaß.

Mittwoch, der 27.10.2010
Heute kommt Kai fröhlich aus der Schule nach Hause, er hat nicht mehr ganz so oft Streit mit seinen Kameraden. Mittags wird erst einmal gemault, dann geht er aber doch an die Arbeit, will gleich alles können und ärgert sich, dass er so viel vergessen hat, was er schon in der Schule hatte.

Donnerstag, den 28.10.2010
Heute ist keine Schule und wir können morgens wieder lernen. Das klappt besser als mittags. Kai hat auch am Abend noch Lust, etwas Ruhiges zu tun.

Freitag, den 29.10.2010
Unser tägliches Pensum von Lesen, Schreiben und Rechnen geht schon fast reibungslos, nur manchmal muss ich Kai noch anspornen.

Samstag, den 30.10.2010 Heute üben wir am Vormittag, das klappt immer noch am besten, ab und zu rastet Kai noch aus, wenn es nicht gleich richtig ist oder er eine Textaufgabe nicht lösen kann. Dann ist er ganz wütend und tritt auch mal wieder gegen die Wand, wie früher, oder springt wie ein HB-Männchen. Doch zum Glück beruhigt sich Kai nun viel schneller.

Sonntag, den 31.10.2010
Heute fragt Kai immer wieder, wann die Tablette zu wirken anfängt, denn er möchte mit dem Lernen beginnen. Seine Schwester kommt zu mir und fragt, ob er die Tabletten schon genommen habe, dann könne sie viel besser mit ihm spielen.

Montag, den 1.11.2010
Kai kommt heute von alleine und fängt noch vor dem Essen mit den Hausaufgaben an. Am Abend ist er etwas aufgekratzt, das Lernen klappt ganz gut.

Dienstag, den 2.11.2010
Mitschüler finden Kai freundlicher und hilfsbereiter. Der Junge möchte gleich nach der Schule mit den Hausaufgaben beginnen, merkt aber auch schon, wenn er nicht so konzentriert sein kann. Er wartet dann, bis seine Tablette wirkt und macht seine Hausaufgaben erstmalig während der ganzen Schulzeit allein.

Mittwoch, den 3.11.2010
Kai benötigt mich kaum noch bei den Hausaufgaben, er ist sehr fleißig mit dem Lernen, obwohl er lieber draußen spielen würde. Es macht ihm aber trotzdem Spaß.

Donnerstag, den 4.11.2010
Ich habe das Gefühl, dass der Junge nachts ruhiger schläft, er kann morgens viel besser aufstehen.

Freitag, den 5.11.2010
Heute ist Kai wieder nervös, weil es zur Ärztin geht. Er ist aber stolz auf sich, was er schon alles geschafft hat.

Samstag, den 6.11.2010
Nun bekommt Kai morgens und mittags eine Tablette. Er hat heute früh sehr fleißig Rechtschreibung geübt und deutlich weniger Fehler gemacht. Zur Belohnung gingen wir auf den Martinsmarkt.

Sonntag, den 7.11.2010
Kai fängt am Morgen allein an zu spielen, danach lernen wir lesen, schreiben und rechnen. Er möchte noch weitere Erfolge sehen. Auch das Verhältnis zu seiner Schwester scheint sich etwas zu bessern. Er kommt von ganz allein, um mit uns ein Brettspiel zu machen, dazu hatte er bisher nie Lust.

Montag, den 8.11.2010
Kai übt fleißig weiter, man hört ihn gar nicht mehr schreien und fluchen.

Dienstag, den 9.11.2010
Heute wurde in der Schule ein Aufsatz geschrieben, bin sehr gespannt. Kai hatte das erste Mal keine Angst davor und auch nicht danach.

Mittwoch, den 10.11.2010
Heute ist Kai etwas niedergeschlagen, irgendwer hat ihn in der Schule geärgert. Er braucht ein bisschen Zuwendung, dann geht es wieder.

Donnerstag, den 11.11.2010
In der Schule wurde heute eine Mathearbeit geschrieben und Kai hat das erste Mal nicht dafür gelernt. Wir üben vorwiegend Deutsch.

Freitag, den 12.11.2010
Kai hat in der Mathearbeit eine 3, im Aufsatz beim Entwurf eine 4 und beim zweiten Versuch eine 3. Das hat ihm gutgetan, obwohl er nicht damit zufrieden war, er wollte noch besser sein.

Samstag, den 13.11.2010
Am Wochenende machen wir außer Üben auch noch viele Spiele für die Konzentration, das wollte er sonst nie.

Sonntag, den 14.11.2010
Heute machen wir einen Ausflug, denn Kai ist zum Stubenhocker geworden. Er möchte kaum noch draußen spielen, viel lieber lernt er, denn er möchte auch einmal gute Noten in den Arbeiten haben. Auch das ist für die Familie gewöhnungsbedürftig, aber viel angenehmer.

Montag, den 15.11.2010 Am Mittwoch wird ein Diktat geschrieben, heute üben wir Lernwörter dafür, es sieht ganz gut aus.

Dienstag, den 16.11.2010
Heute schreiben wir das komplette Diktat, Kai war sehr überrascht, denn sonst hatte er immer 20 Fehler und mehr, heute sind es beim ersten Mal nur acht, beim zweiten Mal sogar nur sechs Fehler, bin ganz stolz auf ihn. Doch Kai ist wie üblich nicht mit seiner Leistung zufrieden.

Mittwoch, den 17.11.2010
Kai hat Angst vor der Schule, er möchte bei dem Diktat nicht wieder versagen. Ich mache ihm Mut, da er beim Üben doch nur einige Fehler hatte. Ich bin aber trotzdem etwas besorgt, dass er vor lauter Aufregung viel mehr Fehler schreibt.

Donnerstag, den 18.11.2010
Kai möchte einerseits gern sein Diktat zurückhaben, fürchtet sich aber andererseits davor, eine schlechte Note zu bekommen. Ich würde ihm gern helfen, nur wie? Ich wünsche mir, dass er wenigstens eine 4 schreibt, das wäre ein schöner Erfolg für ihn. Er hat ja so fleißig gelernt.

Freitag, den 19.11.2010
Ich muss das erste Mal bei Kai nicht zum Elternsprechtag. Die Lehrerin rief uns an und sagte, dass sie keine Klagen über Kai habe. Wenn ich meinerseits keine Fragen hätte, bräuchte ich nicht zu kommen. Ich genieße es, nicht hingehen zu müssen. Kai hat in Sachkunde eine 2 geschrieben.

Samstag, den 20.11.2010
Heute üben wir ganz viel, denn Kai kann nicht genug bekommen. Er spielt jetzt gern Memory.

Sonntag, den 21.11.2010
Manchmal sitzen wir zusammen und lesen ein Buch, das macht ihm jetzt Spaß.

Montag, den 22.11.2010
Kai hat am Sonntag 40° Fieber bekommen und kann heute nicht in die Schule gehen. Der Arzt sagt, er müsse eine Woche zu Hause bleiben, da er stark erkältet sei.

Dienstag, den 23.11.2010
Krank im Bett.

Mittwoch, den 24.11.2010
Es geht ihm schon viel besser.

Donnerstag, den 25.11.2010
Heute haben wir einen Termin bei der Ärztin, mit Tablette soll noch einmal der Rechtschreibtest wiederholt werden. Beim ersten Mal im August hatte Kai nur 2 Wörter richtig, heute waren es schon 10. Er bekommt eine Urkunde für seinen Fleiß.

Freitag, den 26.11.2010
Ab heute bekommt er morgens 1,5 Tabletten. Er soll sich beobachten, wie es mit dem Lernen in der Schule ist. Mittags bekommt er 1 Tablette.

Samstag, den 27.11.2010
Die neue Dosierung bekommt ihm gut, er lernt nach der Krankheit etwas widerwillig. Hat er aber einmal angefangen, dann geht es gut.

Sonntag, den 28.11.2010
Kai spielt immer Konzentrationsspiele, er will immer alles wissen. So wissbegierig war er noch nie.

Montag, den 29.11.2010
Kai kommt in der Schule gut mit, nur die Rechtschreibung ist immer noch schlecht, aber er bemüht sich, was von der Lehrerin anerkannt wird.

Dienstag, den 30.11.2010
Der Junge lernt eifrig, er regt sich dabei nicht mehr so schnell auf, das wirkt sich auf die ganze Familie aus. Es herrscht eine angenehme Ruhe.

Mittwoch, den 1.12.2010
Ab heute nimmt Kai am Mittag 1,5 Tabletten. In der Schule geht es gut, die Lehrerin hat keine Klagen, am Nachmittag üben wir fleißig Rechtschreibung, er will es selbst so.

Donnerstag, den 2.12.2010
Kai hat der Tablette einen Namen gegeben: Gripstablette. Es macht Spaß zu sehen, wie er immer mehr aus sich macht, selbstbewusster wird, er nimmt auch mal von allein das Buch in die Hand.

Freitag, den 3.12.2010 Heute ist ein freier Tag, die Oma hat Geburtstag. Kai kann den ganzen Nachmittag ruhig sitzen und sich still beschäftigen, z.B. mit der Schwester Schach spielen.

Samstag, den 4.12.2010 Morgens lernen wir, und zur Belohnung gehen wir am Nachmittag auf den Weihnachtsmarkt.

Sonntag, den 5.12.2010
Da Kai die Woche über so fleißig war, bekommt er heute frei.

Montag, den 6.12.2010
Heute schreiben wir wieder ein Diktat, das ist diesmal ganz gut (von 76 Wörtern sind elf falsch, das wäre eine 4).

Dienstag, den 7.12.2010
Beim zweiten Mal schreibt er im Diktat noch neun Fehler, es wird langsam besser, er wird sicherer. So wenig Fehler hatte er noch nie.

Die Rechtschreibung bessert sich, wenn täglich geübt wird. Dabei soll das Kind bei jedem Wort nachdenken, wie es richtig geschrieben wird:

- Wird es groß oder klein geschrieben?
- Sind Doppellaute vorhanden?
- Hat das Wort eine Vor- oder Nachsilbe?

Nur so prägt sich die richtige Schreibweise ein, wird im Gehirn gespeichert und kann bei Bedarf abgerufen werden.

5.2 Auf die richtige Erziehung kommt es an

Eltern von AD(H)S-Kindern haben es oft schwer. Sie brauchen ein gutes Selbstbewusstsein, starke Nerven, ein ruhiges Wesen und die Standfestigkeit eines dicken Baumes. Sie müssen in der Lage sein, um ihren Körper eine Pufferzone aufzubauen, die alle Impulsschwankungen ihres Kindes abfängt. Eltern sollten für ihr Kind zuverlässig, verständnisvoll, konsequent und nicht manipulierbar sein. Sie sollten sich auf keine langen Diskussionen einlassen, immer versuchen, Konflikte zu vermeiden, und ihre Kraft auf die schnellst mögliche Erledigung der jetzt gerade wichtigen Dinge ausrichten.

Erziehung ist nicht alles, aber ohne geht es nicht. Für Kinder und Jugendliche mit AD(H)S hat sich gezeigt, dass der autoritative Erziehungsstil am wirkungsvollsten deren Therapie unterstützt, ihre Entwicklung am besten fördert und der gesamten Familie zugutekommt.

Autoritative Erziehung – was bedeutet das und warum ist sie für Kinder und Jugendliche mit ausgeprägtem AD(H)S besonders geeignet?

Dieser Erziehungsstil wurde in der amerikanischen Entwicklungspsychologie wie folgt beschrieben: Die Eltern stellen große Anforderungen an ihre Kinder, d. h. sie fördern und fordern sie. In der Familie werden Regeln aufgestellt, diese klar definiert und deren Einhaltung konsequent gefordert. Dabei akzeptieren die Eltern ihre Kinder aber auch als ernst zu nehmende Gesprächspartner und wirken lenkend mittels gemeinsamer Absprachen auf ihr Kind oder ihren Jugendlichen ein. Dieser Erziehungsstil vermittelt so ein hohes Maß an sozialen und intellektuellen Kompetenzen, an Anforderungen, Eigenkontrolle und Unterstützung. Die Eltern beharren auf ihren Forderungen, wenn erforderlich auch gegen den Willen ihrer Kinder und Jugendlichen. Bei Konfrontationen werden gemeinsam Lösungswege erarbeitet. Das verbessert die Selbstsicherheit, die Kommunikationsfähigkeit und die soziale Kompetenz. Dieser Erziehungsstil fördert erfahrungsgemäß am besten die eigenen Fähigkeiten und das Erlernen von verantwortungsvollen Bewältigungsstrategien zur Problemlösung und er setzt auf die Vorbildwirkung der Eltern.

Ich empfehle diesen Erziehungsstil den Eltern betroffener Kinder und Jugendlicher mit AD(H)S und habe damit gute Erfahrungen gemacht. In vielen Familien, auch ohne AD(H)S, wird dieser Erziehungsstil schon seit Generationen erfolgreich praktiziert. Auch hierbei ist die Vorbildwirkung der Eltern das A und O für das Gelingen der Erziehung.

Eltern als Brücke zwischen Kind und Therapeut

Eine erfolgreiche Therapie eines AD(H)S-Kindes kann nur in enger Zusammenarbeit mit seinen Eltern erfolgen. Sie bilden zwischen Kind und Therapeut eine Brücke, die bestehen bleibt, auch wenn sich das eine »Ufer« verändert. Das Kind muss lernen, über diese Brücke zu gehen und den richtigen Weg für sich zu finden. Dabei soll es Selbstständigkeit gewinnen und Eigenverantwortung übernehmen, so früh wie möglich, denn Kinder sollen frühzeitig gefördert und gefordert werden. Es braucht dazu den sicheren Halt seiner Eltern. Das setzt voraus, dass die Eltern die Therapie von Anfang an unterstützen und nicht an deren Erfolg zweifeln.

Kinder brauchen positive Vorbilder und klare Grenzen

Erziehung kann nur dann positiv wirken, wenn Eltern ihren Kindern Werte vorleben. Nur so können sie Normen verinnerlichen, akzeptieren und anwenden. Sie müssen so zeitig wie möglich lernen, Ordnung und Regeln einzuhalten. Eine verwöhnende Erziehung setzt heranwachsenden Kindern keine Grenzen. Gerade diese Grenzerfahrungen benötigen Kinder jedoch von klein auf, um nicht zu Egoisten zu werden. Bekommen Kinder keine Grenzen gesetzt, lernen sie ihre eigenen Ansprüche durchzusetzen, ohne Rücksicht auf andere. Verwöhnte Kinder sind weniger anstrengungsbereit.

> **Wie verhalte ich mich gegenüber meinem trotzenden Kind richtig? – Sechs Regeln**
>
> - Ich übe in meiner Erziehung von Anfang an Konsequenz
> - Ich vermeide unnötige Anlässe, in denen mein Kind Trotz produziert
> - Ich ignoriere soweit wie möglich jegliche Trotzreaktionen meines Kindes
> - Ich begegne meinem Kind nach Trotzanfällen ruhig und gelassen
> - Ich bemühe mich, meinem Kind im Rahmen von Entscheidungsprozessen zu einem eigenen »vernünftigen«, praktikablen Willen zu verhelfen, damit es das Gefühl der freien Entscheidung hat und sich nicht eingeengt fühlt
> - Ich versuche, das Erziehungsprinzip zu beachten: Konsequenz in grundsätzlichen Fragen, Freizügigkeit in Kleinigkeiten

Rechtzeitig »nein« sagen

Werden Kinder größer, setzen sie immer mehr von dem in die Tat um, was sie für sich richtig und wünschenswert halten. Sie beginnen, über sich und ihre Umwelt zu bestimmen. Dabei schrecken sie im Extremfall auch nicht vor Erpressungen zurück. Solange Kinder klein sind, sind ihre Bedürfnisse »klein«. Nicht selten sind die Eltern in dieser Entwicklungsphase von dem Durchsetzungsvermögen ihres kleinen Sprößlings begeistert. Wenn die Kinder aber größer werden, stoßen sie mit ihren wachsenden Forderungen schnell an Grenzen. Jetzt sind die Eltern immer öfter gezwungen, »nein« zu sagen, Dies führt häufig zu massiven Protesten der jugendlichen Kinder, die ein »Nein« nicht ertragen können, bekamen sie doch bisher alle ihre Wünsche erfüllt. Ein »Nein« der Eltern in dieser Entwicklungsphase ihrer Kinder kommt nun leider viel zu oft zu spät, die Erziehung greift nicht mehr.

Sind Strafen sinnvoll, und wenn ja, wann und welche?

Beachten Eltern das unerwünschte Verhalten ihrer Kinder, indem sie schimpfen, schreien, drohen oder Vorwürfe aussprechen, gewinnt das unerwünschte Verhalten an Bedeutung, es wird aufgewertet und bei der nächst besten Gelegenheit wiederholt.

Möchten Eltern dem Verhalten ihrer Kinder wirksam entgegentreten, können wohlüberlegte und verhältnismäßige Strafen sinnvoll sein. Eine Form solchen Bestrafens besteht zum Beispiel im Entzug von ansonsten gewährten Privilegien und Belohnungen, sowie – sofern nötig – in der Beteiligung an der Schadensbeseitigung.

> **Wichtig:** Folgende Grundsätze sollten Eltern unbedingt beachten: Kündigen Sie keine Strafen an, die Sie im konkreten Falle dann doch nicht durchführen. Strafen müssen Einsicht und Lernen ermöglichen, sie sollen angemessen sein und nicht im Nachhinein ausgesprochen werden. Und sie dürfen bei Ihren Kindern vor allem keine Angst und Unsicherheit erzeugen. Treffen Sie schriftliche Vereinbarungen und bestehen Sie auf deren Einhaltung.

Jugendliche mit AD(H)S – unnötige Machtkämpfe vermeiden

Vorpubertäre AD(H)S-Jugendliche protestieren in der Regel erst einmal energisch gegen jedes »Nein« ihrer Eltern und ignorieren es. Diese lassen sich daraufhin leider oft in einen unnützen Machtkampf ein, den meistens die Jugendlichen gewinnen. Dabei brauchen Jugendliche mit AD(H)S ihre Eltern und deren ständige Hilfe bis weit über die Zeit der Berufsausbildung hinaus. Aufgrund ihrer sozialen Unreife erlangen hyper- und hypoaktive Jugendliche zumeist erst mit weit über 20 Jahren eine gewisse Selbstständigkeit. Eine zu frühe Trennung vom Elternhaus kann zu einem Knick in ihrer bisherigen Entwicklung führen. Die Kinder- und Jugendpsychologin Cordula Neuhaus nennt sie die längsten »Nesthocker« unter den Jugendlichen.

Warum Mütter so wichtig sind

Kinder und Jugendliche mit AD(H)S brauchen eine seelisch stabile Mutter, die konsequent, gerecht, verständnis- und humorvoll das Auf und Ab ihres Kindes abfängt, ohne selbst die Ruhe zu verlieren. Sie profitieren von Müttern, die über ein gutes Selbstbewusstsein und Erfahrung in der Erziehung von Kindern verfügen, um den unterschiedlichen Umgang mit den Geschwistern meistern zu können. Eine antiautoritäre Erziehung ist bei hyperaktiven Kindern nur selten erfolgreich und erst nach erfolgter Behandlung praktikabel.

Haben AD(H)S-Kinder und -Jugendliche eine Mutter, die selbst unter AD(H)S leidet und die eine emotionale Steuerungsschwäche, Ängste, Zwänge, depressive Verstimmungen und ein geringes Selbstwertgefühl besitzt, ist das Risiko für die betroffenen Kinder und Jugendlichen größer, dass sich ihre noch so geringe Veranlagung zum AD(H)S zu einer Krankheit entwickelt. Kinder und Jugendliche mit AD(H)S dekompensieren, wenn sie in der Familie keine feste Bezugsperson haben, die ihnen stabilen Halt und das Gefühl der Geborgenheit gibt. Sie benötigen ständig einen Coach. Diese Rolle kann über die vielen Jahre hinweg nur jemand aus der Familie und kein Therapeut sein, auch wenn letzterer noch so gut ist.

Ein Beispiel aus der Praxis – Marco

Marco, ein 15-jähriger intelligenter Junge mit ausgeprägtem AD(H)S, besucht die 8. Klasse der Realschule. Der Junge leidet unter vielen Wahrnehmungsstörungen, die bisher nicht als AD(H)S-bedingt bekannt waren. Im Rahmen eines Intelligenztest nach HAWIK treten bei Marco erheblich unterschiedliche Werte zwischen dem Verbal- und Handlungsteil auf, die für Kinder und Jugendliche mit AD(H)S typisch sind.

Marco war vom ersten Schuljahr an nicht in der Lage, selbstständig zu arbeiten. Er begriff alles sehr schnell, behielt aber das Gelernte nicht über einen längeren Zeitraum im Gedächtnis. Die Mutter saß bei den Hausaufgaben immer dabei, da Marco sonst viel zu lange für sie benötigte, weil er sie ständig unterbrach.

Bis zur 5. Klasse hatte er wenige Schulprobleme. Seine Schrift war krakelig, deshalb schrieb er mit Druckschrift, was wesentlich besser aussah. Textaufgaben in Mathematik und das Aufsatzschreiben bereiteten ihm manchmal Probleme. Aber beides meisterte er mithilfe seiner Mutter und durch zusätzliches Üben. Ab der 5. Klasse hatte er Schwierigkeiten mit den Nebenfächern. Er war nicht fähig, aus zwei bis drei Seiten eines Textes den Inhalt zu erfassen und das Wichtigste in wenigen Sätzen wiederzugeben. So half ihm seine Mutter dabei. Sie las die Kapitel, schrieb den Inhalt kurz auf, den Marco dann auswendig lernte. Manchen Schulstoff musste sie ihm am Nachmittag noch einmal erklären. Da er ihn schnell begriff, wunderte sie sich, warum er vom Unterricht so wenig profitierte.

Jetzt in der 8. Klasse wurden die Hausaufgaben immer umfangreicher. Marcos Mutter verlangte, dass er seine Hausaufgaben endlich allein macht. Der Junge mochte aber nicht. Gegenüber seiner Mutter benahm sich Marco sehr aggressiv. Sie nannte sein Verhalten daraufhin undankbar und drohte, ihm von nun an überhaupt nicht mehr zu helfen. Das wiederum bereitete ihm großen Frust.

Marco entwickelte in dieser Phase ein zwanghaftes Verhalten, weshalb seine Eltern mit ihm eine kinder- und jugendpsychiatrische Praxis aufsuchten. Wollte der Junge Schulaufgaben machen, wich er nicht von der Seite seiner Mutter. Auf diese Weise forderte er penetrant ihre Hilfe ab, gleichgültig, ob ihr der Zeitpunkt passte oder nicht. Reagierte die Mutter nicht, stieß Marco seinen Zeigefinger schmerzhaft in ihren Rücken und in ihre Oberarme. Sein aggressives Verhalten steigerte sich zusehends: Einmal, als die Mutter gerade vor dem Fernsehgerät saß und eine Sendung ungestört sehen wollte, drohte er, mit einer schweren Vase das Fernsehgerät zu zerschlagen.

Die Behandlung von Marcos impulsivem und aggressivem Verhalten erforderte auch ein Umdenken der Mutter. Sie begriff, dass sie mit ihrem bisherigen Verhalten selber entscheidend dazu beigetragen hatte, ihren Sohn in solch eine Abhängigkeit zu bringen. Nun begann sie zu verstehen, dass Marco manche Aufgaben und Pflichten wirklich sehr schwerfielen und dass er sie allein ohne fremde Hilfe nicht erledigen konnte. Marcos Mutter begriff, dass ihr Sohn zunächst die erlernte Hilflosigkeit überwinden und in seinen Fähigkeiten selbstständiger werden musste – dann würde auch seine Aggressivität automatisch nachlassen.

5.3 Wie Geschwister eine erfolgreiche Behandlung verhindern können

Praxis und Wissenschaft bestätigen, dass AD(H)S vererbt wird. Dies lässt darauf schließen, dass entweder ein oder beide Elternteile eine eigene Veranlagung zum AD(H)S besitzen. Lässt sich diese Vermutung erhärten, stellt sich die Frage, ob noch weitere Geschwister des betroffenen Kindes eine Disposition für AD(H)S haben.

In die ärztliche Praxis kommt nur das Kind, das leidet und deshalb zu einer Behandlung bereit ist, bzw. ihr gegenüber keinen starken Widerstand leistet. Der größere Bruder, der zu Hause jedoch das Familienklima bestimmt, lehnt dagegen einen jeglichen Arztbesuch ab und macht sich über den »Dachschaden« seines jüngeren Bruders lustig. Hinter dem Rücken der Eltern – damit er keinen Ärger bekommt – lästert er gegen seinen Bruder mit verletzenden Sprüchen: »Du bist krank, du hast ja eine Macke, du musst Tabletten nehmen, damit man dich ertragen kann«. Kein Wunder, wenn der anfangs behandlungsmotivierte Bruder unter solchen Bedingungen schon bald aufgibt und nichts mehr von der Therapie wissen möchte.

Ein großer Bruder, der selber unter einer Veranlagung zum AD(H)S leidet, braucht permanent »Action«. Was liegt da näher, als seinen jüngeren »kranken« Bruder ständig zu provozieren? Der kann dann unter diesen Bedingungen sein Verhalten nicht ändern. In solchen Fällen berichten Eltern häufig, dass die Tabletten nicht »wirken«. Innerhalb eines solchen Rahmens muss jede Therapie scheitern, sie wird früher oder später erfolglos sein.

> **Empfehlung:** In den Fällen, in denen trotz richtiger AD(H)S-Diagnose das Medikament Methylphenidat im Rahmen eines individuellen Behandlungsprogramms keinen Erfolg bringt, sollten Eltern und Therapeuten auch im sozialen Umfeld nach den Ursachen suchen. Wenn bei richtiger Diagnose die Therapie nicht greift, müssen deren Bedingungen überprüft werden.

Die Praxiserfahrung lehrt, dass einer der Gründe für einen Misserfolg der Behandlung im Verhalten der Geschwister des betroffenen Kindes liegen kann. Leider wird dies von Eltern oft nicht so wahrgenommen. Oder es wird aus Scham nicht zugegeben, da sich die Eltern gegenüber ungelösten Geschwisterkonflikten hilflos fühlen.

Ein wichtiger Punkt bei der Behandlung eines AD(H)S-Kindes betrifft also die Geschwisterbeziehung und die Frage, wie innerhalb der Familie mit dem AD(H)S umgegangen wird. Wie können neben den Eltern auch die Geschwister am effektivsten in die Therapie mit einbezogen werden? Dieser Frage sollten Therapeuten nachgehen, unter anderem auch in eigenen Gesprächen mit den Geschwistern des betroffenen AD(H)S-Kindes. Es ist durchaus sinnvoll, diese um ihre aktive Mithilfe zu bitten. Wird eine solche Unterstützung geleistet, brauchen auch die Geschwister eine entsprechende Anerkennung.

Aber auch die umgekehrte Belastung der Geschwister durch ein AD(H)S-Kind kann zuweilen sehr stark sein. So kann ein hyperaktives Kind zum Beispiel seinen Bruder, wenn es der Altersunterschied zulässt, derart völlig vereinnahmen, dass diesem kaum noch Möglichkeiten und Energie bleiben, eigenen Interessen nachzugehen. Steht ein Kind mit AD(H)S im Mittelpunkt der Familie, leiden rasch die Geschwister darunter, dass sie von den Eltern weniger Zuwendung erfahren. Dies ist für sie zuweilen sehr bitter, selbst wenn es von den Eltern so überhaupt nicht gewollt ist.

6 »Fahren mit angezogener Handbremse«

6.1 Ein Leben zwischen Nichtwollen und Nichtkönnen

Was gesagt wird, wird nicht gehört,
was gehört wird, wird nicht verstanden
und somit nicht befolgt.

Steffens Schulbeginn – ein Beispiel für viele AD(H)S-Kinder

Endlich ist der erste Schultag da! Steffen und seine Eltern haben diesen Tag lange herbeigesehnt. Die Eltern sind stolz, ein Schulkind zu haben, und Steffen kann seinen Eltern endlich zeigen, wie klug er ist. Hat er doch einen hellen Verstand und weiß schon einiges mehr als die anderen Kinder.

Bald jedoch nach der Einschulung bemerkt Steffen, dass ihm das Stillsitzen schwerfällt und er nicht lange der Lehrerin zuhören kann. Beim Schreiben gibt er sich solche Mühe, aber er kann die Linien nicht einhalten und drückt viel zu sehr auf. Er kann sich nicht alles merken, was die Lehrerin sagt. Beim Schreiben macht er viele Fehler.

Trotz aller Anstrengungen wird Steffen kaum gelobt. »Du musst noch mehr üben«, meint seine Lehrerin. Weil er sich so schnell aufregt und immer gleich weinen muss, beginnen die Mitschüler, ihn zu hänseln.

Vier Monate nach der Einschulung möchte Steffen nicht mehr in die Schule gehen. Er macht sehr lange Hausaufgaben, lernt und übt am Nachmittag fleißig, weiß es aber am nächsten Tag bei der Arbeit nicht mehr. Schließlich hat er keine Lust mehr zum Üben, es bringt ja eh nichts. Er klagt nach der Schule über Kopfschmerzen und am Morgen vor der Schule über Bauchschmerzen.

Steffen ist ein typisches Beispiel für ein AD(H)S-Kind. Es will, aber kann nicht so sein, wie es gern möchte, selbst wenn es sich noch so anstrengt.

Nichtwollen oder Nichtkönnen – was war zuerst?

Bei jüngeren, anfangs sehr motivierten Schulkindern mit AD(H)S wie Steffen ist die Frage »Will er nicht oder kann er nicht?« noch einfach zu beantworten. Bei älteren hyper- und hypoaktiven Schulkindern ist es dagegen oft schwieriger zu entscheiden, was zuerst vorhanden war: Der Frust über das ungewollte Versagen oder das im Rahmen einer verwöhnenden Erziehung entstandene Verweigern von Leistungen infolge einer geringen Anstrengungsbereitschaft. Hierbei ist die Diagnosestellung AD(H)S oft schwierig und muss nach allen Seiten sorgfältig ausgelotet werden.

Warum sich Kinder und Jugendliche mit AD(H)S so schwertun

Denken, Lernen, Fühlen und Handeln sind als Einheit das Ergebnis eines gut funktionierenden Nervensystems. Jede einzelne Nervenzelle steht mit mehreren Tausend Nervenzellen über Botenstoffe in Verbindung. Liegt wie beim AD(H)S ein Mangel an Botenstoffen vor, erhält das Gehirn zu langsam und ungenau Informationen. Letztere lassen sich dann nur verzögert abrufen. So gelingt es Kindern und Jugendlichen mit AD(H)S in der Regel nicht ausreichend, sich bewusst zu steuern, sich zu motivieren und komplexe Aufgaben zu lösen. Sie schaffen dies meist nur bei Dingen, die für sie sehr spannend sind. Hier stehen ihnen dann nur für kurze Zeit ausreichend Botenstoffe zur Verfügung. Das unterscheidet hypo- und hyperaktive Kinder von nicht AD(H)S-betroffenen Kindern, bei denen alle Informationen gefiltert und je nach Wichtigkeit weitergeleitet und gespeichert werden. Diese Kinder können Erfahrungen, wenn sie gebraucht werden, sofort abrufen und ihre impulsive Spontanität besser kontrollieren. AD(H)S-Kinder können dagegen die Reize der Umgebung nur unzureichend filtern, sie nehmen viel zu viel Unwichtiges wahr und überhören dabei Wichtiges. Vom Kurzzeitgedächtnis gelangt bei ihnen viel zu wenig in das Langzeitgedächtnis, wo es abgespeichert und damit jederzeit abrufbereit ist. Deshalb können sie weniger Erfahrungen sammeln und diese beim vorausschauenden Handeln anwenden.

Was tun bei Diagnose AD(H)S?

Ist in einer fachärztlichen Praxis ein AD(H)S diagnostiziert, ist abzuwägen, ob bei den betroffenen Kindern oder Jugendlichen die Aktivierung von individuellen und familiären Ressourcen mittels verhaltenstherapeutischer Maßnahmen wie eine bessere Alltagsstrukturierung, familiäres Coaching, Selbstinstruktionstraining und ähnliches mehr oder eine medikamentöse Therapie angezeigt ist. Die Frage stellt sich besonders bei Schülern der oberen Klassen einer weiterführenden Schule, die wegen schlechter Noten infolge einer Konzentrationsstörung zur Diagnostik kommen und deren Eltern eine Verordnung von Stimulanzien anstreben.

6.2 Träume und Fantasien – eine Flucht aus der Wirklichkeit

Das Abgleiten in eine »Traumwelt« ist eines der Hauptsymptome des AD(H)S ohne Hyperaktivität. Hypoaktive Kinder besitzen eine gute Fantasie, die ihnen hilft, seelisch nicht zu »dekompensieren«. Die Fantasien haben für die Kinder eine zentrale Bedeutung, ihre alltäglichen Erlebnisse zu bewältigen und zu verarbeiten. Sie bilden für die hypoaktiven Kinder den eigentlichen Wirkungsort ihrer Abwehrmechanismen und sind für sie sehr wichtig, um seelische Stabilität herbeizuführen bzw. zu bewahren. Mithilfe ihrer Fantasien erfüllen sich diese Kinder ihre Wünsche. Negative, ja sogar traumatische Erlebnisse können sie auf der Grundlage von Tagträumen und -fantasien zum Positiven wenden. Damit bilden diese eine Ebene, auf der die betroffenen Kinder und Jugendlichen seelische Spannungen abreagieren können. Aber während des Träumens »klinken« diese Kinder sich aus, das bedeutet, sie bekommen von der Umwelt nur noch bruchstückhaft etwas mit.

Beispiele aus der Praxis

Anette

Die achtjährige Anette träumt wieder einmal im Unterricht. Sie ist mit ihren Gedanken ganz woanders. Wird sie von der Lehrerin angesprochen, reagiert sie erschrocken und kann die gestellte Frage nicht richtig beantworten. Die Lehrerin ermahnt sie aufzupassen, was sie sich auch fest vornimmt. Aber nach spätestens zehn Minuten herrscht wieder das gleiche Bild: Anette weiß nicht, was besprochen wurde. Wenn der Unterricht nicht spannend für sie ist, kann sie die Aufmerksamkeit nicht halten, auch wenn sie sich noch so anstrengt.

Robert

Robert, ein Viertklässler, berichtet, er habe in den letzten Jahren vom Unterricht wenig mitbekommen. Er musste sich den Schulstoff am Nachmittag mit seiner Mutter erarbeiten, was für beide sehr mühselig war. Erst nach der Diagnose AD(H)S und der Verordnung von Stimulanzien wurde dem Jungen klar, was er alles versäumte und wie viel man im Unterricht mitbekommt, wenn man aufpassen kann.

Desiré

Desiré, eine 12-jährige Gymnasiastin, bekommt in der Schule trotz ihrer sehr guten Intelligenz immer schlechtere Noten. Jetzt besteht Versetzungsgefahr, der Grund für die Eltern, sich fachärztlichen Rat zu holen. Die Untersuchungen ergeben als Diagnose ein AD(H)S. Desiré erhält daraufhin u. a. Stimulanzien verschrieben. Aber das Mädchen lehnt diese nach kurzer Zeit ab, da sie weiterhin in ihrer Traumwelt leben möchte, aus der sie Medikamente jedoch entreißen. Sie glaubt, auch ohne Tabletten in der Schule aufpassen und erfolgreich sein zu können, was die Zukunft beweisen wird. Bestehen bleibt für den behandelnden Arzt (und die Eltern) die Aufgabe, das 12-jährige Mädchen aus ihren Träumen in die reale Welt zurückzuholen. Sonst verträumt sie wichtige Teile ihrer Entwicklung und erwirbt nur unzureichende Fähigkeiten und Erfahrungen, sich mit ihrer Umwelt erfolgreich auseinanderzusetzen. Eine lebensuntüchtige, psychisch instabile und ich-schwache Persönlichkeit könnte die Folge sein.

6.3 Die erlernte Hilflosigkeit

Falsch verstandene Hilfestellungen

AD(H)S-Kinder haben ein gestörtes Zeitgefühl, sie sind leicht ablenkbar, unkonzentriert, vergesslich, feinmotorisch ungeschickt und manchmal auch ängstlich. Sie trauen sich selbst wenig zu. Diese Symptome bemerken Mütter und Väter oft schon im Alter von drei bis vier Jahren. Eltern reagieren typischerweise so, ihren Kindern verstärkt zu helfen. Sie nehmen ihnen viele Arbeiten ab, die sie nicht so gut oder so schnell können. Die Eltern meinen es gut, schaden aber ihren Kindern, denn sie gewöhnen sich auf diese Weise ein unselbstständiges Verhalten an.

Es gibt Kinder, die sich noch im Alter von zehn Jahren die Schleife der Schnürschuhe von der Mutter binden lassen. Fordert man diese Kinder auf, für eine Untersuchung die Schuhe auszuziehen, so legen sie ihr Bein dazu auf den Schoß der Mutter. Schließlich hat sie ja zu Hause die Doppelschleife mit den Schnürsenkeln gemacht. Oder sechsjährige Kinder heben die Arme, wenn man sie auffordert, den Pullover auszuziehen. Das macht natürlich zu Hause immer die Mutter. Auch im sozialen Bereich sollten die Kinder ihre Probleme allein lösen lernen. Dies schließt selbstverständlich nicht aus, dass Problemlösungswege von den Eltern vorgeschlagen und gemeinsam besprochen werden können.

Durch die Abnahme aller Arbeiten und Pflichten bringt man die Kinder ungewollt, meist auch unbewusst in eine Abhängigkeit und in eine erlernte Hilflosigkeit. Eine Mutter, die ihrem Kind immer wieder sagt: »Ich mache das schon«, deutet ihm damit indirekt an, zu ungeschickt oder zu »dumm« zu sein, frei nach dem Motto: »Ich mach es deshalb lieber gleich selber«. Viele Kinder werden in meiner Praxis vorgestellt, weil sie u. a. ein schlechtes Selbstbewusstsein haben. Nach ihren Pflichten in der Familie befragt, schauen sich Mutter und Kind häufig hilflos an. »Ich bin schon froh, wenn es seine Hausaufgaben macht, ansonsten braucht es nichts zu machen.«

Kinder und Jugendliche zur Selbstständigkeit erziehen

Auch ohne die Diagnose AD(H)S ist allen Eltern zu empfehlen, ihre Kinder schon früh zur Selbstständigkeit zu erziehen. Sie sind gefordert, ihnen zu zeigen, wie man bestimmte Aktivitäten oder Aufgaben macht, dürfen ihnen diese jedoch nicht abnehmen. Kindern eigene Erfolgserlebnisse zu ermöglichen, ist ein wichtiger Teil für die Entwicklung ihres guten Selbstbewusstseins. »Du bist schon groß, du kannst das schon, wenn nicht, zeige ich es dir gern«, das sollte dem Kind mehrfach gesagt werden und natürlich sollte auch danach gehandelt werden. So können sogar schon Vorschulkinder in der Familie kleine Pflichten übernehmen, was ihnen das Gefühl gibt, dass sie wichtig sind und gebraucht werden.

Gerade AD(H)S-Kinder müssen immer wieder ermutigt werden, sich Fähigkeiten und Selbstständigkeit zu beweisen. »Probier es, du kannst es, sonst zeige ich dir, wie es geht.«

Die erlernte Hilflosigkeit ist ansonsten der erste Meilenstein in einer Entwicklung hin zum mangelhaften Selbstvertrauen. Kinder und Jugendliche mit AD(H)S aus ihrer Hilflosigkeit zu befreien, ist deshalb der erste und einer der schwersten Schritte einer erfolgreichen AD(H)S-Behandlung. Deren Ziel ist es, den Betroffenen im Laufe ihrer Kindheit und Jugend zu ermöglichen, soziale Fähigkeiten zu erwerben, Pflichten zu übernehmen und schließlich selbstständig zu werden.

> **Therapiebausteine zugunsten einer Erziehung zur Selbstständigkeit**
>
> - Überprüfen des individuellen Entwicklungsstandes
> - Aufbau einer tragfähigen Beziehung zwischen Eltern und Kind
> - Aufklären über grundsätzliche AD(H)S-spezifische Symptomatik
> - Ausloten der Stärken und Schwächen des Kindes und seines sozialen Umfeldes
> - Gestalten individueller Therapiepläne nach problem- und persönlichkeitszentrierten Schwerpunkten (z. B. des Verhaltens, der Konzentration, der Tagesstrukturierung, des Sozialverhaltens, der Selbstständigkeit, der sozialen Kompetenz, des Problemlösetrainings, Erledigen von Hausaufgaben, Zimmeraufräumen, der Fein- und Grobmotorik)
> - Festlegen von Therapiezielen und deren selbstständiges Erreichen durch das Üben von Teilaufgaben
> - Anerkennung und Kritik von anderen annehmen können und sich selbst loben lernen

6.4 Frustabbau durch Aggressionen und Zwänge

Zwangshandlungen bei hypoaktiven Kindern

Frustrationen führen beim AD(H)S-Kind zur inneren und äußeren Verunsicherung. Während hyperaktive Kinder diese Frustrationen vorwiegend über Aggressionen abreagieren, kommt es bei *hypoaktiven* Kindern zu Zwangsgedanken oder Zwangshandlungen.

Solche Frustrationen sind die Folge von Versagen von Wünschen, Erleben von Niederlagen und Enttäuschungen, Mangel an Zuwendung, positiver Bestätigung und Anerkennung.

Hypoaktive Kinder reagieren regressiv, introvertiert (nach innen gekehrt). Sie erleben jede Enttäuschung als persönliche Kränkung, die widerspruchslos hingenommen, stumm mit eigener Schuldzuweisung ertragen wird. Es vergeht einige Zeit, bis die seelische Belastung unerträglich wird und die Situation »dekompensiert«. Dann kann das Bedürfnis der Kinder, die inneren Anspannungen und die blockierenden Ängste auszugleichen, dahin führen, Zwangshandlungen oder Zwangsgedanken zu entwickeln. Diese führen bei den Kindern meist (zunächst) zur inneren Entspannung. Ihr Auftreten ist zeitlich versetzt und lässt keinen unmittelbaren Zusammenhang zu den erlittenen Frustrationen erkennen.

Aggressives Verhalten bei hyperaktiven Kindern

Das aggressive Verhalten der *hyperaktiven* Kinder dagegen ist eine prompte und immer wiederkehrende Sofortreaktion auf Frustrationen. Als Selbstschutz geben sie meist anderen die Schuld. Ihre aggressiven Handlungen sind im Allgemeinen jedoch Ausdruck ihrer eigenen inneren Verunsicherung: Zu groß ist bei vielen die Diskrepanz zwischen der erhofften und tatsächlichen sozialen Stellung – anstelle einer anerkannten Position in der Klasse oder in der Nachbarschaft nehmen sie dort vielmehr eine Außenseiterrolle ein. Ihr aggressives Handeln geht dann häufig mit einer gesteigerten Vigilanz und Impulsivität sowie mit dem Auftreten eingeschliffener Reaktionen einher. Da sie sich im Affekt schlecht bremsen können, verlieren sie bei starker Erregung zuweilen die Kontrolle über sich.

Ein Beispiel aus der Praxis – Martin

Martin, ein achtjähriger Junge mit AD(H)S, regt sich schnell und stark auf. Er wird deshalb von seinen Klassenkameraden, wenn sie gerade nichts »Besseres« zu tun haben, immer wieder – und ohne dass es die Lehrer merken – geärgert. Einmal in der Pause, eigentlich aus einer Nichtigkeit heraus, packt Martin die Wut. Er schlägt auf seinen »Erzfeind« ein, fast hemmungslos. Die Mitschüler wollen die beiden Jungen trennen, bekommen dabei auch noch Schläge ab. Selbst als die Lehrerin eingreift – er bemerkt das zunächst in seiner Wut gar nicht –, schlägt er weiter um sich. Nur schwer lässt sich Martin beruhigen. Er bekommt für den Vorfall die alleinige Schuld zugewiesen und zur Strafe ein paar Tage Schulverbot. Die anderen Kinder freuen sich und haben nicht im Geringsten ein schlechtes Gewissen: »Wenn Martin wieder in der Schule ist, ärgern wir ihn erst recht«.

Eine Außenseiterrolle muss nicht sein

Die meisten Eltern von hyperaktiven Kindern und viele Lehrerinnen und Lehrer werden Martins Geschichte als »schwarzes Schaf« der Klassengemeinschaft kennen. So weit sollte es jedoch nicht kommen, denn ein durch AD(H)S bedingtes aggressives Verhalten kann durch dessen frühzeitige Diagnose mit entsprechenden Hilfen und unter therapeutischer Mitarbeit des sozialen Umfeldes, des Kindes und seiner Eltern in ein sozial verträgliches Verhalten umgewandelt werden. Dies bedeutet einen mühevollen, aber gangbaren Weg. Er setzt bei den behandelnden Ärzten und Psychologen gute Kenntnisse über AD(H)S sowie bei Eltern und Pädagogen eine Bereitschaft voraus, sich selbst zu informieren.

> **Zur Neurobiologie aggressiven Verhaltens**
>
> Aggressives Verhalten ist nicht angeboren. Wohl aber können hyperaktive Kinder unter ungünstigen Bedingungen infolge ihres neurobiologisch bedingten Ungleichgewichts der Botenstoffe eine Bereitschaft entwickeln, aggressiv zu reagieren. Sie verlernen sehr schnell, Konflikte verbal auszutragen. Biochemisch scheint die Aggressivität die Folge eines erhöhten Noradrenalinangebotes in bestimmten Zellgruppen (Basalganglien) im Gehirn zu sein, die mit dem Stirnhirn in Verbindung stehen. Begünstigt durch die AD(H)S-typische Impulssteuerungsschwäche kann sich ständig wiederholendes Verhalten automatisieren. Denn je öfter ein Verhalten oder ein Gedanke sich wiederholt, umso dichter entwickelt sich dessen entsprechende Nervenbahn im Gehirn.

Aggressives Verhalten nimmt bei Kindern und Jugendlichen mit AD(H)S im Laufe ihrer Entwicklung zunehmend die Form eines eingeschliffenen Verhaltens an, das sich auf Vorgänge aus der Vergangenheit aufbaut und eine Impulssteuerungsschwäche voraussetzt. Nur durch eine frühzeitige Behandlung, die mit mehr Erziehungskompetenz innerhalb der Familie verknüpft wird, kann ein solches Verhalten dauerhaft vermieden werden.

Wie Eltern bei ihren Kindern unnötige Frustrationen vermeiden und gefährlichen Aggressionen vorbeugen können

- Bauen Sie vom ersten Lebenstag an zu Ihrem Kind ein sog. Urvertrauen auf. Geben Sie Ihrem Kind das Gefühl, in wichtigen Situationen immer für es da zu sein, ohne es zu verwöhnen.

- Leben Sie Ihrem Kind in Ihrer Partnerschaft und in der Familie stets vor, wie man Konflikte verbal lösen kann.
- Dulden Sie keine aggressiven Handlungen, auch nicht unter den Geschwistern.
- Praktizieren Sie immer einen liebevollen, aber konsequenten Erziehungsstil.
- Stellen Sie an Ihr Kind keine seinem Alter nicht entsprechenden Erwartungen, aber erziehen Sie es früh zur Selbstständigkeit.
- Lassen Sie Ihr Kind früh Lob und Anerkennung erfahren, um ein positives Selbstwertgefühl aufbauen zu können.
- Geben Sie Ihrem Kind zeitig die Möglichkeit, seine Wünsche äußern zu lernen und sie der Realität anzupassen.

Wenn bei den Eltern selber ein AD(H)S vorliegt

In meiner Praxis erlebe ich immer wieder Eltern von aggressiven Kindern, die selber genervt, überfordert, emotional instabil und schnell erregbar sind. Viele von ihnen gehen mit Strafen willkürlich um, je nach eigener Gemütsverfassung. Sie treffen untereinander und gemeinsam mit ihren Kindern keine Absprachen, und die getroffenen Vereinbarungen überprüfen sie nicht auf ihre Einhaltung. Sie beschreiben sich selbst und ihren Erziehungsstil als inkonsequent.

Das verwundert nicht, denn viele Eltern von AD(H)S-Kindern haben selbst ein AD(H)S, ohne sich dessen bisher bewusst gewesen zu sein. Deshalb können sie nicht anders handeln, selbst wenn sie wollten. Nicht wenige aggressive Kinder kann man erst erfolgreich behandeln, wenn man die Eltern mitbehandelt. Danach sind sie erstmalig in der Lage, ihrem Kind ruhig, ausgeglichen und konsequent, so wie in der Therapie vereinbart, zu begegnen. Denn die Vorbildwirkung der Eltern ist in der Erziehung eines Kindes das Allerwichtigste.

Aggressives Verhalten nicht auf die leichte Schulter nehmen

Werden aggressive Kinder zu sozialen Außenseitern, wachsen sie ohne verbindliche Werte und ohne Grenzerfahrungen auf. Alle sozialen Normen werden dann von ihnen aus Protest abgelehnt oder nur gelegentlich befolgt. Hierdurch demonstrieren sie ihren starken Willen und machen durch ihren Protest auf die von ihnen empfundenen Ungerechtigkeiten aufmerksam. Ihre Erfahrungen holen sie sich aus Filmen und Serien. Zu Hause reagieren sie sich mittels lauter Musik ab oder provozieren ihre Geschwister. Computer- oder Gameboy-Spiele mit viel »Action« dienen ihnen zum Frustabbau. Nicht selten stecken solche Spiele voller Gewalt.

> **Wichtig:** Aggressivität im Kindesalter sollte ernst genommen und behandelt werden. Denn sie kann unter ungünstigen Bedingungen der Beginn einer dissozialen Entwicklung sein und manchmal sogar in die Kriminalität führen.

Welche Faktoren begünstigen bei Kindern und Jugendlichen mit AD(H)S die Entstehung von Kriminalität?

Seelisch instabile, von sich und ihrer Umwelt enttäuschte Jugendliche wachsen zumeist unverstanden, einsam und ohne emotionale Zuwendung auf. Gesellschaftliche Normen und Wertvorstellungen missachten sie aus Protest, wenn sie diese denn überhaupt in ihren Familien vermittelt bekamen. Sie sind sowieso immer Außenseiter, ihre Eltern verstehen und begreifen sie nicht. Oft merken diese nicht einmal, wie unverstanden sich ihre Kinder schon seit Langem fühlen.

Solche Kinder und Jugendlichen haben keine Erfolgserlebnisse und verlieren immer mehr an Selbstvertrauen – in der Schule sind sie häufig die »schwarzen Schafe«. Auch dort sind und bleiben sie Außenseiter. Dabei bemühten sie sich zu Beginn ihrer Schulzeit nicht minder als ihre Klassenkameraden ohne AD(H)S um die Anerkennung ihrer Eltern, Lehrer und Mitschüler. Als das ihnen trotz aller Mühe nicht gelang, gaben sie auf, resignierten und verweigerten schließlich die Hausaufgaben. Sie fanden niemanden, der sie verstand oder sich auch nur darum bemühte. Erwachsene, die sie sich hätten zum Vorbild nehmen können, fanden sie nicht. So orientierten sie sich an den »Lieblingshelden« gewaltreicher Filme, die ihnen halfen, ihren Frust abzureagieren und ihre Langeweile zu vertreiben.

Als Jugendliche interessiert sie das »Gelabere« ihrer Eltern schon lange nicht mehr, denn deren Moralisieren haben sie endgültig satt. Da positive Freizeitangebote fehlen, schließen sie sich einer Gruppe von »Kumpeln« an, die sich mit den gleichen »Helden« identifizieren und diesen nacheifern. In einer solchen Gruppe sind sie gleichberechtigte Mitglieder. Hier geht es (scheinbar) für sie gerecht zu, hier zählt nicht, was einer kann oder nicht kann. Die Gruppe hat eine klare Ordnung, konkrete Ziele und den Grundsatz, dass einer sich auf den anderen verlassen kann. Ein solches »Zuhause« haben die betreffenden Kinder und Jugendlichen schon lange gesucht. Hier gibt es für sie die Möglichkeit, sich zu bestätigen, Anerkennung zu gewinnen und dem »nervenden« bzw. langweiligen Elternhaus zu entfliehen. Andere Freizeitangebote fehlen oder erwecken bei den Jugendlichen unangenehme Erinnerungen früher erlittener Demütigungen. In der Gruppe wird gemeinsam geraucht, (Alkohol) getrunken und gelegentlich Drogen konsumiert: Damit verbunden ist ein Klima, das die Kinder und Jugendlichen als angenehm und kameradschaftlich empfinden. Hier formiert sich eine Gemeinschaft heraus, die sich ihre eigenen Normen schafft und eine feste Struktur hat. Manche Kinder und Jugendliche lassen sich dabei u. a. auch von einem Gefühl der vermeintlichen »Rache« für das leiten, was sie zu Hause und in der Schule erleiden mussten. Jetzt wollen sie endlich einmal akzeptiert werden, sich behaupten, Stärke zeigen und nicht immer nur Verlierer sein.

Unter solchen Bedingungen werden Kinder und Jugendliche leicht manipulierbar. Kriminalität ist kein Schicksal, sie ist nicht angeboren. Sie wird begünstigt durch:

- eine fehlende emotionale Bindung an die Familie
- einen Mangel an verinnerlichten sozialen und persönlichen Normen

- die bittere Erfahrung der Kränkung und die Einsamkeit durch Ausgrenzung
- eine spezifische Veranlagung – z. B. eine zu große Empfindlichkeit, ein überstarkes Gerechtigkeitsgefühl
- in Verbindung mit für die persönliche Entwicklung ungünstigen Umweltverhältnissen

Wie lässt sich die Entwicklung von Kriminalität bei Kindern und Jugendlichen auf die Dauer wirksam verhindern? – Acht Maßnahmen

1. Aufbau einer emotional warmen, tragfähigen Beziehung zwischen Kindern und ihren Eltern bei einer festen Einbindung der Kinder in ihre Familien.
2. Vorbildhaftes Verhalten der Eltern und frühzeitige Orientierung an Leitfiguren.
3. Übernahme von sinnvollen sozialen und moralischen Normen und Wertvorstellungen der Gesellschaft.
4. Altersgerechte Förderung und Forderung der Kinder bei frühem Setzen von Grenzen: Kinder müssen Grenzerfahrungen machen.
5. Erziehung zur sozialen Kompetenz mit gutem Selbstbewusstsein: Förderung sozialer Kontakte mit Üben der Interaktion, feste Einbindung in Gruppen mit Vermittlung von Erfolgen, Anerkennung und Problemlösetraining.
6. Viel Bewegung und Sport, musisches oder kreatives Gestalten.
7. Einbeziehung der Gesellschaft in die Vermittlung altersentsprechender und gesellschaftlicher Normen. Ablehnung von und Verzicht auf jegliche körperliche Gewalt und alle Darstellungen von Gewaltszenen zur Lösung von Problemen in Medien.
8. Mehr staatliche Verantwortung bei der Erziehung der Kinder und Jugendlichen durch ausreichende Freizeitangebote und -betreuung.

6.5 Essstörungen als Komorbidität bei Jugendlichen und Erwachsenen mit AD(H)S

Sehr viele Krankengeschichten weisen auf einen Zusammenhang von Essstörungen und AD(H)S hin, wobei hierbei das AD(H)S ohne Hyperaktivität überwiegt. Dieser mögliche Zusammenhang sollte bei Diagnostik und Therapie beider Krankheiten viel mehr berücksichtigt werden. Dadurch könnte manche Essstörung frühzeitig verhindert werden oder deren Therapie wesentlich erfolgreicher sein. Die Zunahme von Häufigkeit und Schwere von Essstörungen hat sich in den letzten zehn Jahren verdoppelt. Bei bisher nur geringen therapeutischen Langzeiterfolgen und noch immer relativ hoher Sterblichkeit ist es an der Zeit, die neurobiologischen Erkenntnisse der Lern- und Verhaltensforschung auch bei den Essstörungen zu berücksichtigen.

Essstörungen umfassen Magersucht, Bulimie und Übergewicht durch stressbedingtes Frustessen, der sogenannten Binge-Eating-Störung. Betroffene mit ausgeprägter AD(H)S-Symptomatik leiden häufiger und länger unter negativem Dauerstress infolge ihrer AD(H)S-bedingten Überflutung des Gehirns mit Informationen. Die viel zu feinmaschige Vernetzung der Nervenbahnen miteinander und der Botenstoffmangel beeinträchtigen eine altersgerechte Entwicklung von Selbstwertgefühl und Sozialverhalten. Bei Überforderung oder unzureichender Behandlung entwickelt sich negativer emotionaler Dauerstress zusätzlich zu der schon bestehenden AD(H)S-typischen zu großen Stressempfindlichkeit.

Negativer emotionaler Dauerstress wird so zum Bindeglied zwischen AD(H)S und den Essstörungen

In meiner Praxis berichtete etwa jede dritte Frau mit einer AD(H)S-Problematik auf gezielte Nachfrage über eine Essstörung im Jugendalter. Oft bestand noch immer die Gefahr eines erneuten Auftretens bei zunehmender psychischer Belastung.

Häufig entwickeln weibliche Jugendliche mit einem AD(H)S ohne Hyperaktivität eine Essstörung, wobei Gymnasiastinnen, Studentinnen und Berufseinsteigerinnen besonders davon betroffen sind. Bedingt durch ihre meist sehr gute Intelligenz haben sie einen hohen Selbstanspruch, dem sie trotz Anstrengung nicht immer zur eigenen Zufriedenheit genügen können. Oft machen sie ihr Äußeres völlig grundlos für das so nur von ihnen empfundene Versagen verantwortlich. Sie reden sich ein, dass sie mit einer superschlanken Figur mehr Erfolg hätten, und beschließen, abzunehmen. Ganz vereinzelt entwickeln auch männliche Jugendliche mit einem AD(H)S solche Gedankengänge. Die Gesellschaft suggeriert ihnen Superschlanksein als Erfolgsmodell.

Warum und wann kommt es unter ganz bestimmten Voraussetzungen zu Essstörungen im Rahmen eines AD(H)S?

Essstörungen bei AD(H)S entstehen vorwiegend in jenem zeitlich umschriebenen Lebensabschnitt, der entwicklungsbedingt sehr belastend ist, weil man z.B. den pubertätsbedingten Anforderungen infolge einer AD(H)S-Problematik nicht gewachsen ist.

> Dabei leiden viele Betroffene im Vorfeld schon jahrelang unter einer Selbstwertproblematik verbunden mit dem Gefühl »anders zu sein« oder »ausgegrenzt« zu werden. Diese Jugendlichen benutzen ihr Essverhalten als Selbstbehandlung ihrer ständig zunehmenden psychischen Verunsicherung durch die sie beherrschenden Gefühle von Insuffizienz und mangelnder Anerkennung. Ihr stures Essverhalten wird zu einem wichtigen Teil ihrer Persönlichkeit, von dem sie sich nicht so leicht wieder trennen können und wollen, weil sie sich mit ihrem Ess-

> verhalten eigene Stärke beweisen. Was ihnen mit vielen anderen Dingen im Alltag nicht so gut gelingt.

Allen gemeinsam ist, dass die Betroffenen über negativen emotionalen Dauerstress, nicht aber über ihre Essstörung klagen. Diese wird verschwiegen oder gar verleugnet. Denn sie brauchen dieses Essverhalten zur Aufrechterhaltung ihres psychischen Gleichgewichtes, zur Selbstbestätigung durch Aktivierung ihres körpereigenen Belohnungssystems. Deshalb lehnen sie meist jede Therapie ab, die primär ihr Essverhalten ändern will. Stattdessen erwarten sie vom Therapeuten eine spürbare Hilfe bei der Verbesserung ihrer eigentlichen Probleme, den gespürten Defiziten von Erfolg und Anerkennung.

Das betrifft vor allem die sich selbst gestellten hohen persönlichen Ansprüche, die dazu führen, dass Ergebnisse (z. B. von Klausuren) meist schlechter als erwartet ausfallen. Dabei reagieren weibliche Jugendliche infolge unterschiedlicher Vernetzung ihrer beiden Gehirnhälften sozial empfindlicher als männliche Jugendliche. Deren Gehirn ist anders »verdrahtet«, es arbeitet strategischer und ist nicht so leicht von außen beeinflussbar. Diese besondere Art der neuronalen Vernetzung ist eine von vielen Gründen, warum Frauen gefährdeter sind, eine Essstörung zu entwickeln.

In jedem Fall ist negativer emotionaler Dauerstress ein wichtiges Bindeglied zwischen AD(H)S und Essstörung. Erfahrungsgemäß reagieren Menschen unterschiedlich auf Stress. Den einen »schnürt Stress den Hals zu«, sie bringen unter Stress keinen Bissen herunter und verspüren keinen Hunger. Deshalb können sie auch erfolgreicher und leichter abnehmen. Erreichen sie dadurch Aufmerksamkeit und Anerkennung der anderen wird ihr Belohnungszentrum aktiviert. Wird dann ihr Denken und Handeln von Abnehmen und Kalorienzählen beherrscht, können sich diese Gedanken durch ständiges Wiederholen automatisieren, d. h. sie bilden eine Bahn im neuronalen Netzwerk und werden allmählich zwanghaft. Den Gedanken folgen schließlich zwanghafte Handlungen wie das Kalorienzählen; ständige Gewichtsabnahme und all diese »Erfolge« aktivieren kurzzeitig das Belohnungssystem. Das Ausrichten von Denken und Handeln auf Anerkennung durch Abnehmen wird beim AD(H)S noch unterstützt durch die Fähigkeit zum Hyperfokussieren. Von einer Sache überzeugt, können sie bärenstarke Kräfte entwickeln. Außerdem verspüren sie kein Hungergefühl, weil ihr Blutzuckerspiegel stressbedingt hoch ist. Jede Gewichtsabnahme bedeutet Erfolg, der das Belohnungssystem aktiviert, was dann Glückshormone ausschüttet. Wird diese Spirale nicht unterbrochen, kommt es zur suchtartigen Gewichtsabnahme, der Magersucht.

Bei einer anderen Gruppe erzeugt Stress ein starkes Hungergefühl mit den Symptomen einer Unterzuckerung. Sie müssen sofort und viel essen, um ihrer inneren Unruhe verbunden mit Zittrigkeit, körperlicher Schwäche und gefühltem Stress schnell entgegenzuwirken. Jedoch führt reichliches Essen mit vielen Kalorien auf Dauer zur Gewichtszunahme. Um das zu vermeiden, beginnen sie zu erbrechen, dessen ständiges Wiederholen sich ebenfalls automatisieren kann. Dieses zwanghafte und automatisierte Erbrechen nach jeder Mahlzeit, was zunächst aktiv ausgelöst wird, gab dieser Essstörung den Namen »Essbrech-Sucht« oder Bulimie.

> Reagiert der Körper auf anhaltenden Stress mit Heißhunger bei gleichzeitig bestehender AD(H)S-bedingter Impulssteuerungsschwäche mit Tendenz zum Kontrollverlust kann das regelrecht zu »Fressanfällen« (einer Binge-Eating-Störung) führen. Essen, um sich selbst zu belohnen, auch das kann süchtig und übergewichtig machen.

Warum Pubertätsmagersucht?

Pubertät und junges Erwachsenenalter stehen am Ende einer Entwicklungsperiode. Von nun an werden Selbstständigkeit, Pflichtbewusstsein, soziale Reife und Eigenverantwortung gefordert. Alle vorhandenen Defizite werden jetzt deutlich selbst und von anderen bemerkt. Bekommen die Betroffenen keine Hilfe, suchen sie selbst nach Lösungen. Sie beginnen nun unterschiedlich, je nach persönlicher Veranlagung und vorhandenen Möglichkeiten, selbst zu handeln, um ihre innere Verunsicherung zu reduzieren. Eine solche Art der Selbstbehandlung kann beim AD(H)S das Abnehmen sein.

Bei diesen Betroffenen gilt es, das Aufmerksamkeitsdefizitsyndrom in das therapeutische Denken und Handeln mit einzubeziehen. Das setzt eine gründliche Diagnostik mit Suche nach Hinweisen auf AD(H)S-Symptome in der gesamten bisherigen Entwicklung voraus, damit Selbstwertgefühl, Leistungs- und Sozialverhalten durch gezieltes und individuelles Handeln therapeutisch schnell und spürbar verbessert werden und weiterer negativer Dauerstress reduziert wird.

Viele intelligente Jugendliche können ihre AD(H)S-bedingten Probleme lange kompensieren. Gelingt ihnen das nicht mehr, erwarten sie vom Therapeuten konkrete Informationen, warum gerade sie so sind und welche Strategien ihnen in kurzer Zeit helfen, ihre individuellen Probleme zu lösen. Sie wollen erfolgreich lernen und sich sozial angepasst richtig verhalten können. Erst wenn es gelingt, den Betroffenen spürbare Erfolge mit Anerkennung zu ermöglichen, sind sie bereit und in der Lage, ihr Essverhalten dauerhaft zu ändern. Diese Therapie ist erfolgreicher, je zeitiger die Essstörung vom Therapeuten erkannt und als eine AD(H)S-bedingte Spektrumsstörung behandelt wird. Deshalb sollte man grundsätzlich bei Kindern, Jugendlichen und Erwachsenen mit AD(H)S deren Essverhalten mehr Beachtung schenken, um Essstörungen im Beginn zu erfassen und durch eine entsprechend frühzeitige Therapie einen chronischen Verlauf zu verhindern. Denn eine einmal bestehende ausgeprägte Essstörung hinterlässt meist lebenslang psychische und körperliche Spuren.

Bei der Behandlung von AD(H)S-bedingten Essstörungen hat es sich in der Praxis bewährt, immer zuerst die AD(H)S-Problematik anzusprechen und zu behandeln. Bleibt der erwartete Erfolg trotz aktiver Mitarbeit der Betroffenen aus, sollte zusätzlich eine medikamentöse Therapie erwogen werden. Bei der Komorbidität von AD(H)S und Bulimie sowie bei der Binge-Eating-Störung helfen Stimulanzien, den Stress zu reduzieren und das Essverhalten besser zu kontrollieren. Medikamentös unterstützte therapeutische Erfolge aktivieren immer häufiger das Belohnungssystem, das Essverhalten kann sich allmählich wieder normalisieren, weil zunehmend Erfolge Selbstwertgefühl und Sozialverhalten verbessern. Bei restriktiven Essstörungen und AD(H)S konnte ich mit Strattera die AD(H)S-Problematik bessern und allmählich auch das Essverhalten, wenn es noch nicht zu lange bestand und nicht so extrem war. Je stärker sich krankhaftes Essverhalten automatisiert hat, umso schwerer ist es wieder zu beseitigen!

Für diese Therapie braucht man aber viel Erfahrung sowohl im Umgang mit AD(H)S als auch mit Essstörungen und einen engen Kontakt zu den Betroffenen. Denn dieses therapeutische Konzept muss individuell, persönlichkeitszentriert und auf Erfolg ausgerichtet sein. Es setzt beim Therapeuten neurobiologische Kenntnisse und viel Erfahrung voraus.

Ein Beispiel aus der Praxis – Anja

Anja, eine 19-jährige Abiturientin mit Bulimie, wurde von ihrer Mutter zur Therapie gebracht. Die Jugendliche selbst stand der Sache zunächst recht ablehnend gegenüber. Als wir jedoch ausführlich über ihre Problematik sprachen, die sie selbst über Jahre hinweg störte, und diese gemeinsam als eine AD(H)S-bedingte Folgestörung erarbeiteten, war sie sehr erleichtert. Anja hätte es abgelehnt, nur über ihre Essstörung mit mir zu sprechen – das hätte das Erbrechen möglicherweise noch verstärkt. Immer wenn ihre Mutter nachgeforscht habe, ob sie wieder erbrochen habe, so berichtet Anja, habe sie Brechreiz gespürt und sei zur Toilette gestürzt. Zu den Mahlzeiten am Tisch aß sie sehr wenig, danach aber heimlich. Nach der Schule bekam sie oft Heißhunger. Die AD(H)S-Behandlung half ihr sehr. Ihre sehr gute Intelligenz konnte Anja jetzt leichter in gute Noten umsetzen und in der Schule fühlte sie sich nicht mehr so ausgegrenzt. Ihre innere Unruhe war plötzlich weg und sie brauchte nicht mehr beim Lernen mit dem Fuß zu wippen. Erst fast am Ende der Therapie erzählte sie spontan, dass sie auch keine Fressanfälle mehr habe und nicht mehr erbrach. Im Verhalten zu ihrer Mutter war sie nun selbstbewusster, es gelang ihr, ihre Forderungen angemessen zu formulieren und zum Teil durchzusetzen. Ein »Nein« der Eltern konnte sie nun besser verkraften, es führte sie nicht gleich in ein seelisches Tief.

Die Praxis zeigt, dass die Behandlung einer Bulimie manchmal »so ganz nebenbei« im Rahmen einer multimodalen und erfolgreichen AD(H)S-Therapie gelingt. Die betroffenen Jugendlichen sind dabei zumeist dankbar, wenn ihre Essprobleme nicht den Mittelpunkt der Behandlung bilden. Dies würde sie in einem negativen Sinne zu sehr an zu Hause erinnern.

Besonderheiten bei der Behandlung von AD(H)S-bedingten Essstörungen

Kernpunkte der multimodalen Therapie von Essstörungen sind:

- Therapierelevante Informationen und eine Ernährungsberatung vermitteln
- Zusammenhänge zwischen belastenden Ereignissen, dem AD(H)S als Ursache und der Essstörung als Reaktion darauf analysieren und erklären

- Emotionalen Zustand stabilisieren und depressive Tendenzen beseitigen
- Selbstwertgefühl steigern, soziale Kompetenz herausbilden
- Körperwahrnehmung fördern
- Dysfunktionelle und irrationale Gedanken und Überzeugungen positiv bearbeiten
- Die Familie in die Therapie miteinbeziehen
- Lebensperspektiven und Zukunftspläne gemeinsam formulieren und an ihrer Verwirklichung arbeiten

Fazit: Die Behandlung von Essstörungen erfordert stets einen erfahrenen Therapeuten sowie ein individuelles Therapieprogramm. Gerade weil die mit dem Störungsbild verbundenen Problematiken so gravierend sind, empfehle ich dringend, bei Essstörungen nach einem AD(H)S als deren Ursache zu suchen. Viele Praxisfälle sprechen dafür, dass das AD(H)S ohne Hyperaktivität einen Faktor darstellt, der unter Hinzukommen weiterer Faktoren zur Essstörung führen kann.

6.6 AD(H)S und Allergien

Der Zusammenhang zwischen AD(H)S und Allergien ist bisher noch zu wenig bekannt und wird deshalb viel zu selten hinterfragt. Er bestätigt sich aber in der Praxis immer wieder, wenn man gezielt danach fahndet. In meiner Praxis hatten Kinder, Jugendliche und Erwachsene mit AD(H)S einen überdurchschnittlich hohen Anteil an Allergien und Autoimmunerkrankungen. Bei den Autoimmunerkrankungen bildet das Immunsystem Abwehrstoffe gegen körpereigenes Gewebe. Über 65 % meiner AD(H)S-Patienten hatten oder haben noch verschiedene allergische Erkrankungen. Das kann kein Zufall sein.

Eine einzige Ursache für die Häufung von Allergien bei AD(H)S-Betroffenen gibt es nicht, denn die Allergien sind hierbei Folge einer Summe verschiedener Faktoren wie:

- der genetischen Veranlagung
- der ständigen Reizüberflutung infolge Reizfilterschwäche durch Unterfunktion des Stirnhirns
- der AD(H)S-typischen Stressintoleranz mit negativem Dauerstress infolge von Beeinträchtigung von Selbstwertgefühl und Sozialverhalten, was man aus eigener Kraft nicht beseitigen kann
- negativer Dauerstress mit ständig zu viel Stresshormon (Cortisol) im Blut schwächt das Abwehrsystem. Deshalb erkranken Kinder mit einer ausgeprägten AD(H)S-Symptomatik nicht nur häufiger an Allergien, sondern auch an Infekten der oberen Luftwege mit Beteiligung der Ohren und der Lunge.

In meiner Praxis konnte ich eine Häufung von antiköperbedingten Erkrankungen der Schilddrüse bei den Müttern von AD(H)S-Kindern finden. Auch das gemeinsame Auftreten von AD(H)S und Diabetes Typ 1 als Autoimmunerkrankung könnte Folge einer durch negativen Dauerstress geschwächten Immunabwehr sein. Hier wären weitere Forschungen und Studien erforderlich, die sich lohnen würden. Denn unter einer erfolgreichen AD(H)S-Behandlung besserten sich in der Praxis Häufigkeit und Schwere allergischer Schübe. Dagegen konnte ich unter erneuter Dauerbelastung mit Zunahme von Stress bei einigen AD(H)S-Patienten ein erneutes Auftreten oder eine Zunahme von allergischen Reaktionen beobachten.

Deshalb meine Empfehlung: Bei jedem Allergiker nach AD(H)S fahnden und bei allen AD(H)S-Betroffenen nach vorhandenen oder früheren Allergien fragen. Denn eine erfolgreiche Behandlung des AD(H)S stabilisiert auch das Abwehrsystem, weil sie Dauerstress reduziert. Durch eine Berücksichtigung des Zusammenhanges von AD(H)S und Allergie in der Therapie könnte man bei einigen Allergikern den Therapieerfolg verbessern. Denn nicht die Allergie ist hierbei die primäre Ursache für Konzentrationsschwäche und motorische Unruhe, sondern die neurobiologischen Besonderheiten des AD(H)S. Das zu unterscheiden erfordert eine komplexe Diagnostik durch Allergologen mit viel AD(H)S-Erfahrung.

7 »Niemand versteht mich!«

7.1 Impulssteuerungsschwäche

Impulssteuerungsschwäche – was bedeutet das?

Eine Impulssteuerungsschwäche (Impulsivität) ist neben der Aufmerksamkeitsstörung und der motorischen Unruhe eines der drei Hauptsymptome des AD(H)S. Impulsivität lässt sich nach Janke als ein Verhalten definieren, das durch Plötzlichkeit und Planlosigkeit gekennzeichnet ist.

> Impulsive Menschen
>
> - handeln, ohne vorher nachzudenken, also häufig unüberlegt und spontan
> - reagieren oft unangemessen stark und überschießend, ohne jede Vernunft und Bezug auf eigene Erfahrungen sowie ohne Rücksicht auf andere
> - bedenken keine Konsequenzen oder Gefahren, in die sie sich durch ihr Handeln begeben

Wie äußert sich eine Impulssteuerungsschwäche konkret?

Eine Impulssteuerungsschwäche äußert sich beim AD(H)S häufig im:

- spontanen und unangemessen starken Reagieren
- lauten, hysterischen Herumschreien
- Benutzen von Schimpfwörtern aus der Fäkalsprache
- zu schnellen und risikoreichen Autofahren
- wutbedingten Zerstören, Zuschlagen und Verletzen
- uneinsichtigen, rücksichtslosen Handeln
- spontanen Weglaufen und Entwenden von Sachen, die gar nicht benötigt werden

Neurobiologische Ursachen impulsiven Handelns

Unser Denken, Sprechen und Handeln wird vom Stirnhirn gesteuert und kontrolliert. Sind dessen Funktionen beeinträchtigt, kann dies dazu führen, dass wir ohne innere Kontrolle denken, sprechen und handeln. Wir reagieren dann spontan, ohne vorher zu überlegen und uns zu überprüfen.

Die Impulsivität beim AD(H)S ist eine neurobiologisch bedingte Folge der Stirnhirnunterfunktion, die in einer oberflächlichen und unvollständigen Informationsverarbeitung im Gehirn besteht. Damit verbunden ist ein Ungleichgewicht zwischen innerem Antrieb und Sich-Bremsen-Können. Cordula Neuhaus hat dies in der Formulierung auf den Punkt gebracht, dass es Menschen mit AD(H)S nicht immer und nicht genügend gelingt, »auf die innere Bremse zu treten«.

Mit welchen weiteren Verhaltensweisen und Störungsbildern kann eine Impulssteuerungsschwäche verbunden sein?

Im Falle einer ausgeprägten Impulssteuerungsschwäche, so wie sie nicht selten bei Kindern, Jugendlichen und Erwachsenen mit AD(H)S vorzufinden ist, kann diese verbunden sein mit:

- impulsivem Stehlen, impulsivem Weglaufen und impulsivem Zündeln
- einer impulsiven Persönlichkeitsstörung, die im Extrem eine Borderline-Struktur aufweist

Hierbei richtet sich die Impulsivität gegen andere und gegen sich selbst. Im letzteren Fall in Form sogenannter »autoaggressiver« Handlungen.

> Fachärzte und Psychologen werden in ihrer Praxis immer wieder mit Kindern, Jugendlichen und Erwachsenen konfrontiert, die infolge ihrer Impulssteuerungsschwäche *autoaggressive Handlungen* begehen. *Beispiele* dafür sind:
>
> - das Sich-an-den-Kopf-Schlagen als Folge einer inneren Unzufriedenheit mit sich selbst
> - das Ritzen an Armen und Füßen, um sich von Frust abzureagieren und sich zu spüren
> - das Androhen, sich das Leben zu nehmen, als Hilfeschrei einer schweren seelischen Überforderung
> - das häufige Auftreten von Fressanfällen mit nachfolgendem Erbrechen

Die Impulsivität richtet sich beim hyperaktiven AD(H)S mehr nach außen, d. h. gegen das Umfeld der betroffenen Person. Beim hypoaktiven AD(H)S wendet sie sich dagegen häufiger gegen die eigene Person. Letztere Form der Impulsivität ist für die Außenwelt schwieriger zu erkennen. Sie bleibt lange unerkannt, staut sich auf, bis es für die Umwelt völlig unerwartet zum überstarken und unangemessenen Gefühlsausbruch kommt. Die damit verbundenen Autoaggressionen können sogar bis zu einem für die Umwelt völlig unvermuteten Selbstmordversuch führen.

Wie misst man impulsives Verhalten?

Die Stärke der Impulssteuerungsschwäche sollte stets durch erfahrene Fachärzte oder Psychologen beurteilt werden. Sie wird gemessen mittels:

- Verhaltensbeobachtung
- Fragebögen zur Selbst- und Fremdwahrnehmung
- genauer Erhebung der Eigen- und Familienanamnese
- Lesen der Schulzeugnisse
- psychometrischer Testverfahren
- der Bereitschaft zur Verhaltensänderung

Die Impulsivität (rechtzeitig) kontrollieren

Um ihren Alltag in Familie, Schule, Arbeitsleben und Freundeskreis positiv zu gestalten, ist es für Kinder, Jugendliche und Erwachsene mit AD(H)S wichtig, ihre Impulsivität steuern zu lernen. Dazu gehört:

- Kinder von klein auf konsequent zu erziehen, u. a. klare Verhaltensregeln aufzustellen und zu beachten
- eine Vorbildwirkung der Eltern, die ihren Kindern und Jugendlichen immer wieder neu Verhaltenshilfen vermitteln
- den betroffenen Kindern und Jugendlichen zu vermitteln, dass sie über eine ihrem Alter entsprechende Intelligenz und soziale Reife verfügen
- die Fähigkeit der Betroffenen, in einem gewissen Grad selbstständig und eigenverantwortlich handeln zu können
- der Wille zur Selbststeuerung und eine entsprechende Anleitung dazu auf verhaltenstherapeutischer Basis
- die Fähigkeit, sich selber rechtzeitig ein Stoppsignal setzen zu können, bevor gehandelt wird

Beispiele aus der Praxis

Kathrin

Kathrin besucht die 3. Klasse und ist hyperaktiv. Sie kann nicht stillsitzen, redet oft dazwischen, vergisst viel, schreibt unordentlich und braucht ständig die Zuwendung der Lehrerin.

Jeden Tag, wenn ihre Mutter Kathrin aus der Schule abholt und die Lehrerin sich über das Mädchen beklagt, läuft Kathrin weg. Sie springt in den Schulbus, der gerade abfahren will oder in die Straßenbahn, deren Haltestelle ein paar Straßen weiter entfernt ist. So fährt sie erst einmal irgendwo hin. Nach einer Weile steigt sie aus, meist an der Endhaltestelle, um auf die nächste Bahn stadteinwärts zu warten. Wenn sie nicht von der Polizei fürsorglich aufgenommen wird, irrt sie schon mal einige Stunden umher. Dabei würde Kathrin jetzt viel lieber zu Hause sein. Dort angekommen, bekommt sie von der Mutter Strafen, aber die helfen nur für kurze Zeit.

Erst nachdem Kathrin eine psychotherapeutische Behandlung begonnen hat, verändert sich ihr Verhalten in und nach der Schule. Dort erfährt sie jetzt mehr Anerkennung und Erfolg und die Lehrerin lobt sie jetzt sogar öfters. Das Mädchen hört schließlich auf, wegzulaufen. Es hat keinen Grund mehr dafür.

Nur einmal, als die Eltern sich zu Hause heftig stritten und die Mutter drohte, aus der Wohnung auszuziehen, war Kathrin wieder verschwunden. Nun begriffen auch ihre Eltern, dass das Weglaufen ihrer Tochter eine Reaktion auf einen von ihr seelisch als unerträglich empfundenen Zustand war.

Nils

Nils besucht die 6. Klasse des Gymnasiums und leidet unter Problemen der Konzentration und der emotionalen Steuerung. Er ist hypoaktiv. Sein Großvater ist von seinen schulischen Leistungen enttäuscht und stellt immer seinen Vater als Vorbild hin: »Du bist eine Memme, aber kein Junge, und passt nicht in unsere Familie«. Nils' Bruder ist dagegen ein ganz anderer Kerl, ganz nach dem Geschmack des Opas. Kein Wunder, dass Nils sich in der Folge von seinem Großvater laufend »schikaniert« fühlt und ihn nicht leiden mag.

In seiner Hilflosigkeit staut Nils seine Wut auf den Großvater auf. Als er wieder einmal mit seinem Bruder einige Tage der Ferien bei den Großeltern verbringt, entdeckt er beim Versteckspiel im Schrank Opas wertvolle, alte goldene Uhr. Ohne nachzudenken, versteckt er sie in seinen Sachen und nimmt sie mit nach Hause. Dort legt er sie in seinen Kleiderschrank, ohne weiter an die Uhr zu denken. Nach fast zwei Jahren findet sie die Mutter dort. Er und sein Bruder können sich nicht gleich erinnern, wie die Uhr dorthin gekommen ist. Kann oder will sich Nils wirklich nicht mehr erinnern? Keiner der beiden Jungen hat die Uhr angeblich im Schrank versteckt. – Eine Geschichte, wie sie nicht selten in vielen Familien mit (und ohne) AD(H)S vorkommt.

Tina

Tina, 11 Jahre, ist hyperaktiv. Nur weil Tina am Sonntagnachmittag nicht in das Schwimmbad darf, bekommt sie einen Wutanfall und droht, aus dem Fenster zu springen. Ursprünglich hatte ihr die Mutter das Schwimmen versprochen, doch ein plötzlicher leichter grippaler Infekt des Mädchens lässt die Mutter von ihrer Zusage abrücken: Sie möchte nicht, dass Tina noch kränker wird. Stattdessen soll die Tochter bei dem unfreundlichen Wetter zu Hause bleiben. Nur, dass dies Tina überhaupt nicht einsieht. Mit ihrem Gekreische hält sie die ganze Familie in Schach und nimmt ihr den »Sonntagsfrieden«.

Jörg

Jörg, 12 Jahre, ist hypoaktiv. Weil Jörg mit seinen Freunden zu häufig und zu lange sowie »unnötig« telefoniert, sperren seine Eltern ihm die Telefonleitung und nehmen ihm das Handy ab. Jörg bekommt daraufhin einen solchen Wutanfall, dass er das Küchenmesser aus dem Schrank nimmt und es sich an den Hals hält: Er droht, damit zuzustechen, wenn er nicht sofort sein Handy wieder bekäme.

Welche therapeutischen Maßnahmen gibt es?

Impulsives Verhalten ist ein typischer Bestandteil des AD(H)S. Dabei kann es bei den betroffenen Kindern, Jugendlichen oder Erwachsenen in verschiedenen, ganz individuellen Erscheinungsformen auftreten. Nach diesen unterschiedlichen Formen muss im Rahmen einer jeden AD(H)S-Diagnostik gesucht werden.

Ist die spezifische Art der Impulssteuerungsschwäche erkannt, muss diese in die Therapie des AD(H)S mit einbezogen werden. Inhalte eines Behandlungsplanes bei Impulsivität sollten sein:

- Setzen Sie Ihrem Kind frühzeitig Grenzen: Kinder können schon mit zwei Jahren lernen, sich an (altersentsprechende) Regeln zu halten. Es müssen feste Regeln aufgestellt und von allen Familienmitgliedern eingehalten werden.
- Leben Sie Ihrem Kind positives Verhalten vor: Gefragt ist Ihr elterliches Vorbild bei gleichzeitigem konsequentem, aber stets verständnisvollem Erziehungsstil.
- Sagen Sie Ihrem Kind deutlich, wie es sich verhalten soll, treffen Sie mit ihm Absprachen: Moralisieren Sie nicht dabei, sondern vermitteln Sie dies Ihrem Kind in einem freundlichen, wohlwollenden und konstruktiven Ton.
- Kündigen Sie Ihrem Kind Forderungen und Veränderungen rechtzeitig an, damit dieses sich darauf einstellen kann.
- Zeigen Sie Ihrem Kind Formen, wie es seine (negativen) Emotionen angemessen abreagieren kann: Bringen Sie Ihrem Kind Entspannungstechniken und ein Selbstinstruktionstraining bei.
- Trainieren Sie mit Ihrem Kind, ein »Stoppsignal« nach dem Motto »erst nachdenken, dann handeln« einzuhalten.
- Beachten Sie unerwünschtes Verhalten nicht: Reagieren Sie auf spontane Reaktionen nicht sofort.
- Einigen Sie sich mit Ihrem Kind bei Streit auf eine »Auszeit« und praktizieren Sie dies auch.
- Erwägen Sie in Absprache mit Ihrem Facharzt, wenn das häusliche Verhaltenstraining keine Wirkung zeigt, die Gabe von Stimulanzien: Beginnen Sie damit nicht erst, wenn sich ein Fehlverhalten automatisiert und dauerhaft eingeschliffen hat.

Ein mit Impulsivität verbundenes Fehlverhalten kann bei Jugendlichen mit AD(H)S häufig nur schwer korrigiert werden. Sind diese 14 Jahre oder älter, gelingt dies in der Regel nur, wenn sie sich selber einsichtig zeigen und von sich aus ihr Verhalten ändern möchten. Selbst die kombinierte Behandlung in Form von Verhaltens- und medikamentöser Therapie ist in diesem Alter in der Regel nur dann wirksam, wenn die betroffenen Jugendlichen selber deren Erfolg aktiv unterstützen.

Noch ein Beispiel aus der Praxis – André

André, 14 Jahre alt, Einzelkind, sehr verwöhnt. Die Großeltern, die André lange Zeit besonders verwöhnten, lehnen den Jungen inzwischen völlig ab, da er ihnen Geld gestohlen hat (250 Euro vom Gesparten). Der Junge hat nun Hausverbot bei ihnen. André macht schon seit vielen Wochen kaum noch Hausaufgaben und er lehnt es ab, dass diese überprüft werden: Meistens behauptet er, er habe keine auf. André musste von der Realschule auf die Hauptschule wechseln, was der Junge auch wollte, weil seine »Kumpels« dort sind. Er liebt die Freiheit und kommt abends spät nach Hause. Seit Weihnachten hat er einen Computer im Zimmer, jetzt geht er manchmal nicht in die Schule. André raucht: Zu Hause stiehlt er Geld, um Zigaretten zu kaufen. Er hat inzwischen sechs Handys: Von den Eltern hatte er eins erhalten, woher er die anderen habe? Die Mutter zuckt mit den Achseln. Natürlich verbraucht er entsprechend viele (und teure) Telefonkarten. Wenn André Hausarrest bekommt, entwischt er durch das Fenster. Die Schule fordere jetzt eine Behandlung, er habe nämlich AD(H)S – so die Mutter. André will sich aber nicht behandeln lassen, er will sich gar nicht ändern. Er wünscht sich nur mehr Geld und Freizeit, damit er sich abends mit seinen Kumpels treffen kann. Schule, sagt er, können Sie vergessen, die meckern nur alle an mir herum.

Was ist in einem solchen Fall zu tun? Hier müssen in erster Linie zunächst die erzieherischen Rahmenbedingungen und Maßnahmen verändert werden, was sicher nur mit Einbeziehung der Jugendhilfe und einer Herausnahme des Kindes aus dem Elternhaus möglich sein wird.

Die eigene Erziehung zu Hause ändern – Voraussetzung für eine erfolgreiche Verhaltenstherapie

Leider stellen Kinder wie André in meiner Praxis keine Einzelfälle dar. Wichtig wäre es jedoch für die betreffenden Jugendlichen und deren Familien, dass es erst gar nicht zu einer solchen misslichen und verfahrenen Situation kommt.

Viele Eltern glauben, dass eine Verhaltenstherapie Erziehungsversäumnisse ausgleichen könne. Oft denken Eltern sogar, eine Verhaltenstherapie könne die Erziehung ersetzen. Sie sind zumeist ganz überrascht und nicht selten auch überfordert, wenn ich ihnen erkläre, dass eine Verhaltenstherapie nur dann erfolgreich bei ihrem Kind sein kann, wenn sie als Eltern zugleich selber ihren Erziehungsstil gründlich korrigieren. Dies ist bei der Behandlung impulsiven Verhaltens besonders wichtig.

7.2 Borderline-Persönlichkeitsstörung

Das Borderline-Syndrom, eine schwere Form der Persönlichkeitsstörung, wird zunehmend als eine mögliche Folge eines unbehandelten AD(H)S mit ausgeprägter

Symptomatik. Stimmt diese Sichtweise, könnte eine intensive, rechtzeitige und fachgerechte Behandlung des AD(H)S die schweren Langzeitfolgen der Borderline-Störung verhindern.

Was verstehen wir unter einer Borderline-Persönlichkeitsstörung?

Menschen, die unter einer Borderline-Persönlichkeitsstörung leiden, haben auffällige, deutlich von der Norm abweichende Verhaltensmuster, die ihre soziale Kompetenz erheblich beeinträchtigen. Die Verhaltensauffälligkeiten betreffen den emotionalen, kognitiven und sozialen Bereich und unterscheiden sich an Intensität und Häufigkeit vom Verhalten der gesunden Bevölkerung. Nicht nur das soziale Umfeld, sondern »Borderliner« selbst leiden sehr unter ihrem Verhalten.

Beim Borderline-Patienten besteht »eine schwerwiegende, biologisch bedingte affektive Dysregulation verbunden mit einer krankhaften Persönlichkeitsorganisation«, so die Definition. Sie entwickelt sich erst im Erwachsenenalter zur Persönlichkeitsstörung, lässt sich aber bei einigen Jugendlichen mit AD(H)S bereits im Ansatz als eine Borderline-Struktur erkennen. Eine solche Borderline-Störung muss als Folge einer Veranlagung verbunden mit einem ganz besonderen psychischen Entwicklungsverlauf betrachtet werden. Als Ausgangspunkt wird hierfür eine überforderungsbedingte Störung der Mutter-Kind-Beziehung diskutiert. Dabei entspricht die Zuwendung und Pflege der Mutter nicht dem Bedürfnis des Kindes. Dies ist in der Tat in der Beziehung zwischen seelisch instabilen Müttern, die zum Teil selbst an einem AD(H)S leiden, und ihren von AD(H)S betroffenen Kindern häufig der Fall. Viele Mütter von AD(H)S-Kindern berichten, wie sie gleich nach der Entbindung von den Ansprüchen ihres jungen Säuglings an den Rand ihrer Leistungsfähigkeit gebracht wurden. Dabei konnte kein sog. Urvertrauen zwischen dem jungen Säugling und seiner Mutter ausgebildet werden, da die Mutter physisch und psychisch überfordert war.

> **Warum das Urvertrauen so wichtig ist**
>
> Das Urvertrauen entwickelt sich beim Säugling durch eine fein aufeinander abgestimmte, zuverlässige Wechselwirkung im Verhalten von Mutter und Kind. Der junge Säugling benötigt für eine stabile seelische Entwicklung eine Mutter, die ihm das Gefühl dieser Geborgenheit vermittelt.

Mir haben Mütter von Kindern und Jugendlichen in meiner Praxis immer wieder berichtet, wie stark sie das anhaltende (unbegründete) Schreien ihres jungen Säuglings verunsichert hat. Sie bekamen Ängste und Schuldgefühle, eine schlechte Mutter zu sein. Selbst mit AD(H)S belastet, entwickelten sie ein schlechtes Selbstwertgefühl und fühlten sich dabei als bedauernswerte, mit einem so unausgeglichenen Kind belastete Mutter. Aus Scham waren diese Mütter nicht in der Lage, darüber zu reden. Dies gelang ihnen erst viele Jahre später im Beisein eines vertrauten Therapeuten. Als Ersatz für ihre mangelnde Fähigkeit, ihr Kind zu verstehen, überschütteten sie es mit Geschenken. So entwickelte sich das Kleinkind bald zum Tyrannen.

Sicherlich gilt es in der Wissenschaft, die Annahme weiter zu erhärten, dass eine Borderline-Störung eine mögliche Folge einer pathologischen Erlebnisverarbeitung einer durch ein ausgeprägtes AD(H)S bedingten Beziehungsstörung zwischen Mutter und Kind sein könnte. Hierzu sind weitere Studien erforderlich. In der Praxis gibt es jedoch deutliche Hinweise auf einen Zusammenhang zwischen einer Borderline-Persönlichkeitsstörung und einem schweren AD(H)S bei ungünstigen familiären Entwicklungsbedingungen mit einer selbstunsicheren, überforderten Mutter.

Was sind Hinweise auf eine beginnende Borderline-Störung im Kindes- und Jugendalter?

- Eine in der frühen Kindheit begonnene Fehlentwicklung in der emotionalen Beziehungsgestaltung zwischen Mutter und Kind
- Eine Entwicklung unreifer Abwehrmechanismen beim Kind wie Rückzug, Regression, Verleugnen, etwas Wegnehmen, aggressives Handeln
- Eine mangelnde Impulskontrolle mit der Unfähigkeit, sich zu bremsen
- Viele und wechselnde Ängste mit depressiven Verstimmungstendenzen
- Eine fehlende Unterscheidungsfähigkeit zwischen Realität und Spiel
- Deutliche Stimmungsschwankungen mit heftigen emotionalen Reaktionen
- Selbstunsicherheit mit Aggressivität und Selbstverletzungen
- Ein chronisches Gefühl der Leere und Langeweile mit dem verzweifelten Bemühen, Alleinsein zu verhindern

Zwanghaftes destruktiv-aggressives Verhalten

Borderline-Patienten charakterisieren insbesondere destruktiv-aggressive Impulse, die sie ständig gegenüber der Umwelt und gegen sich selbst ausagieren müssen. Dabei geraten sie nicht selten in Konflikt mit den Gesetzen. Als Gutachter hat man vor Gericht dann häufig große Mühe, der Staatsanwaltschaft und den Richtern die Fassungslosigkeit des Täters gegenüber seiner Tat als nicht nur vorgetäuscht zu erklären.

Wenn Mütter überfordert sind

Ich konnte bei Jugendlichen mit Borderline-Struktur, die mir im Rahmen meiner gerichtlichen Gutachtertätigkeit vorgestellt wurden, immer ein ausgeprägtes, bisher unerkanntes und somit unbehandeltes AD(H)S in der Kindheit nachweisen. Sichtbar wurden zudem zumeist eine Umwelt und eine Mutter, die für das Kind wenig Verständnis zeigten, obwohl sie sich darum bemühten. Insbesondere die Mutter war mit ihrem Kind überfordert, niemand half ihr. Alle meinten: »Du wirst doch wohl mit dem Kind fertig werden«, und gaben viele Ratschläge. Sie probierte alles aus, was die Situation nur noch verschlechterte. Zum Schluss stand sie aus eigenem Versagen dem Kind immer häufiger eher feindlich und misstrauisch gegenüber, aber niemand durfte es merken, wollte sie doch eine »gute« Mutter sein.

Auch die folgende Entwicklungsphase wird durch eine nicht erkannte AD(H)S-Problematik des heranwachsenden Kindes immer problematischer. Bei den Jugendlichen kann es in der Pubertät zum endgültigen Verlust der positiven Beziehung zu der inkonsequenten und »schwachen« Mutter kommen. Dies führt bei den betroffenen Jugendlichen zu einer Verhaltensänderung, die sich u. a. in aggressiver Abneigung gegenüber der Mutter und der Familie zeigt. Ein Gefühl der Einsamkeit und Verlassenheit ist oft die Folge. Diese Verunsicherung macht das AD(H)S-Kind und den AD(H)S-Jugendlichen aggressiv. Von diesen Aggressionen kann sich der Betroffene wegen seiner Ich-Schwäche und seinem geringen Selbstwertgefühl nicht distanzieren. Dieses Verhalten wiederum führt zu einer chronischen Angst, einem ständigen Kontrollbedürfnis gegenüber der Umwelt und sich selbst.

Starke Väter sind gefragt!

An dieser Stelle sei auf die große Bedeutung der Rolle des Vaters hingewiesen. Bei einer solch schwerwiegenden impulsiven Störung, wie es die Borderline-Struktur darstellt, ist eine aktive Beteiligung des Vaters an der Erziehung besonders wichtig. Für die betroffenen Kinder und Familien ist es ein Glück, dass sich viele Väter mit vollem Einsatz in die Erziehung und Behandlung ihres impulsiv-ungesteuerten Kindes einbringen. Leider fühlen sich viele andere Väter jedoch bei dieser Aufgabe schnell überfordert. Manche reagieren dadurch, dass sie in ihre Arbeit fliehen. Einige Väter leiden unter der Einschränkung ihrer Lebensqualität durch die Verhaltensauffälligkeiten des Kindes so sehr, dass sie die Familie verlassen. Oder sie geben sogar der Mutter die Schuld, durch ihre angebliche Unfähigkeit, die Kinder »richtig« erziehen zu können.

Die Jugendlichen und Erwachsenen mit Borderline ziehen sich schließlich von der Außenwelt zurück, leiden unter diffusen Ängsten, wahnhaften Einbildungen und depressiven Verstimmungen. Manche suchen einen Ausweg, indem sie zahllose oberflächliche Beziehungen eingehen.

Zur Diagnose der Borderline-Persönlichkeitsstörung

Nach dem amerikanischen diagnostischen und statistischen Manual psychischer Störungen von 1989 liegt bei Erwachsenen eine Borderline-Persönlichkeitsstörung vor, wenn mindestens fünf der folgenden acht Kriterien erfüllt sind:

1. Ein Muster von instabilen, aber intensiven zwischenmenschlichen Beziehungen, das sich durch einen Wechsel zwischen den beiden Extremen der Überidealisierung und Abwertung auszeichnet

2. Impulsivität bei mindestens zwei potentiell selbstschädigenden Aktivitäten, z. B. Geldausgaben, Sexualität, Substanzmissbrauch, Ladendiebstahl, rücksichtsloses Fahren und Fressanfälle
3. Instabilität im affektiven Bereich, z. B. ausgeprägte Stimmungsänderungen von der Grundstimmung zu Depression, Reizbarkeit oder Angst, wobei diese Zustände gewöhnlich einige Stunden oder in seltenen Fällen länger als einige Tage andauern
4. Übermäßig starke Wut und Unfähigkeit, die Wut zu kontrollieren, z. B. häufige Wutausbrüche, andauernde Wut oder Prügeleien
5. Wiederholte Suiziddrohungen, -andeutungen oder -versuche oder andere selbstverstümmelnde Verhaltensweisen
6. Ausgeprägte und andauernde Identitätsstörung, die sich in Form von Unsicherheit in mindestens zwei der folgenden Lebensbereiche manifestiert: dem Selbstbild, der sexuellen Orientierung, den langfristigen Zielen oder Berufswünschen, in der Art der Freunde oder Partner oder in den persönlichen Wertvorstellungen
7. Chronisches Gefühl der Leere oder Langeweile
8. Verzweifeltes Bemühen, ein Alleinsein zu verhindern

Dies sind Verhaltensmuster, die in ihrer Psychodynamik erfahrenen medizinischen und psychologischen Therapeuten von Jugendlichen und Erwachsenen mit AD(H)S nicht unbekannt sind. Um den betroffenen Kindern und Jugendlichen sowie ihren Familien wirksam helfen zu können, kommt es auf eine rechtzeitige Diagnostik des AD(H)S und der Borderline-Struktur sowie auf eine umfangreiche, vertrauensvolle Beratung an. Im Vordergrund wird dabei zunächst die Ursachenforschung der (drohenden) schweren Persönlichkeitsstörung stehen. Diese könnten in einem ausgeprägten AD(H)S liegen. Erfahrene Therapeuten werden zudem stets der Frage nachgehen, ob bei den Eltern der betroffenen Kinder und Jugendlichen nicht selber ebenfalls ein AD(H)S bzw. eine Borderline-Struktur vorliegt. Auch diese müssen dann, sofern es nicht bereits geschieht, behandelt werden.

Neurobiologische Parallelen beim Borderline-Syndrom und AD(H)S

Neurobiologisch besteht beim Borderline-Syndrom – wie beim AD(H)S – eine Untererregbarkeit im Frontal- und Temporalhirn, aber eine Übererregbarkeit im limbischen System. Das AD(H)S führt hierbei zur Schwellensenkung gegenüber sozialen Stressoren. In Verbindung mit einer andauernden ungünstigen Reaktion des sozialen Umfeldes und einem schlechten Selbstwertgefühl steigt das allgemeine Erregungsniveau und kann bei verändertem Wahrnehmungsstil und der Impulssteuerungsschwäche nicht mehr beherrscht werden. Dieser starke emotionale Stress ist das Bindeglied zwischen Psychopathologie und Neurobiologie reaktiver Fehlentwicklungen mit verzerrter Wahrnehmung der Realität, wie sie beim Borderline-Syndrom vorliegen.

7.3 Sucht

Unter den Jugendlichen, die mit einem bis dahin unbekannten und unbehandelten AD(H)S in einer jugendpsychiatrischen Praxis vorgestellt werden, befinden sich viele, die nikotin- oder alkoholabhängig sind und/oder regelmäßig Haschisch rauchen.

Eltern von AD(H)S-Kindern, die selbst unter einem AD(H)S leiden, berichten nicht selten, dass sie in früheren Jahren ebenfalls zeitweilig regelmäßig Drogen konsumierten. Sie alle kannten das Gefühl der Einsamkeit, der Überforderung, des Versagens, der Perspektivlosigkeit, der Ausgrenzung, der fehlenden Anerkennung und Freunde. Mithilfe von Drogen kamen sie innerlich zur Ruhe, ihre Ängste und Probleme konnten sie für kurze Zeit scheinbar vergessen. Danach war aber alles noch viel schlimmer. Vielen gelang es, von den Drogen wieder loszukommen. Diese Eltern sind sehr interessiert, heute alles zu tun, damit es ihren Kindern nicht genauso ergeht. Sie beschäftigen sich mit der AD(H)S-Problematik und erkennen sich selbst darin wieder.

Ein Vater eines betroffenen AD(H)S-Kindes berichtet: »So hat es bei mir auch angefangen, aber mir konnte keiner helfen. Das einzige Mittel waren damals die Ohrfeigen meines Vaters. Heute kann man vieles erklären und besser helfen. Wir als Eltern möchten alles tun, damit unser Kind nicht so wie ich damals unter der Schule leidet, sondern seine Fähigkeiten entwickeln kann, gute Noten erhält und mit sich zufrieden ist. Ich habe lebenslänglich unter meinem schlechten Selbstwertgefühl gelitten und traue mir bis heute wenig zu, obwohl ich weiß, dass ich vieles besser kann als manch anderer.«

Die Macht der Drogen – Faktoren, die ein Suchtverhalten begünstigen

Lange bevor Jugendliche zur Droge greifen, senden sie Warnsignale aus, denn hinter jeder Sucht steckt eine Sehnsucht. Sehnsucht nach Geborgenheit, Liebe, Glück, Erfolg, Anerkennung, Freunden und Selbstzufriedenheit. Bevor ein Jugendlicher Zuflucht zu Drogen nimmt, laufen gewöhnlich immer wieder die gleichen Mechanismen ab, die besonders häufig und typisch für AD(H)S sind: Die Jugendlichen sind mit sich und ihrer Umwelt unzufrieden, sie fühlen sich allein gelassen und missverstanden, sind verunsichert und ängstlich, haben keine Freunde, werden ausgegrenzt. Sie sind überfordert, wissen keinen Ausweg und möchten der Realität entfliehen. Bekommen sie dann in einer solchen Situation Drogen angeboten, die ihnen ein »irres Gefühl« versprechen, probieren sie diese aus, ohne genügend Vorkenntnisse über die tatsächlichen Folgen zu haben.

Bei Jugendlichen und Erwachsenen mit AD(H)S steht vor dem Hintergrund eines schlechten Selbstwertgefühls ein Suchtverhalten oft am Ende eines verlorenen innerseelischen Kampfes zwischen dem eigenen Anspruch, dem eigentlichen Leistungsvermögen und den Anforderungen der Umwelt. Die Einnahme von Drogen – sowohl legalen als auch illegalen – dient dann der inneren Konfliktlösung und dem scheinbaren Erleben eines gewünschten Zustandes. Dem werden alle Einwände der Vernunft, der Erfahrung, des Wissens um wohlbekannte Gefahren und Schäden abgewehrt, untergeordnet oder verdrängt.

> Gefährdet für Drogen sind alle Jugendlichen, die mit ihrem Schicksal unzufrieden sind, sich unverstanden und ausgegrenzt fühlen. Diese Jugendlichen brauchen eine Lebensperspektive, sie brauchen jemanden, mit dem sie sprechen können, der sie versteht und spürbare Hlfe vermittelt.

Zum sich selbst schädigenden Verhalten gehören schon der regelmäßige Alkoholgenuss und das Rauchen von Tabak und Haschisch. Sie können zur Gewohnheit werden und Suchtcharakter annehmen. Mithilfe dieser psychotropen Substanzen werden Probleme verdrängt und Konflikte scheinbar gelöst. Beim AD(H)S gibt es aber auch eine nicht stoffgebundene Sucht, wie die Arbeitssucht oder die Spielsucht an Automaten und Computern.

Die Sucht nach Computerspielen und Medien

Zahlreiche Studien belegen, dass AD(H)S ein wichtiger Risikofaktor für die Entwicklung von Suchterkrankungen ist. Denn zwischen Sucht und AD(H)S besteht ein Zusammenhang auf neurobiologischer und Verhaltensebene, sodass der Einstieg in die Sucht bei unbehandelten Kindern und Jugendlichen mit AD(H)S meist früher und intensiver erfolgt. Das süchtige Verhalten wirkt bei diesen Betroffenen wie eine Art Selbstbehandlung, ihr Gehirn wird angeregt und vorhandene Defizite ihres Belonungssystems ausgeglichen. Ohne entsprechende Behandlung bleibt diese suchtartige Abhängigkeit bestehen und beeinflusst den weiteren Lebensweg wesentlich. So weisen immer mehr Studien bei Suchterkrankten ein aus der Kindheit weiter bestehendes AD(H)S nach. Dabei ist die deutliche Zunahme der nicht substanzgebundenen Süchte, wie Computerspiel- und Internetsucht, in den letzten Jahren so gravierend und gefährlich, weil sie die Entwicklung der Jugendlichen und jungen Erwachsenen negativ beeinflusst. Das Spielen in sozialen Netzwerken und bei den sogenannten LAN-Partys erfolgt oft die ganze Nacht hindurch, sodass Schule und Berufsausbildung leiden. Mädchen verbringen dagegen mehr Zeit in sozialen Netzen wie Facebook und Twitter. Sie sammeln eine große Zahl vermeintlicher und erwünschter Freundschaften, die sie in dieser Menge im realen Leben nicht haben, aber auch nicht brauchen. Sie glauben, je mehr Freundinnen sie haben, umso beliebter und anerkannter sind sie.

Besonders gefährdet für Computerspielsucht sind männliche Kinder und Jugendliche mit unbehandeltem AD(H)S und Defiziten in den Leistungs- und Verhaltensbereichen, weil deren Belohnungssystem bei Computerspielen deutlich stärker aktiviert wird als bei weiblichen Personen, was 2008 die Arbeitsgruppe des Psychologen Allan Reiss von der Stanford Universität in Kalifornien nachweisen konnte.

Weibliche Jugendliche entwickeln eher eine Abhängigkeit von Facebook und Twitter. Sie beschäftigen sich mehr mit Telefonieren und Whatsappen mit dem

Smartphone. Sie bilden Fan-Gruppen, verfolgen Serien im Fernsehen und lieben es, online einzukaufen.

Allen dient der Computer zum Stressabbau, um Ärger abzureagieren und sich zu beweisen. Eigene Stärken entwickeln und ausüben, dazu brauchen sie die irreale Welt, dort können sie die von ihnen gewünschte Rolle spielen. Besonders wenn sie spüren, dass sie von der Umwelt nicht ausreichend akzeptiert werden.

Besonders negativ sind aggressive Computerspiele für die Entwicklung von Kindern und Jugendlichen mit noch unausgereiftem Gehirn. Sie können sich von diesen irrealen Inhalten schlechter distanzieren, sie werden traumatisiert und können aggressive Verhaltensweisen entwickeln. Denn das Gehirn aller AD(H)S-Betroffenen ist je nach Schwere des Betroffenseins nicht altersentsprechend entwickelt, worunter besonders die soziale Reife leidet. Der bisherige Entwicklungsverlauf und die Erziehung im Elternhaus sind weitere wichtige Schlüsselfunktionen für die Entstehung einer Sucht. Ein kontrollierter Umgang mit den Medien und das Vorbild der Eltern sind dabei wichtige prägende Faktoren.

Deshalb empfiehlt es sich, bei allen Suchtpatienten nach Anhaltspunkten für AD(H)S (besonders in der Kindheit) zu suchen, das würde im positiven Fall deren Behandlung erleichtern, die dann ursachenorientiert erfolgen könnte. Eine frühzeitige vielschichtige AD(H)S-Behandlung kann eine Suchtentwicklung verhindern, wenn sie nicht nur aus dem Verordnen von Medikamenten besteht, sondern immer eine individuelle problemorientierte Lern- und verhaltenstherapeutische Begleitung mit Anleitung der Mutter zum Coaching beinhaltet.

Computerspiele überlasten den Arbeitsspeicher und blockieren so die Lerntätigkeit

Mehrere Studien weisen auf gesundheitliche Folgen zu früher und exzessiver Nutzung von Bildschirmmedien hin. Zu früher Mediengebrauch beeinträchtigt die soziale, sprachliche und motorische Entwicklung der Klein- und Vorschulkinder. Darüber hat Professor Dr. Dr. Manfred Spitzer von der Universität Ulm ausreichende und sehr aufschlussreiche Forschungsergebnisse publiziert. So hat häufiger Medienkonsum fast immer schlechtere Schulleistungen und Störungen der Konzentration zur Folge. Besonders Schlafmangel wirkt sich hierbei negativ aus und kann auch nicht durch eine Stimulanzientherapie ausgeglichen werden. Eine neuseeländische Langzeitstudie (Hancox et al. 2005) zeigte an 1.000 Kindern, die über drei Stunden täglich fernsahen, dass sie im Alter von 26 Jahren häufiger keinen Schulabschluss hatten. Umgekehrt hatten die Kinder mit dem niedrigsten Fernsehkonsum am häufigsten Universitätsabschlüsse.

Worin besteht neurobiologisch der Zusammenhang zwischen AD(H)S und Sucht?

Beim AD(H)S besteht neurobiologisch nachgewiesen immer ein Dopaminmangel in vielen Gehirnbereichen, so auch im für die Suchtentwicklung so wichtigen Belohnungssystem. Ein ausgeprägtes AD(H)S beeinträchtigt aber auch die Entwicklung von Selbstwertgefühl und Sozialverhalten. Dazu kommt eine Impulssteuerungsschwäche mit Defiziten in der Selbstkontrolle. Dabei verfügen die Betroffenen über eine gute Kreativität, ein schnelles Reaktionsvermögen (vor allem beim hyperaktiven Subtyp), einer zu großen Empfindlichkeit verbunden mit Sehnsucht nach Erfolg und Anerkennung, die sie im realen Leben oft vermissen. Die positiv wahrgenommenen unmittelbaren Erfolge bei Computerspielen aktivieren ihr Belohnungssystem, das dann Dopamin ausschüttet, ein Glückshormon. Ununterbrochenes Spielen reduziert so die AD(H)S-typischen Symptome, weil es den Botenstoffmangel vorübergehend in etwa ausgleicht. Aber nur so lange, wie aktiv am Computer gespielt wird. Danach kommt es zum Rücklaufeffekt mit erneutem Auftreten der typischen AD(H)S-Symptome, wie der inneren und äußeren Unruhe, dem Mangel an Konzentration und Daueraufmerksamkeit, der Impulssteuerungsschwäche und der Reizbarkeit.

Je intensiver und häufiger das Belohnungssystem mittels Computer aktiviert wird, umso stärker kommt es zu diesen Entzugssymptomen, die typisch für alle Suchterkrankungen sind. Deshalb kann man die Computerspielsucht auch als eine Möglichkeit einer missglückten Selbstbehandlung ansehen.

Aber wir leben jetzt in einer Multimedia-Generation, der sich Kinder und Jugendliche nicht entziehen können. Sie müssen nur frühzeitig lernen, richtig damit umzugehen, was Zeitdauer und Inhalt betrifft.

Suchtgefahr besteht, wenn an den Spielkonsolen nicht mehr Spaß der Grund zum Spielen ist, sondern Spielen zum unkontrollierbaren Verlangen wird, das zwangsläufig und automatisch abläuft, wenn alle Versuche, es zu unterlassen, scheitern und Pflichten, soziale Kontakte, Hygiene und Nahrungsaufnahme vernachlässigt werden. Auf ein Spielverbot wird dann aggressiv reagiert. Es wird mit aller Macht versucht, auch mit Lügen und Gewalt, wieder Zugang zum Computer zu bekommen.

Wege einer erfolgreichen Drogenprävention

Ratsam ist es, AD(H)S-Kinder durch ihre Schulzeit zu begleiten, um rechtzeitig in kritischen Situationen eingreifen zu können. Ansonsten besteht die Gefahr, dass die Jungen mit etwa elf Jahren zu rauchen beginnen. Das Rauchen ist häufig nur die Erstdroge, nicht selten kommt dann mit 14–15 Jahren ein regelmäßiger Alkoholgenuss zum »Entspannen« hinzu. Etwa 10% aller 16- bis 17-jährigen Jugendlichen betreiben Alkoholmissbrauch. Dazu kommt dann noch zunehmend die Einnahme illegaler Drogen. Probleme in der Familie und das Scheitern in der persönlichen und beruflichen Entwicklung sind Hauptgründe für den Suchtmittelkonsum. Beides könnte durch eine AD(H)S-Problematik vorprogrammiert oder begünstigt werden. Somit werden sich unter diesen Jugendlichen viele mit AD(H)S befinden, die mit diesen Drogen eine Selbstbehandlung durchführen. Aber so weit sollte es nicht kommen. Die Kindergärtnerinnen, die Lehrer und natürlich die Eltern sollten mehr dafür sensibilisiert werden, ob und wie ein Kind leidet. Es sollte jedem Kind geholfen werden, ein gutes Selbstwertgefühl und soziale Kompetenz zu erlangen.

Schon im Kindergarten sollten die Kinder systematisch und spielerisch mehr gefördert und gefordert werden, um frühzeitig Auffälligkeiten zu erkennen und deren Ursache beseitigen zu können. Dabei sollte man den Gebrauch von Computern im Vorschulalter sehr kritisch sehen und die allgemeine Entwicklung dieser Kinder konsequent überwachen und gezielt fördern.

Wie können wir bei AD(H)S-Kindern verhindern, dass sie später zu Drogen greifen? Es gibt erfolgreiche Wege dafür, aber sie sind mühsam und leider zu wenig bekannt. Ein Erfolg versprechender Weg ist mit der Gabe von Methylphenidat verbunden. Wichtig ist zu wissen, dass bei diagnostisch gesichertem AD(H)S die therapeutisch verordneten Stimulanzien niemals süchtig machen. Im Gegenteil, verbunden mit einer verhaltenstherapeutischen Begleitung verhindern sie bei rechtzeitiger Behandlung einen späteren Drogenkonsum.[7]

Die leider noch viel zu oft praktizierte AD(H)S-»Behandlung« in Form einer *reinen* Tablettenverschreibung ist als solche allerdings bei Weitem nicht ausreichend und deshalb abzulehnen.

Um Jugendliche vor dem Abgleiten in eine ihre Existenz bedrohende Scheinwelt zu bewahren, ist ihre Integration in eine Gruppe gleichaltriger Jugendlicher mit gemeinsamer Freizeitgestaltung und positivem Erleben der eigenen Persönlichkeit bei gleichzeitigem Bearbeiten der Probleme sehr hilfreich. Für Jugendliche mit AD(H)S könnte man regelmäßige Treffs für Sport- und kreative Freizeitaktivitäten, Computerarbeitsgruppen und Interessengemeinschaften organisieren. Leider gibt es diese zu wenig oder gar nicht. Nicht nur die AD(H)S-Jugendlichen sind sich viel zu viel selbst überlassen. Hier sollten Jugendzentren und Sportvereine mit Angeboten am Nachmittag und am Abend eine Möglichkeit schaffen, die ungenutzte Freizeit der Kinder und Jugendlichen stärker als bisher sinnvoll zu gestalten. Gerade Kinder und Jugendliche mit AD(H)S haben viel Langeweile. Hier hilft nur eine aktive Freizeitgestaltung, die als eine gesellschaftliche Notwendigkeit und Aufgabe anerkannt werden muss, um ein Abgleiten vieler Jugendlicher in die Drogenszene zu verhindern.

> **Was können Eltern für eine Drogenprävention ihrer AD(H)S-Kinder tun?**
>
> Eltern sollten
>
> - als Vorbilder wirken: Kinder registrieren genau, welche Einstellung ihre Eltern zum Rauchen, zum Alkohol und zu Drogen haben.
> - schon im Säuglingsalter zum Kind eine stabile, emotional warme und tragfähige Beziehung aufbauen, ohne es zu verwöhnen.

---

[7] Jeder dritte Erwachsene mit ausgeprägtem AD(H)S ist in einem verschieden starken Grad alkoholabhängig. Jeder siebente von ihnen raucht regelmäßig Haschisch. Alle diese Erwachsenen wurden als Kinder nicht mit Stimulanzien behandelt. Ihre Sucht kann also nicht die Folge einer Stimulanzientherapie sein, sondern dient ihnen zur Selbstbehandlung ihrer für sie nicht lösbar erscheinenden Problematik.

- Zeit für ihre Kinder haben, ihnen soziale Normen vorleben und beibringen. Sie sollten ihren Kindern zeitig Grenzen setzen, aber wenn nötig auch immer für sie da sein.
- viel gemeinsam mit ihren Kindern unternehmen. Ihre Interessen wecken, Fähigkeiten und Freundschaften unterstützen, um zu verhindern, dass die Kinder untätig herumsitzen und sich allein gelassen fühlen.
- Kindern Pflichten übertragen und Erfolge ermöglichen, worauf diese stolz sein können.
- ihren Kindern eine enge Bindung an das Elternhaus im Rahmen fester Strukturen und der Einhaltung von Normen bei gegenseitiger Achtung ermöglichen. Fehlt diese Bindung, besteht die Gefahr, dass sich die Jugendlichen dissozialen Gruppen anschließen, deren Normen sie dann in Ermangelung anderer akzeptieren.

Möglichkeiten und Grenzen der Drogentherapie

Was ist zu machen, wenn AD(H)S-Jugendliche vom Drogenkonsum loskommen wollen?

Die Behandlung von Jugendlichen mit AD(H)S, die bereits regelmäßig Drogen einnehmen, ist sehr problematisch und leider selten erfolgreich. Deshalb die große Bedeutung der Vorbeugung!

In meiner ambulanten Sprechstunde habe ich nur Erfahrung mit AD(H)S-Jugendlichen, die exzessiv rauchen, regelmäßig »mäßig« Alkohol trinken und Haschisch rauchen. Die Behandlung von Konsumenten harter Drogen muss ich Spezialeinrichtungen überlassen, da erst nach einer Entzugsbehandlung und einer drogenfreien Zeit von mindestens 6–8 Monaten eine AD(H)S-Behandlung unter besonders strengen Bedingungen im Einzelfall möglich ist. Eine Voraussetzung dafür ist, dass der betroffene Jugendliche sich aus eigenem Willen von seinem Drogenkonsum lösen möchte. In Zusammenarbeit mit seiner Familie wird über eine Zeit von mehreren Monaten sodann ein psychosoziales, individuelles und multifaktorielles Therapieprogramm erarbeitet. Hierbei haben die Eltern eine wichtige Coach-Funktion mit dem Ziel, die äußere und innere Situation des Jugendlichen zu verändern und so zu stabilisieren, dass er auf die Einnahme von Drogen verzichten kann. Schwerpunkte eines solchen Therapieprogramms sind:

1. die Motivation,
2. die Stärkung der sozialen Kompetenz, der Aufbau eines positiven Selbstwertgefühles mit Abbau des Reiferückstandes,
3. eine verhaltenstherapeutische Stützung und der Aufbau einer Eigenkontrolle.

Der therapeutische Weg ist in erster Linie ein Reifungsprozess, er ist langwierig und wird leider nur von wenigen Jugendlichen durchgehalten.

7.4 Depressionen oder depressive Reaktionen?

Depressive Kinder machen ständig einen mit sich unzufriedenen, energielosen, hoffnungslos traurigen Eindruck und haben oft psychosomatische Beschwerden. Sie leiden unter Ängsten, innerer Unruhe sowie einer Antriebs- und Interessenlosigkeit. Eine solche Symptomatik kommt bei hypoaktiven Kindern deutlich häufiger als bei hyperaktiven vor. Sie bildet damit eine typische Komorbidität und nimmt im Jugendalter an Intensität und Häufigkeit zu. Einher geht dies mit Appetit- und Schlafstörungen, Schuldgefühlen, einer negativen Zukunftsperspektive und Selbstmordgedanken.

> **Depression und »depressive Löcher«**
>
> Von einer echten Depression unterscheidet man die sog. »depressiven Löcher«, wie sie Cordula Neuhaus nennt. Wissenschaftlich spricht man von einer »intermittierenden Dysphorie«. Sie ist von kurzer Dauer mit plötzlich einsetzender Traurigkeit, Gereiztheit bei schnellem Wechsel zu unauffälligem Verhalten. Sie kommt beim unaufmerksamen AD(H)S-Typ häufiger vor und kann durch Ablenkung und Hinwendung zu interessanten Aktivitäten unterbrochen werden.

Abb. 7.1: »Mein Lebensweg«, Bild einer depressiven Jugendlichen mit AD(H)S

Der Übergang von einem AD(H)S in die Depression erfolgt allmählich und fließend. Er sollte nicht übersehen werden. Im Gegensatz zu »depressiven Löchern«

oder kurzen depressiven Episoden dauern diese Zustände im Falle einer regelrechten Depression immer über mehrere Monate und haben eine große Rückfallquote. Im Erwachsenenalter zeigen ehemals depressive Kinder einen erhöhten Substanzmittelmissbrauch, Störungen in der sozialen Integration sowohl im Beruf als auch in der Familie und damit viel häufiger schwere psychische Störungen als der Durchschnitt der Bevölkerung.

Jugendliche mit AD(H)S ohne Hyperaktivität sind besonders gefährdet, bei unzureichender Behandlung an einer Depression erneut zu erkranken, nämlich 40% innerhalb von zwei Jahren und 70% innerhalb von fünf Jahren. Durch eine kombinierte Langzeitbehandlung mit Antidepressiva und Stimulanzien kann diese Rezidivgefahr jedoch gesenkt werden.

Einige Zahlen zur Depression

17–30% aller Erwachsenen mit AD(H)S haben eine Depression verschiedener Schwere und Dauer. Bei Kindern soll die Zahl laut Statistik bei 10–20% liegen, wobei hypoaktive Kinder wesentlich häufiger betroffen sind, in den bisherigen Statistiken jedoch nur wenig erfasst wurden.

Depression und AD(H)S ohne Hyperaktivität – neurobiologische Parallelen

Als man das AD(H)S ohne Hyperaktivität noch nicht kannte, wurden viele antriebsarme und hypoaktive Kinder für depressiv gehalten und entsprechend behandelt. Sowohl bei der Depression als auch beim AD(H)S ohne Hyperaktivität liegen Störungen im Serotoninstoffwechsel vor. Denn Ängste, Zwänge, Impulsivität, Appetit- und Schlafstörungen werden nach heutigen Erkenntnissen von serotoninhaltigen Nervenzentren des Gehirns gesteuert. So werden auch viele Jugendliche und Erwachsene, die ein AD(H)S mit einer Depression haben, erfolgreich mit Stimulanzien behandelt, manchmal ist auch eine Kombination von Stimulanzien und Antidepressiva vorübergehend erforderlich, wobei die Serotonin-Wiederaufnahme-Hemmer eine gute Wirksamkeit und Verträglichkeit zeigen.

Woran erkenne ich bei meinem Kind eine Depression?

Anzeichen für das Vorliegen einer Depression sind:

- traurige Grundstimmung
- grundloses Weinen
- Gefühl der inneren Unruhe
- Unfähigkeit, Freude zu empfinden und glücklich zu sein
- Stimmungswechsel
- Appetit- und Schlafstörungen, anhaltende Müdigkeit

- verminderte Konzentration und Aufmerksamkeit
- große Gleichgültigkeit in allen Dingen
- ein über Wochen anhaltendes Gefühl der Mattigkeit und der Kraftlosigkeit mit der Folge eines reduzierten Antriebs
- Versagensängste
- Verlust jeglicher Interessen, Initiative und Freude
- Rückzug und Ängste, negatives Selbstwertgefühl, Verlust an Selbstvertrauen, Gefühl der Wertlosigkeit
- keine Zukunftspläne, Schuldgefühle, Suizidgedanken

Sind AD(H)S und Depression gemeinsam vorhanden, so bessert sich die Symptomatik mit alleiniger Stimulanziengabe nicht, hier ist immer ein multimodales Vorgehen erforderlich.

Bei den AD(H)S-Patienten kann die depressive Symptomatik auch mit körperlicher Aktivität kombiniert sein und somit verschleiert werden. Dazu können noch psychosomatische Beschwerden kommen, die schon über eine längere Zeit bestehen und unbeeinflussbar sind.

Der Übergang vom AD(H)S zur Depression kann fließend oder diskontinuierlich sein. Jedoch dauern schließlich die depressiven Episoden immer länger und gehen in einen Dauerzustand über.

Hyperaktive Erwachsene und Depression

Besonderheiten bietet die Depression beim AD(H)S mit Hyperaktivität. Im Erwachsenenalter tritt die Hyperaktivität mehr oder weniger in den Hintergrund und die emotionale Steuerungsschwäche wird zum führenden Symptom. Diese Betroffenen sind selbst bei einer depressiven Grundstimmung körperlich und oft auch im Beruf sehr aktiv. Sie lassen sich äußerlich nichts anmerken. Ihre innere Leere und ihre Unzufriedenheit mit sich und ihrem Schicksal versuchen sie, durch Aktivitäten auszugleichen, die ihnen auch für kurze Zeit guttun.

Viele AD(H)S-Kinder, Jugendliche und auch Erwachsene haben einen enorm starken Willen entwickelt. Sie brauchen ihn, um ihr schwaches Selbstwertgefühl zu kompensieren. Bei einer depressiven Symptomatik und einem AD(H)S mit Hyperaktivität sind die Betroffenen rastlos, mit sich unzufrieden, affektlabil, körperlich aktiv, obwohl sie sich oft kraftlos fühlen. Die Aktivitäten sind für sie eine Art Selbstbehandlung, wie wir das bei AD(H)S-Betroffenen häufig finden. Es ist aber eine Therapie ohne Erfolg auf Dauer, weil sie nicht die neurobiologische Ursache beseitigt. Durch diese Aktivität werden zwar die Botenstoffe im Stirnhirn vorübergehend aktiviert, aber sie können nicht dauerhaft zur Verfügung gestellt werden, was schließlich zur körperlichen und psychischen Erschöpfung führt.

Das »Sissi-Syndrom« – eine Sonderform der Depression und sein möglicher Zusammenhang mit dem AD(H)S

Seinen Namen erhielt das »Sissi-Syndrom« nach der Kaiserin Elisabeth von Österreich (1837–1898), die über Jahrzehnte unter ängstlich-depressiven Symptomen mit innerer Unruhe, dem Gefühl der Niedergeschlagenheit und gleichzeitiger Antriebssteigerung litt. Sie versuchte, ihre innere Unruhe durch ständige geistige und körperliche Aktivitäten auszugleichen.

Heute wird vermutet, dass ein Drittel aller Depressionen dem Sissi-Syndrom zugeordnet werden können. Die Betroffenen, meist Frauen, haben eigene Kompensationsmechanismen entwickelt und suchen selten einen Therapeuten auf. Ich selbst habe diese Symptomatik in meiner Praxis auffallend häufig bei Müttern von AD(H)S-Kindern beobachtet. Sie haben meist eine positive Ausstrahlung, lieben die Bewegung und achten auf eine gute Figur. Sie sind voller Aktivität und gönnen sich in Beruf und Freizeit keine Ruhe.

Die Ursache wird mit einem Ungleichgewicht im Serotoninstoffwechsel begründet. Serotoninhaltige Nervenzellen beeinflussen die Stimmungslage, verursachen Ängste sowie Zwänge und sind an der Steuerung der Impulse, des Appetits und des Schlafes beteiligt.

Was sind häufige Symptome dieser Sonderform der Depression? Es sind meist sehr aktive, jugendlich aussehende sportliche Frauen, die wenig klagen und kaum die typischen Zeichen einer Depression bieten. Frauen, die Unruhe verbreiten, selbst nicht entspannen und genießen können. Sie neigen zu raschem Stimmungswechsel mit Ängsten und leichten Zwängen. Sie sind sehr ehrgeizig, haben oft Schlaf- und Essstörungen und können sich nicht herzhaft freuen. Ein Zusammenhang zum AD(H)S als eigentlicher Ursache kann nur aus der Lebensgeschichte der Betroffenen in Verbindung mit den geklagten Beschwerden abgeleitet werden.

8 Die Bedeutung der Frühdiagnostik und Frühbehandlung

8.1 »Nichts gelingt mir!« – Auf das Selbstbewusstsein kommt es an

Viele AD(H)S-Kinder merken erst in belastenden Situationen in der Schule, dass sie einige Dinge nicht können, selbst wenn sie sich noch so anstrengen. Im Kindergarten konnten sie solche Situationen umgehen, indem sie prinzipiell nur den Aktivitäten nachgingen, die ihnen lagen bzw. Spaß bereiteten. Was sie nicht mochten oder nicht konnten, brauchten sie nicht zu machen. Schade, dass dieser Problematik nicht in allen Kindergärten – im Interesse der Kinder – mehr Beachtung geschenkt wird. Sinnvoll wäre es, die Frage: »Kann oder will unser Kind sich nicht altersentsprechend verhalten oder eine Aufgabe altersentsprechend lösen?«, durch einen Arzt rechtzeitig zu klären. Damit könnten für manches (AD(H)S-)Kind schon frühzeitig die Grundlagen für ein positives und stabiles Selbstwertgefühl in der Schule und dem späteren Erwachsenenleben gelegt werden. Dies ist deshalb so wichtig, da sich das Selbstwertgefühl als wesentlicher Bestandteil der sozialen Reife zwischen dem achten und elften Lebensjahr ausbildet.

Des Weiteren konnte die oben genannte Mannheimer Studie eindeutig belegen, dass den meisten psychischen Störungen im Erwachsenenalter schon Auffälligkeiten in der kindlichen Entwicklungsperiode des 8.–11. Lebensjahrs vorausgehen. Diese Entwicklungsphase scheint eine hochsensible Zeit für die Ausbildung späterer seelischer Störungen zu sein. Dem AD(H)S und seine Auswirkungen auf die Entwicklung des Selbstwertgefühls kommt dabei mit Sicherheit eine Verstärkerfunktion zu. Wobei ein schlechtes Selbstwertgefühl viele psychische Störungen im späteren Leben überhaupt erst ermöglicht, ein gutes und stabiles Selbstwertgefühl dagegen die Wahrscheinlichkeit, später psychisch zu erkranken, deutlich senkt.

8.1 »Nichts gelingt mir!« – Auf das Selbstbewusstsein kommt es an

Abb. 8.1: Roberto malt seine Familie als Tierfiguren: Roberto malt sich zunächst als Fisch. Während der gemeinsamen Bildbesprechung entschließt er sich, sich selbst doch noch wie Papa als Hai zu malen. Wobei Papa anfangs ein großer Dino mit vielen spitzen Zähnen werden sollte. Die Mutter ist als Maus, die Schwester als Schlange gezeichnet.

8 Die Bedeutung der Frühdiagnostik und Frühbehandlung

Abb. 8.2: Beate malt ihre Familie als Tierfiguren: Beate malt sich in ihrer Familie klein und unscheinbar, ganz im Gegensatz zur jüngeren Schwester, die als Ziege mit Hörnern dargestellt ist. Beate zeichnet sich selbst als Fisch, die Eltern als Giraffen.

Abb. 8.3: Marc malt seine Familie als Tierfiguren: Marc malt sich im Gegensatz zu Roberto und Beate als ein kraftvoll aufsteigender, großer und wenig ängstlicher Vogel. Marc hat kein AD(H)S, wohl aber Schulprobleme, weil er bisher verwöhnt wurde und wenig anstrengungsbereit ist. Auch kann er besser zeichnen, obwohl seine intellektuelle Ausstattung niedriger ist als bei Beate und Roberto, die unter AD(H)S leiden.

Ein gutes Selbstwertgefühl ist wichtig für das Leben

Ein gutes Selbstwertgefühl verhilft Kindern und Jugendlichen, sich im sozialen Alltag selbstsicher, flexibel und – wenn nötig – angepasst zu bewegen. Dies betrifft sowohl den allgemeinen Umgang als auch das kommunikative Verhalten mit Geschwistern, Eltern, Klassen- und Vereinskameraden etc. Kinder mit guten Selbstwertgefühlen sind in der Lage, auf andere gelassen und besonnen zuzugehen, sie haben sich und ihr Verhalten unter Kontrolle. Sie vermögen sich darüber hinaus sehr wohl im Elternhaus oder in der Freizeit durchzusetzen, um ihre sich selbst gestellten legitimen Ziele souverän zu erreichen. Selbstbewusste Kinder sind grundsätzlich stark, robust, zufrieden, ausgeglichen und sozial gut eingebunden, sie können sich angemessen wehren und abgrenzen, wenn ihnen etwas missfällt. Sie bilden sich früher als andere eine eigene feste Meinung. Selbstbewusste Kinder bringen das nötige Rüstzeug mit, selbstbewusste Erwachsene zu werden, die später den Anforderungen des Alltags gewachsen sind und das Leben genießen können.

Ein schlechtes Selbstwertgefühl bedeutet innere Verunsicherung

Kinder mit einem schlechten Selbstwertgefühl sind selbstunsicher. Sie neigen dazu, ängstlich, hilflos, emotional instabil, unselbstständig und von außen leicht beeinflussbar zu sein. Sie können schlecht nein sagen und sind zu Hause wie in der Schule nicht in der Lage, sich angemessen zu wehren. Aus selbstunsicheren Kindern werden rasch selbstunsichere Erwachsene, die sich im Leben überfordert und als Versager fühlen. Diese vermögen ihre berechtigten Interessen häufig nicht durchzusetzen und sind psychisch nicht ausreichend belastbar.

Solche Kinder, Jugendliche und Erwachsene sind gefährdet, Mobbing-Opfer zu werden. Sie geraten so über eine Abwärtsspirale in eine krankmachende Situation, aus der sie dann ohne fremde Hilfe nicht mehr herauskommen. Erst mit Besserung ihres Selbstbewusstseins und ihrer sozialen Kompetenz können sie sich Mobbing-Angriffen erfolgreich widersetzen.

Kindern und Jugendlichen ein positives Selbstvertrauen vermitteln

Manche Eltern glauben, ihr AD(H)S-Kind in allen Situationen stets und immer behüten und beschützen zu müssen. Obgleich dieses Verhalten einer liebevollen und fürsorglichen Einstellung entspringt, ist es wenig hilfreich. Dies deshalb, da ein solches Verhalten die betroffenen Kinder noch zusätzlich verunsichert und sie unbewusst in eine noch stärkere Abhängigkeit von den Eltern bringt. Deren Angst vor der Überforderung ihres Kindes überträgt sich auf diese. Ratsam ist es, (AD(H)S-)Kindern anstelle von Überbehütung besser Stärke und Selbstvertrauen zu vermitteln. Dafür ist es zum Beispiel wichtig, Kindern und Jugendlichen immer wieder neu vorzuleben, wie man seine Probleme aus eigener Kraft anpacken und lösen kann. Dazu bedürfen AD(H)S-Kinder unbedingt der Hilfe ihrer Eltern und des sozialen Umfeldes.

> **Kinder und Jugendliche entwickeln ein positives Selbstbewusstsein aus:**
>
> - ihrer genetischen Grundausstattung
> - den täglichen Erfahrungen, die sie in der Familie und im sozialen Umfeld sammeln und auswerten
> - der Anerkennung und Achtung, die sie von der Umgebung erhalten
> - ihrer Fähigkeit, das Denken und Handeln ihrer Umwelt mit zu beeinflussen
> - der Überzeugung, die an sie gestellten Aufgaben auch erfüllen zu können

8.2 Die Bedeutung des sozialen Umfeldes und der Schule

Wie schwer die Symptomatik des AD(H)S im Einzelfall empfunden wird, hängt wesentlich von der Reaktion des jeweiligen sozialen Umfeldes ab. Dies deshalb, da alle relevanten Verhaltensstörungen multikausal bedingt sind und Elternhaus, Schule, Freundeskreis etc. dabei eine wichtige Rolle spielen.

Wie können Eltern der Entwicklung von Verhaltensstörungen wirkungsvoll entgegenwirken? Lassen Sie uns, um diese Frage zu beantworten, zunächst einen Blick auf den Alltag einer »ganz normalen« AD(H)S-Familie werfen, so wie er mir in der Praxis immer wieder geschildert wird.

Der Alltag einer »ganz normalen« AD(H)S-Familie – ein Beispiel

Thomas, 13 Jahre alt, besucht die 6. Klasse der Hauptschule. Der Junge ist etwas hyperaktiv, weist jedoch in der Schule keine wesentlichen Teilleistungsstörungen auf. Wegen mangelnder Schulreife verbrachte er ein Jahr in der Vorschule. Seine Hobbys sind Fußball und Computerspiele. Er geht zweimal in der Woche zum Judo, spielt mit Freunden auf dem Bolzplatz Fußball und liebt es, sich frei bewegen zu dürfen. Er macht wenige Probleme, seine Hausaufgaben erledigt er meistens in der Schule.

Corinna, seine Schwester, ist neun Jahre alt und besucht die 3. Klasse. Sie ist hypoaktiv. Sie hat Probleme in der Rechtschreibung. Das Mädchen verbringt jeden Tag zwei bis drei Stunden Zeit mit ihren Hausaufgaben, die es zusammen mit seiner Mutter macht. Dies geht stets mit viel Geschrei und manchen Tränen einher. Bis 17 Uhr muss Corinna fertig sein. Um diese Uhrzeit kommt ihr Vater nach Hause. Dann hat der Tisch im Wohnzimmer frei zu sein, damit er seine Zeitung lesen kann und »Ruhe« hat. Jetzt wird auch der Fernseher eingeschaltet, zur Freude von Corinna. Eigentlich müsste sie nun noch lesen, aber das wird wie immer auf abends verschoben, dann aber meistens erfolgreich von ihr verweigert. Jetzt bereitet die Mutter die warme Mahlzeit zum Abend vor und ist froh, wenn sie dabei nicht gestört wird. Die Schulleistungen von Corinna sind schlecht. Da ihre Versetzung in die 4. Klasse gefährdet ist, wird sie von der Mutter in einer kinder- und jugendpsychiatrischen Praxis vorgestellt.

Die *Mutter* ist vom Tag geschafft. Auch sie hat eine AD(H)S-Veranlagung. Ihr gelingt es nicht, ihre Arbeit tagsüber konsequent zu strukturieren. Sie nimmt sich viel vor, schafft aber nicht einmal die Hälfte, weil immer so viel »dazwischen« kommt. Sie kann schlecht nein sagen und ärgert sich manchmal selbst über ihre Inkonsequenz. Sie wird mit der vielen Arbeit im Haushalt nicht fertig. Oft hat sie Kopfschmerzen, dann fällt ihr alles noch schwerer. Sie weint leicht und regt sich schnell auf.

Der *Vater* kommt gegen 17 Uhr »geschafft« nach Hause. Daheim möchte er kein Hausaufgabenschrei hören. Er will seine Ruhe haben. Er lässt sich ein Bier bringen, setzt sich auf seinen Sessel vor das Fernsehgerät, um Nachrichten zu sehen und die Zeitung zu lesen. Den ersten Krach gibt es erst, wenn »dein Junge wieder einmal nicht pünktlich zum Essen zu Hause ist«, so der Vater zur Mutter.

Aber heute ist *Thomas* pünktlich zum Essen zurück und gut gelaunt mit einem Riesenhunger und noch mehr Durst. Nach dem Essen verschwindet er in sein Zimmer, schaltet seinen eigenen Computer ein und spielt auf dem Smartphone. Dabei vergisst er Zeit und Raum und muss mehrfach ermahnt werden, schlafen zu gehen.

Corinna verbringt den Abend mit den Eltern vor dem Fernsehgerät, hierbei döst sie meist so vor sich hin. Ihre einzige Beschäftigung ist dabei das Essen: Chips, Süßigkeiten, Knabbergebäck oder auch mal Obst. Die Mutter ermahnt sie häufig, etwas weniger zu essen – wegen ihres Übergewichts.

Tisch decken, Tisch abräumen, die Spülmaschine füllen oder ausräumen, Ranzen für morgen packen, all dieses sollten eigentlich die Kinder erledigen – zumeist wird es jedoch vergessen. Auf die regelmäßigen Ermahnungen der Eltern folgen die stets gleichen Proteste: »Immer ich!« Da macht es die *Mutter* lieber gleich selbst. Die Schulranzen werden jedoch meist gar nicht oder erst am anderen Morgen gepackt, oft mit hektischem Suchen.

Morgens und am Wochenende gibt es den meisten Stress. *Corinna* kommt nicht aus dem Bett, wird ewig nicht fertig mit dem Anziehen. Zum Frühstücken bleibt ihr meist keine Zeit. Die Freundin steht schon vor der Tür, da hat sie noch immer den zweiten Strumpf nicht gefunden und schreit herum. Am Wochenende, wenn beide Kinder zu Hause sind, kommt Langeweile auf und Streit wegen jeder Kleinigkeit. *Thomas* fällt in solchen Situationen ein, dass er »unbedingt« ein neues Smartphone braucht. Er fühlt sich benachteiligt gegenüber seinen Klassenkameraden. Beide Kinder haben jedoch wenige Freunde, mit denen sie sich verabreden könnten.

Die *Eltern* wollen wenigstens am Wochenende einmal ihre Ruhe haben und von den Kindern nicht gestört werden. Die Mutter möchte fernsehen und ihre Illustrierten lesen, der Vater auch »einmal« seinen Computer benutzen, was allerdings oft dazu führt, dass er stundenlang davorsitzt.

Als es wieder einmal am Wochenende zu viel Streit gab, beschlossen die Eltern, dass der Junge eine Therapie und die Schwester Nachhilfeunterricht benötige. So kam die Mutter nach einiger Zeit erneut in die kinder- und jugendpsychiatrische Praxis: »Thomas braucht eine Verhaltenstherapie und Corinna wieder Ergotherapie«. Warum? *Thomas'* Noten, so die Mutter, würden immer schlechter, er vergesse immer öfter die Hausaufgaben. Ein Kontrollieren der Hausaufgaben, die er ja sowieso zumeist in der Schule mache, wünsche er nicht, schließlich solle er ja selbstständig werden. Außerdem gebe er freche Antworten, erledige nicht, was die Mutter ihm auftrage, und räume sein Zimmer nie auf. Pflichten habe er genug, aber er vergesse sie immer. Wenn sie ihn an diese erinnere, antworte er »gleich!«, ohne diese jedoch auszuführen. Solle er am Nachmittag für die Mutter etwas erledigen, habe er nie Zeit und noch weniger Lust. Mache die Mutter Druck, erkläre er: »Über meine Freizeit habe nur ich allein zu bestimmen«. Um ihre Nerven zu schonen, macht die Mutter schließlich doch alles wieder allein, nicht aber ohne sich dabei zu ärgern und sich vorzunehmen, ab jetzt strenger mit dem Jungen umzugehen.

Solle *Corinna* etwas erledigen, vergesse sie die Hälfte und es dauere viel zu lange. Das Mädchen könne sich keine drei Dinge merken. Zum Verdruss über die Kinder kriegt die Mutter den Ärger des Vaters ab, dieser kommentiert: »Du musst die Kinder strenger erziehen, wir durften uns das früher zu Hause nicht erlauben«.

Wie können Eltern der Entwicklung von Verhaltensstörungen wirkungsvoll entgegenwirken?

Wie ist der Familie von Thomas und Corinna zu helfen, welche Maßnahmen und Wege können ihre Eltern einschlagen, um sich und ihre Kinder aus der unerfreulichen Situation wirkungsvoll zu befreien?

Mein Rat an die Eltern besteht darin, ihre Erziehung mit mehr Struktur und Konsequenz zu gestalten. Wichtig sind gemeinsame Absprachen mit den Kindern über Pflichten und Rechte. Deren Einhaltung muss von beiden Elternteilen kontrolliert und dokumentiert werden, so z. B. die Hausaufgaben, für die Zeitvorgaben gemacht werden sollten. Corinna sollte zunächst die Hausaufgaben nicht mehr in ihrem Zimmer machen, wo sie jede Entfernung der Mutter zum Spielen und Abgleiten in ihre Traumwelt nutzt, sondern am freien Küchentisch. Hier muss sie ihre Aufgaben zwar unter Aufsicht, aber dennoch selbstständig und zügig erledigen. Zudem ist ein fester Zeitpunkt vor dem Abendessen zu vereinbaren, an dem die Mutter während der Essenszubereitung Corinna täglich vier Sätze diktiert oder Corinna eine Seite vorliest, die das Mädchen sodann nacherzählt. Corinna sollte zudem mehr Bewegung haben: Gut wäre es dafür, sie ginge in eine Sport- oder Tanzgruppe. Auch sollte sie gezielter Kontakt zu ihren Klassenkameradinnen suchen und sich mit diesen verabreden.

Sinnvoll ist es neben einer regelmäßigen Kontrolle der vereinbarten Pflichten, gemeinsam Belohnungspläne aufzustellen. Mithilfe von leichten, sinnvollen(!) Anreizen lässt sich bei Kindern und Jugendlichen häufig manches bewegen.

Wichtig ist es zudem, in der Familie regelmäßig offen über Probleme zu sprechen, die zu Hause auftreten. Dies ist die Voraussetzung dafür, anschließend gemeinsam Lösungen zu erarbeiten. Familienkonferenzen kann man das nennen.

Auch ein gemeinsamer Fernsehabend ist durchaus nützlich, sofern man im Anschluss gemeinsam über den Film spricht. Solche gemeinsamen Familienzeiten sind deshalb so wichtig, da sie sowohl den Kindern als auch den Eltern Zeit und Raum dafür geben, über Erlebnisse und Probleme zu berichten, über Freunde, Lehrer, Schulnoten, Erfolge und Hobbys. Auch die Eltern sollten den Kindern von ihren Problemen und Sorgen erzählen. Kinder in den Alltag der Erwachsenen einzubeziehen, fördert nicht nur ihre soziale Reife, sondern schafft wechselseitiges Verständnis und Vertrauen in der Familie. So wissen zum Beispiel viel zu wenige Kinder, welchen Beruf ihre Eltern ausüben und was sie eigentlich konkret auf der Arbeit tun.

Ich empfehle allen Eltern darüber hinaus, am Wochenende gemeinsame Familienausflüge zu unternehmen. Immer wieder mache ich die traurige Erfahrung, dass viele AD(H)S-Kinder aus meiner Praxis nicht einmal die wichtigsten Ausflugsziele ihrer näheren Umgebung kennen. Das Wochenende ist auch die ideale Zeit, um nachmittags oder abends gemeinsam zu spielen. Dies können klassische Gesellschaftsspiele sein, aber auch Bewegungs- und Ballspiele wie Federball, Tischtennis, Minigolf etc. Selbst bei schlechtem Wetter kann man mit Kindern in der Wohnung Bewegungs- und Konzentrationsspiele machen. Wichtig sind solche Familientage bzw. -abende deshalb, weil sie zum einen das familiäre Gemeinschaftsgefühl fördern und zum anderen soziale und motorische Fertigkeiten der Kinder trainieren.

Wann und wie eine Verhaltenstherapie helfen kann

Der oben beschriebene Ausspruch von Thomas' Vater: »Der Junge braucht eine Therapie«, ist durchaus dafür typisch, wie Eltern heute häufig mit einer verfahrenen Situation zu Hause in der Familie und in der Schule umgehen. Brauchen die betroffenen Kinder aber tatsächlich eine (Verhaltens-)Therapie und was soll diese bewirken?

Ganz wichtig ist zunächst zu begreifen, dass eine Verhaltenstherapie keine Erziehung ersetzen kann. Ihre erfolgreiche Anwendung setzt vielmehr eine Bereitschaft der Eltern voraus, einiges in ihrer Erziehung zu ändern. Sie baut darauf, gemeinsam mit dem Kind oder dem Jugendlichen unter Anleitung des Therapeuten Probleme erfolgreich zu lösen, indem Verhaltensweisen dauerhaft geändert werden. Dazu ist die Mitarbeit der ganzen Familie erforderlich.

> **Was ist eigentlich eine Verhaltenstherapie und was bewirkt sie?**
>
> Eine Verhaltenstherapie beruht auf drei Schwerpunkten:
>
> - Selbst- und Fremdwahrnehmung verbessern, Stärken und Schwächen der eigenen Person herausarbeiten und deren Psychodynamik erkennen, Probleme und Therapieziele definieren
> - sich mit dem sozialen Umfeld auseinandersetzen, selbstkritische Verhaltensanalyse einüben, soziale Kompetenz erwerben und gesellschaftliche Normen verinnerlichen (d. h. diese verstehen und ihre Notwendigkeit anerkennen)

> - sozialangepasstes Verhalten einüben (mit Formen des Ein- und Unterordnens), Strategien erlernen, sich in einer Gruppe angemessen durchzusetzen, positives Selbstwertgefühl aufbauen

Um eine Verhaltenstherapie bei Kindern und Jugendlichen mit AD(H)S erfolgreich anzuwenden, bedarf es einiger Voraussetzungen:

- die Eltern und Geschwister müssen das Kind so annehmen, wie es ist: Die Familie muss das »Anderssein« ihres Kindes akzeptieren
- nur solche Therapeuten sollten mit den betroffenen Kindern und Jugendlichen arbeiten, die sich mit AD(H)S auskennen
- zwischen den Eltern und dem Therapeuten muss ein offenes und ehrliches Verhältnis bestehen
- die Diagnostik des AD(H)S muss gründlich erfolgt sein
- die Betroffenen und ihre Familie müssen ausführlich über das AD(H)S informiert und von Schuldgefühlen entlastet werden
- den Eltern muss der Unterschied zwischen dem Nichtwollen und dem Nichtkönnen ihres betroffenen Kindes klar gemacht werden
- die Eltern müssen befähigt werden, zum Wohle ihres Kindes als Co-Therapeuten aktiv mitzuarbeiten
- die Eltern müssen zu einer strukturierten und konsequenten Erziehung angeleitet werden
- das betroffene Kind, seine Eltern und der Therapeut legen gemeinsam Therapieziele fest

> **Das Programm einer Verhaltenstherapie für ein hyperaktives Kind – ein Beispiel**
>
> - Definition der wichtigsten Probleme und konkrete Zielsetzung für eine Therapie
> - intensive Motivierungsphase mit Schließen eines Arbeitsbündnisses
> - Mithilfe der gesamten Familie bei der Problemlösung
> - Toleranzgrenzen vereinbaren gegenüber Teilen der Symptomatik
> - viel Bewegungsfreiheit und sportliche Aktivitäten
> - Möglichkeiten zum Aggressionsabbau schaffen
> - bisherige Bewältigungsversuche kritisch aufarbeiten
> - innere und äußere Wahrnehmungen verbessern und Selbstinstruktionstraining erlernen
> - Selbstkontrollmechanismen erarbeiten und Problemlösung üben
> - Selbstständigkeit und soziale Kompetenz vermitteln
> - Reflexion des eigenen Verhaltens zu Hause, in der Schule und unter Freunden
> - Steuerung der Impulse und Einüben von Geduld

> **Das Programm einer Verhaltenstherapie für ein hypoaktives Kind – ein Beispiel**
>
> - Arbeitsbündnis schaffen mit konkreten Zielen
> - intensive Motivation mit Unterstützung durch Eltern und Lehrer
> - positive Fähigkeiten erkennen, ausbauen und bewusst anwenden
> - Teilleistungsstörungen und Wahrnehmungen verbessern
> - regelmäßiges und systematisches Üben, wenn Rechtschreib- oder Rechenschwäche vorliegen
> - soziale Kontaktfähigkeit verbessern
> - Selbstinstruktionstraining erlernen für bessere Konzentration und Problemlösung
> - Abbau von Selbstzweifeln und Erlernen sozialer Kompetenz
> - Aufbau eines positiven Selbstbewusstseins

Verhaltens- und Stimulanzientherapie – ein erfolgreiches Paar

Liegen bei Kindern, Jugendlichen und Erwachsenen eine ausgeprägte AD(H)S-Symptomatik und ein Leidensdruck vor, kann eine Verhaltenstherapie nur in Kombination mit einer Stimulanzientherapie erfolgreich sein. Bei Kindern muss das soziale Umfeld die Therapie akzeptieren und aktiv unterstützen. Dies schließt die Bereitschaft der Eltern, Geschwister, der Schule und Freunde mit ein, auch bei sich selbst einiges im Sinne dieser Behandlung zu verändern. Jede Therapie sollte individuell persönlichkeitszentriert und problemorientiert ausgerichtet sein und in gewissen Zeitabständen immer wieder kritisch auf ihre Wirksamkeit hin überprüft und hinterfragt werden.

Lassen Sie sich durch Außenstehende nicht beirren

Die Stimulanzientherapie hat bei einem gesicherten und ausgeprägten AD(H)S mit Leidensdruck, Selbstwertproblematik, schulischem Leistungsknick und einer beginnenden reaktiven Fehlentwicklung ihre Berechtigung und dringende Notwendigkeit. Es gibt keine entsprechende Alternative dazu. Trotzdem werden Eltern, Kinder und Jugendliche, sowie deren Lehrer und Verwandte, immer wieder durch Außenstehende verunsichert, was oft zum vorläufigen Abbruch der Therapie führt. Leider schüren insbesondere die Medien (Fernsehen, Zeitschriften) immer wieder die Verunsicherung der betroffenen AD(H)Sler und ihrer Familien. Dadurch verliert das betroffene Kind kostbare Zeit für seine Entwicklung. Die Schäden, besonders in Form von Begleit- oder Folgeerkrankungen, sind auch durch eine spätere Wiederaufnahme der Behandlung oft nicht wiedergutzumachen.

> **Warum die Stimulanzientherapie in schweren Fällen unverzichtbar ist**
>
> Viele verschiedene Therapien werden mittlerweile auf dem »Markt« zur Behandlung des AD(H)S angeboten und als erfolgreich empfohlen, aber sie sind trotz bestimmter individueller Besonderheiten und Vorteile nicht in der Lage, im Falle einer ausgeprägten AD(H)S-Symptomatik die Stimulanzientherapie zu ersetzen. Diese wiederum kann nur ein Element unter mehreren Bausteinen eines gesamten Therapiekonzeptes sein. Dennoch bildet die medikamentöse Behandlung einen wesentlichen Therapiebaustein, der allen anderen Maßnahmen erst zum Erfolg verhilft. Auch hier gilt die Regel: Zuerst die Grundstörung und nicht nur ein Symptom behandeln!

Angesichts der großen Bedeutung, die dem sozialen Umfeld für eine erfolgreiche Behandlung des AD(H)S zukommt, wäre es im Interesse der Betroffen wünschenswert, ja erforderlich, dass sich alle, die sich zu der Problematik äußern, vorher fundiert wissenschaftlich informiert haben.

Wenn die Eltern selbst vom AD(H)S betroffen sind

AD(H)S-Kinder, die selbst wenig Struktur und stattdessen »Chaos« im Kopf haben, brauchen verständnisvolle und immer zuverlässige Eltern, die ihnen Halt geben. Im Rahmen einer konsequenten, stets liebevollen Erziehung benötigen diese Kinder feste Grenzen. Hierin kann ein zusätzliches Problem liegen.

Durch die Vererbung des AD(H)S ist immer ein Elternteil mehr oder weniger direkt selbst betroffen. Ist das die erziehende Mutter, so kann sie durch ihre eigene psychische Instabilität das Kind noch mehr verunsichern. In der Praxis erlebe ich immer wieder Eltern von AD(H)S-Kindern, die selbst dringend einer ärztlichen Behandlung bedürfen, weil sie unter Angststörungen, Zwängen, Depressionen, einer Tic-Symptomatik, Kopfschmerzen/Migräne, Magen-Darm-Beschwerden, Panikattacken oder Selbstwertkrisen leiden. Sie fühlen sich kraftlos, sind leicht erschöpfbar, regen sich schnell auf, sind vergesslich, antriebsarm, sehr empfindlich und in den »eigenen vier Wänden« bzw. am Arbeitsplatz leicht chaotisch. Andere sind perfektionistisch, dominant und immer in Bewegung.

Alle diese Eltern opfern sich zur gleichen Zeit auf und kämpfen, nicht nur für ihre Kinder. Sie fühlen sich dabei nicht selten allein gelassen, hilflos und unverstanden. Wie schwer diese Eltern psychisch und auch manchmal körperlich leiden, das erfährt man immer erst im Laufe einer längeren Therapie. Eine Selbsthilfegruppe in der Nähe und ein Arzt, der Erwachsene mit AD(H)S behandeln kann, wären dringend notwendig und für alle Beteiligten eine große Hilfe. Leider gibt es zurzeit noch zu wenige Selbsthilfegruppen für AD(H)S in den kleineren Städten und noch weniger Ärzte, die in der Lage sind, Erwachsene mit AD(H)S kompetent zu diagnostizieren und zu behandeln.

Mütter mit AD(H)S können ihr von AD(H)S betroffenes Kind am besten verstehen und sollten möglichst dessen Coach sein. Nicht selten benötigen sie zunächst aber selber eine Behandlung, denn:

- sie sind überbesorgt und verwöhnen ihr Kind
- sie sind bemüht, die Defizite ihres Kindes auszugleichen, behindern dadurch jedoch ungewollt die Entwicklung ihres Kindes zur Selbstständigkeit
- sie haben meist selbst ein schlechtes Selbstwertgefühl und können nicht konsequent sein
- sie sind ihrem Kind nicht immer ein gutes Vorbild, da sie vergesslich sind, sich schnell aufregen und unüberlegt handeln
- ihre Ordnung lässt häufig zu wünschen übrig, sie müssen viel suchen oder sind perfektionistisch und verlangen von ihrem Kind eine Superordnung
- sie diskutieren und holen immer wieder alte Geschichten zum Erinnern und Belehren hervor, was ihr Kind »nervt« und überfordert
- sie glauben, perfekt sein zu müssen, und verbreiten Unruhe und Hektik

Dabei sollten Mütter mit AD(H)S nur das von ihrem Kind verlangen, was sie ihm selber vorleben. Denn Erziehung erfolgt vor allem durch Nachahmung und weniger durch Worte.

> Die Frage, ob Eltern selbst unter AD(H)S oder mit ihm einhergehenden psychischen Störungen leiden, sollte im Therapieplan unbedingt mitberücksichtigt werden. Gegebenenfalls muss auch ihnen die Möglichkeit einer Behandlung eröffnet werden.

Eltern beraten Eltern

Wenn keine Selbsthilfegruppe in Wohnortnähe verfügbar ist, sind Eltern, die eigene Erfahrung mit AD(H)S haben, über einen gewissen Kenntnisstand verfügen und sich bereit erklären, telefonisch mit anderen Betroffenen zu sprechen, eine unschätzbare und dankbare Hilfe. Im Dschungel der vielen widersprüchlichen Meinungen hilft häufig ein Gespräch der Eltern untereinander. Solche Gesprächsangebote werden in der Regel gern angenommen. Dabei spielt der Erfahrungsaustausch im Umgang mit Kindern und Jugendlichen und deren Erziehung eine wichtige Rolle. Am meisten gefragt waren in meiner Praxis Eltern, denen es gelungen war, durch einen konsequenten Erziehungsstil den Stress aus dem Alltag zu nehmen.

»AD(H)S Deutschland«, eine bundesweite Selbsthilfegruppe, bietet in allen Bundesländern eine Telefonberatung an, die von Betroffenen mit viel Erfahrung durchgeführt wird.

Auch entferntere Verwandte und Freunde haben Einfluss und Verantwortung

Die Bedeutung des sozialen Umfeldes bei der AD(H)S-Behandlung beschränkt sich nicht nur auf die Familie. Neben den Eltern und den Geschwistern sowie der Schule fällt auch den weiteren Verwandten – Tanten, Onkeln, Großeltern etc. – und Freunden eine wichtige Rolle zu. Je informierter und damit verantwortlicher diese sich zum Thema AD(H)S äußern, umso besser für die betroffenen Kinder und Jugendlichen.

Ein Beispiel aus der Praxis – Matthias

Matthias, 5. Klasse, hat ein ausgeprägtes AD(H)S und blickt auf eine lange Leidensgeschichte mit vielen Therapien wegen multipler Wahrnehmungsstörungen, Hypoaktivität und Rechtschreibschwäche zurück. Nachdem er ein Stimulans verordnet bekam, machte er in seinem Verhalten und in seinen schulischen Leistungen erstmals spürbare Fortschritte. Er begann langsam, selbstbewusster zu werden.

Matthias' Familie wohnt jedoch in einer Gegend, in der AD(H)S nur aus den Medien bekannt ist. Selbst der Arzt von Matthias hielt es für eine »Modekrankheit« und warnte den Jungen: Dieses Medikament sei eine Droge und mache süchtig. Sein Lehrer war der gleichen Meinung und alle Klassenkameraden hänselten ihn, weil er ein »Yankee« sei. Dies verunsicherte den Jungen so stark, dass er die Tablette morgens nur noch widerwillig nahm und am Nachmittag zu den Hausaufgaben schon gar nicht mehr. Matthias' Leistungen wurden in der Folge wieder viel schlechter, besonders die Diktatnoten. Matthias selbst war so verunsichert, dass er sich keine Mühe mehr gab, sich zu konzentrieren, beim Schreiben nachzudenken, auf Groß- und Kleinschreibung zu achten, den Wortstamm zu berücksichtigen und die Vor- und Nachsilben zu beachten. Was er am Nachmittag lernte, blieb nur zum geringen Teil haften, da der Transport des Lernstoffs vom Arbeits- ins Langzeitgedächtnis ohne ausreichende Botenstoffe nicht funktionierte. Obgleich er am Nachmittag fleißig Englischvokabeln lernte, wusste er sie schon Tage später nicht mehr.

Trotz der zunehmend schlechter werdenden Schulnoten war Matthias nicht zu überzeugen, das Stimulans einzunehmen. Seine Lehrerin empfahl ein Rechtschreibtraining an einem Legasthenikerinstitut nach § 35a des Kinder- und Jugendhilfegesetzes (KJHG). Dieser Paragraph kann als Eingliederungshilfe für Kinder angewandt werden, denen eine seelische Behinderung droht. Bei Matthias konnte man aber bereits zu diesem Zeitpunkt deutliche Zeichen einer seelischen Behinderung feststellen, da er an Kopfschmerzen, Bauchschmerzen, Schlafstörungen, Versagensängsten und Selbstwertkrisen mit Panikattacken litt.

In Matthias' Fall bedarf es vor allem einer Behandlung der Grundstörung – nicht allein mithilfe von Medikamenten, aber auch nicht ohne sie, da erst sie den Erfolg der weiteren Therapiebausteine ermöglichen. Mit der Behandlung nur eines der vielen Symptome des AD(H)S kann dagegen kein ausreichender Therapieerfolg auf Dauer erzielt werden, selbst wenn die Rechtschreibschwäche für Matthias das Hauptsymptom seines AD(H)S darstellt. Das wichtigste Therapieziel bei AD(H)S besteht immer im Aufbau eines positiven und stabilen Selbstwertgefühls. Das kann im Falle eines ausgeprägten AD(H)S allein durch ein Rechtschreibtraining nicht erreicht werden. Praktiziert man dagegen im Rahmen einer medikamentösen Therapie ein intensives Rechtschreibtraining, lassen sich die schulischen Leistungen und Noten dauerhaft und entscheidend verbessern. Voraussetzungen dafür sind eine konsequente Haltung und Hilfe der Eltern sowie ein genügend langer Atem: Ein Lernerfolg stellt sich häufig erst im Laufe eines halben Jahres ein, weil sich erst durch wiederholtes Üben entsprechende Lernbahnen im Gehirn entwickeln können. Dann kann erst mit Erfolgen und einem verbesserten Selbstwertgefühl des betroffenen AD(H)S-Kindes gerechnet werden.

Damit die Schule für AD(H)S-Kinder nicht zum Alptraum wird

Für viele AD(H)S-Kinder wird die Schule im Laufe der Zeit zum Problem Nr. 1. Das liegt in aller Regel nicht an der Schule an sich, sondern an ihren Anforderungen, denen AD(H)S-Kinder nicht immer auf allen Gebieten gewachsen sind. In der Schule möchten sich grundsätzlich alle Kinder bewähren, sich erfolgreich mit den Klassenkameraden messen und Anerkennung für ihre Anstrengungen von Eltern und Lehrern erfahren. Tatsächlich aber wird die Schule für AD(H)S-Kinder zumeist zum schwierigen Problem, weil sie hier im Leistungsvergleich mit ihren Altersgenossen benachteiligt sind. In der Schule werden sie erstmalig mit Anforderungen konfrontiert, denen sie sich stellen müssen. Dabei erfahren sie jedoch: »Das kann ich nicht«. Für diese Kinder wird die Schule irgendwann zum Alptraum. Damit es nicht zu einer solchen Entwicklung kommt, werden Lehrerinnen und Lehrer gebraucht, die sich mit der Problematik des AD(H)S in seiner hyper- und hypoaktiven Form auskennen.

Die Schule benötigt heute Lehrerinnen und Lehrer, die wissen, dass AD(H)S-Kinder

- eine geringe Daueraufmerksamkeit haben und häufig – aber nicht immer – unkonzentriert sind
- sehr empfindlich sind, sich schlecht steuern können und dabei manchmal spontan und unüberlegt handeln
- vergesslich sind und schnell Leichtsinnsfehler machen
- nicht fehlerzogen sind
- manchmal etwas nicht hören, wenn Nebengeräusche vorhanden sind
- eine eckige Schrift haben und die Linien nicht einhalten können
- nicht gut malen und basteln können
- entweder zu schnell oder zu langsam sind
- dazu neigen, eine Lese-Rechtschreib-Schwäche und/oder eine Rechenschwäche zu entwickeln

- häufig sehr klug, jedoch nicht in der Lage sind, dies immer zu zeigen
- sich im Unterricht schlecht allein beschäftigen können
- sehr empfindlich gegenüber Ungerechtigkeiten sind
- einen strukturierten Unterricht und einen festen Platz benötigen, an dem sie nicht leicht abgelenkt werden
- in der Lage sind, gut aufzupassen, wenn sie etwas im Unterricht fasziniert
- meist Eltern haben, die sich mit ihrer Erziehung viel Mühe geben und die der Zusammenarbeit mit der Schule bedürfen

AD(H)S-Kinder sind nicht »krank«. Deshalb sollten sie in der Schule auch nicht als »kranke« Kinder behandelt werden. Dennoch können AD(H)S-Kinder Verhaltens- und Leistungsdefizite entwickeln, die ihr Selbstwertgefühl und ihre seelische Entwicklung stark beeinträchtigen. Dies gilt es, in der Schule sehr wohl angemessen zu berücksichtigen.

Eine Bitte an alle Lehrerinnen und Lehrer: Leiten Sie Ihre Beobachtungen frühzeitig an die Eltern weiter

Lehrerinnen und Lehrer sind durch ihre langjährigen täglichen Erfahrungen und ihre qualifizierte Ausbildung häufig sehr gute Beobachter. Die Zeugnisse von AD(H)S-Kindern gleichen oft einer überraschend präzisen Diagnosebeschreibung der vorliegenden AD(H)S-Symptomatik. Da die Lehrerinnen und Lehrer die Probleme der Kinder zumeist frühzeitig erkennen, bedeutet ihr entsprechender Hinweis und ihre vertrauliche Empfehlung, das betroffene Kind möge eine fachärztliche Praxis aufsuchen, eine wichtige Hilfe für die Eltern. Diese sind für ein solch vertrauensvolles Gespräch in der Regel dankbar.

Ein Beispiel aus der Praxis – Julian

Vor drei Jahren hatte Julians Lehrerin seine Mutter darauf aufmerksam gemacht, dass zwischen Julians mündlichen und schriftlichen Leistungen ein bemerkenswerter Unterschied bestehe. Erstere seien sehr gut, so wie sein Allgemeinwissen, letztere dagegen zum Teil katastrophal. Dies deute, so die Lehrerin, auf eine besondere Ursache hin, die es zu finden gäbe. Die Mutter suchte daraufhin zusammen mit Julian eine kinderpsychiatrische Praxis auf. Tatsächlich stellte man hier bei dem Jungen ein AD(H)S ohne Hyperaktivität mit Blicksteuerungsschwäche und Wahrnehmungsstörungen fest. Nach einer Behandlung besucht Julian seit zwei Jahren erfolgreich das Gymnasium. Julians Mutter ist seiner Lehrerin dafür noch heute dankbar.

Die Lehrerin schreibt zu Punkt 18 der Conners-Skala über Julian: Der Junge »scheint von den anderen Kindern leicht geführt zu werden«. Dies geschieht in der Schule sehr oft, jedoch fast immer zu Julians Nachteil. Für einige Kinder, deren Sympathie und Anerkennung er gern hätte, macht er, was sie wollen, auch wenn er genau weiß, dass sein Verhalten eine Bestrafung durch den Lehrer zur

Folge haben wird. Um seinen Schulkameraden zu gefallen, macht er alles, was sie verbal oder nonverbal fordern. Es bedarf großer Aufmerksamkeit der Lehrer, um solche Situationen jedes Mal richtig zu durchschauen, um auch die anderen Kinder zur Rechenschaft ziehen zu können und ihnen ihren Anteil an den verbotenen Aktionen nachzuweisen. Dann hört man von den anderen Kindern immer: »Der Julian war's!« Er ist nicht der Ideengeber der Aktionen, wird bei deren Ausführung jedoch immer erwischt.

Zum Nachteil von Julian ist häufig auch sein Verhalten, wenn sich zwei Kinder aus seiner Klasse streiten: In diesen Fällen glaubt er, dazwischen gehen zu müssen. Obgleich er den Streit nur schlichten möchte, wird er im Verlauf seiner Intervention stets als mitbeteiligt beschuldigt. Diesen Vorwurf nimmt er hin – er verteidigt sich nicht, sodass man denkt, dies stimme so.

Lehrer-Fragebogen
(nach Conners 1978)

Name des Schülers: Julian　　　　　　　　Datum: 9.6.2000

Bitte beurteilen Sie den Schüler hinsichtlich der unten aufgeführten Verhaltensmerkmale auf der vorgegebenen Antwortskala. Lassen Sie bitte kein Merkmal aus. Vielen Dank für Ihre Mitarbeit.

	überhaupt nicht	ein wenig	ziemlich stark	sehr stark
1. unruhig im Sinne von zappelig	0	1	(2)	3
2. macht unangebrachte Geräusche	0	1	2	(3)
3. Forderungen müssen sofort entsprochen werden	(0)	1	2	3
4. unverschämt oder frech	0	(1)	2	3
5. Wutausbrüche und unvorhersehbares Verhalten	0	(1)	2	3
6. übermäßig empfindlich gegenüber Kritik	(0)	1	2	3
7. Ablenkbarkeit und problematische Aufmerksamkeit	0	1	2	(3)
8. stört andere Kinder	0	1	2	(3)
9. tagträumt	0	1	2	(3)
10. mault und schmollt	0	(1)	2	3
11. schnelle und ausgeprägte Stimmungswechsel	(0)	1	2	3
12. streitsüchtig	0	(1)	2	3
13. gegenüber Autoritäten unterwürfig	(0)	1	2	3
14. unruhig, immer "auf Sprung"	0	1	(2)	3
15. erregbar, impulsiv	0	1	(2)	3
16. extreme Anforderungen an die Aufmerksamkeit des Lehrers	0	1	2	(3)
17. scheint von der Gruppe nicht akzeptiert zu werden	(0)	1	2	3
18. scheint von anderen Kindern leicht geführt zu werden	(0)	1	2	3
19. kein Gefühl für Fair-Play	0	(1)	2	3
20. scheint einen Mangel an Führungsqualitäten zu haben	0	(1)	2	3
21. bringt angefangene Dinge nicht zu Ende	0	1	2	(3)
22. kindlich und unreif	0	1	2	(3)
23. verleugnet Fehler und beschuldigt andere	0	1	2	(3)
24. kommt mit anderen Kindern nicht zurecht	0	(1)	2	3
25. unkooperativ mit Klassenkameraden	0	(1)	2	3
26. bei Bemühungen leicht frustriert	(0)	1	2	3
27. unkooperativ mit Lehrern	0	(1)	2	3
28. Lernschwierigkeiten	0	1	2	(3)

8.2 Die Bedeutung des sozialen Umfeldes und der Schule

Lehrer-Fragebogen
(nach Conners 1978)

Name des Schülers: ...Julian.. Datum: ...30.1.2001...

Bitte beurteilen Sie den Schüler hinsichtlich der unten aufgeführten Verhaltensmerkmale auf der vorgegebenen Antwortskala. Lassen Sie bitte kein Merkmal aus. Vielen Dank für Ihre Mitarbeit.

	überhaupt nicht	ein wenig	ziemlich stark	sehr stark
1. unruhig im Sinne von zappelig	⓪	1	2	3
2. macht unangebrachte Geräusche	⓪	1	2	3
3. Forderungen müssen sofort entsprochen werden	0	①	2	3
4. unverschämt oder frech	⓪	1	2	3
5. Wutausbrüche und unvorhersehbares Verhalten	⓪	1	2	3
6. übermäßig empfindlich gegenüber Kritik	⓪	1	2	3
7. Ablenkbarkeit und problematische Aufmerksamkeit	0	①	2	3
8. stört andere Kinder	0	①	2	3
9. tagträumt	0	①	2	3
10. mault und schmollt	⓪	1	2	3
11. schnelle und ausgeprägte Stimmungswechsel	⓪	1	2	3
12. streitsüchtig	⓪	1	2	3
13. gegenüber Autoritäten unterwürfig	⓪	1	2	3
14. unruhig, immer "auf Sprung"	⓪	1	2	3
15. erregbar, impulsiv	0	①	2	3
16. extreme Anforderungen an die Aufmerksamkeit des Lehrers	0	1	②	3
17. scheint von der Gruppe nicht akzeptiert zu werden	⓪	1	2	3
18. scheint von anderen Kindern leicht geführt zu werden	0	①	2	3
19. kein Gefühl für Fair-Play	⓪	1	2	3
20. scheint einen Mangel an Führungsqualitäten zu haben	0	①	2	3
21. bringt angefangene Dinge nicht zu Ende	0	①	2	3
22. kindlich und unreif	0	①	2	3
23. verleugnet Fehler und beschuldigt andere	⓪	1	2	3
24. kommt mit anderen Kindern nicht zurecht	⓪	1	2	3
25. unkooperativ mit Klassenkameraden	0	①	2	3
26. bei Bemühungen leicht frustriert	⓪	1	2	3
27. unkooperativ mit Lehrern	⓪	1	2	3
28. Lernschwierigkeiten	0	①	2	3

Abb. 8.4: Conners-Skala, ausgefüllt von der Lehrerin, vor und nach der Stimulanzientherapie von Julian

> **Worin bestehen bei AD(H)S-Kindern positive Rahmenbedingungen für eine erfolgreiche Schulzeit?**
>
> AD(H)S-Kinder
>
> - benötigen im Elternhaus von Anfang an eine für sie überschaubare konsequente Erziehung. Jeder zu große Freiraum ist hier fehl am Platz. Sie brauchen stattdessen feste Absprachen mit kurzfristigen Kontrollen, viel Lob und Anerkennung, und dies auch schon für ihr Bemühen.
> - brauchen im Schulunterricht eine feste Struktur mit eindeutigen Regeln, einen festen Sitzplatz und klare Anweisungen von ihrer Lehrerin bzw. ihrem Lehrer – dies gibt den Kindern Halt.
> - brauchen Ruhe im Klassenraum, damit sie sich besser konzentrieren können und nicht ständig abgelenkt werden
> - verständnisvolle Lehrer, die bei der Behandlung von AD(H)S-Kindern ein wichtiger Partner des Therapeuten sind.

Halten Sie immer zu Ihrem Kind!

Es gibt immer noch AD(H)S-Kinder, die ihre ärztliche Behandlung auf Wunsch ihrer Eltern in der Schule verschweigen, um bei Lehrern und Klassenkameraden nicht auf Unverständnis zu stoßen. Obgleich heute der Anteil der Lehrerinnen und Lehrer immer stärker zunimmt, der über die AD(H)S-Problematik sachkundig unterrichtet ist, hören leider zu viele Eltern in der Schule nach wie vor die Ansicht, dass die Einnahme von Stimulanzien nur dazu führe, ihre Kinder ruhig zu stellen und süchtig zu machen. Dieser Meinung ist im Interesse der betroffenen Kinder mit Nachdruck entgegenzutreten.

Ganztagsschulen – eine Chance für AD(H)S-Kinder?

Eine positiv gestaltete Ganztagsschule könnte die Situation vieler AD(H)S-Kinder deutlich verbessern. Dieser Schultyp käme dem Bedürfnis der AD(H)S-Kinder nach einem möglichst intensiven Freizeitangebot mit viel Bewegung entgegen, das ihre Entwicklung fördert. Eine vermehrte und regelmäßige Teilnahme an sportlichen, künstlerischen, handwerklichen, musischen und Naturaktivitäten gäbe einen idealen Rahmen ab, in dem die Kinder besser als bisher ihre individuellen Fähigkeiten entfalten und soziale Anerkennung erlangen könnten.

8.3 Die Notwendigkeit der Behandlung

Das Aufmerksamkeitsdefizitsyndrom ist im medizinischen Sinne keine Krankheit, und doch kann man Kinder, Jugendliche und Erwachsene, die unter einem ausgeprägtem AD(H)S leiden, nicht als wirklich »gesund« bezeichnen: »Gesundheit ist der Zustand des völligen körperlichen, geistigen und sozialen Wohlbefindens und nicht nur das Freisein von Krankheiten«, so die Definition der Weltgesundheitsorganisation. Hieraus ergibt sich die Berechtigung, ja die Notwendigkeit, im Interesse der Betroffenen und ihrer Familien das AD(H)S lern- und verhaltenstherapeutisch und – sofern nötig – pharmakologisch zu behandeln.

Liegt ein ausgeprägtes AD(H)S vor, können die betroffenen Kinder, Jugendlichen und Erwachsenen unter neurobiologisch bedingten Auffälligkeiten im Leistungsbereich, im Verhalten sowie im emotionalen und motorischen Bereich leiden. Diese Auffälligkeiten können – wie in den vorherigen Kapiteln dargestellt – als begleitende Störungen das seelische Wohlbefinden stark beeinträchtigen oder als Spät- und Langzeiterkrankungen die Lebensqualität der Betroffenen wesentlich beeinflussen.

Deshalb die Notwendigkeit einer Therapie, die Folgendes bewirken kann:

Positive therapeutische Effekte der AD(H)S-Therapie im kognitiven Bereich

- die Fähigkeit, aufmerksam zu sein und sich zu konzentrieren, wird erhöht, und dies auch bei monotonen Aufgaben
- die Betroffenen sind damit weniger ablenkbar, sie vergessen weniger
- die Kapazität des Kurzzeitgedächtnisses und das Arbeitstempo bessern sich
- Sachinformationen werden besser abrufbar, die Betroffenen schaffen es, angepasster und schneller zu reagieren
- Kinder, Jugendlichen und Erwachsenen gelingt es, von sich aus mit ihren (Schul-)Arbeiten zu beginnen
- die Arbeitsleistung wird erhöht und die Lern- und Arbeitsmotivation kehrt zurück
- frühere Verweigerungshaltungen verschwinden und gezieltes Überlegen wird möglich
- Kinder, Jugendliche und Erwachsene schaffen es, ihre Emotionen in einem allgemein verträglichen Rahmen zu steuern
- Lob und Anerkennung für das eigene Handeln können endlich erfahren und genossen werden, die Betroffenen erleben sich endlich zunehmend positiv
- der Weg für eine erfolgreiche Entwicklung der eigenen Persönlichkeit und Individualität wird frei

> **Positive therapeutische Effekte der AD(H)S-Therapie im sozialen Bereich**
>
> - Kindern und Jugendlichen unterlaufen in der Schule weniger Fehler: sie erhalten ein positives Feedback von den Lehrern und sind mit sich selber erstmalig zufrieden: dies wirkt sich positiv auf das Klima in der Klasse aus
> - Kindern und Jugendlichen gelingt es, die Hausaufgaben zu Hause oder im Hort ohne Widerwillen und Motzen an einem Stück zu machen: dadurch entfallen im (Familien-)Alltag viele unnötige nervenaufreibende Konflikte
> - Kinder und Jugendliche zeigen ein verbessertes Spielverhalten, dies sowohl in der Gruppe (erstmals werden sie von anderen Kindern voll akzeptiert) als auch, wenn sie für sich sind (sie können sich nun auch einmal sinnvoll allein beschäftigen)
> - Kinder und Jugendliche bewegen und verhalten sich im Sport geschickter: sie werden dadurch in der Gruppe besser integriert und sammeln Erfolgserlebnisse
> - die Eltern-Kind-Beziehung verbessert sich und ist nicht mehr täglich wiederkehrenden und neuen Krisen ausgesetzt
> - Kinder und Jugendliche gehen zu Hause und in der Schule verantwortungsvoller mit Aufgaben und Pflichten um, sie werden zuverlässiger
> - Fazit: die Lebensqualität der betroffenen Kinder und Jugendlichen und ihrer Umwelt in Familie und Schule wird deutlich erhöht

AD(H)S frühzeitig behandeln, um Späterkrankungen zu vermeiden – eine lohnenswerte Aufgabe

Eine sachgemäße Therapie des AD(H)S setzt an dem jeweils aktuell vorliegenden Störungsbild an. Durch dessen frühzeitige erfolgreiche Behandlung beinhaltet die Therapie jedoch zugleich eine zukunftsorientierte Zielrichtung, da sie die in einem unbehandelten AD(H)S schlummernden Spätfolgen verhindert. Deshalb wäre es wünschenswert, ja dringend geboten, die Zusammenhänge zwischen dem AD(H)S und seinen Folgeerkrankungen in Zukunft noch besser zu erforschen. Eine rechtzeitige Therapie des AD(H)S könnte der pharmazeutischen Industrie die Entwicklung immer neuer Medikamente und vielen Ärzten die Behandlung von atypischen Verläufen von Depressionen, affektiven Störungen, Angst- und Zwangskrankheiten etc. ersparen.

Wenn für den Anfang nur noch eine Stimulanzientherapie weiterhilft

Es ist richtig, dass in wenigen Fällen eine medikamentöse Therapie am Anfang steht und stehen muss, weil erst nach dem Greifen der Medikamente andere wichtige Komponenten der Gesamttherapie überhaupt zur Wirkung kommen. Das trifft insbesondere für die nicht wenigen Familien zu, die zugunsten ihrer Kinder bisher alles versucht haben einschließlich Diät, Homöopathie, Ergotherapie und vielem mehr. Eltern solcher Familien erkennen die Problematik des AD(H)S zu spät und hoffen, den Empfehlungen anderer folgend, immer auf spontane oder in Aussicht gestellte Besserung. »Wenn das Kind erst in die Schule kommt, dann wird es sich schon ändern.« Auf diese oder ähnliche Weise werden sie von vielen getröstet. Aber bei ihren Kindern kommt es zu keiner Besserung, sondern im Gegenteil, in der Schule läuft alles auf eine Katastrophe zu. In einer solchen Situation kann es nicht verwundern, wenn Lehrer, Eltern und das betroffene Kind selbst resignieren. Ist es erst einmal so weit, führt an einer Veränderung der verqueren Schulsituation kein Weg mehr vorbei, eine Ausschulung bzw. eine Rückversetzung drohen. Beide Optionen sind jedoch keine Lösung für das betroffene Kind.

In einem solchen Fall wird man sich nach einer gründlichen Diagnostik entschließen müssen, die Behandlung mit Medikamenten zu beginnen. Danach erst können neue Verhaltensweisen erlernt, ein anderer Erziehungsstil praktiziert und bestimmte Defizite beseitigt werden. Das trifft auch manchmal für das hypoaktive Kind mit dem für ihn typischen langen Leidensweg zu: Sind einzelne Symptome des AD(H)S erst einmal ohne Erfolg von Frühförderung, Logopädie, Ergotherapie, Klassenwiederholung, Kinesiologie, Musiktherapie, Reittherapie usw. behandelt worden, wird nach einer intensiven AD(H)S-Diagnostik nur noch eine Stimulanzientherapie den Ausweg zeigen. Infolge einer ersten Wirkung kann auf der Grundlage eines mehrdimensionalen Behandlungskonzepts weitergearbeitet werden.

> **Beispielhaftes Programm einer Verhaltenstherapie**
>
> - Problemdefinition und Zielsetzung
> - Positive Fähigkeiten erkennen und verstärken
> - Einbeziehung von Eltern und Lehrer
> - Kompetenzsteigerung durch Training der bisher wenig beachteten positiven Fähigkeiten
> - Schulung der sozialen Wahrnehmung zur Erleichterung der Kontaktaufnahme
> - Abbau der Selbstzweifel und Ängste durch Vermeidung negativer Gedanken
> - Überprüfung der Wahrnehmungen auf Realität
> - Einüben von Geduld
> - Handeln nach dem Motto: »Wenn es nicht nach meinem Willen geht, bin ich nicht gleich gekränkt«
> - Kritische Hinweise in Ruhe aufnehmen und über sie nachdenken, ohne gleich überempfindlich zu reagieren

Kinder und Jugendliche mit AD(H)S bedürfen einer komplexen multimodalen ärztlichen Behandlung mit Stimulanzien – Warum?

- Um ihnen eine Entwicklung zu ermöglichen, die ihren Fähigkeiten und ihrer Intelligenz entspricht
- Um ihnen einen Weg zu eröffnen, ihre Defizite zu beseitigen
- Als Hilfe bei der Lösung altersentsprechender Anforderungen in Schule und Familie
- Damit ihre Anstrengungen nicht immer erfolglos sind, sie sich mehr zutrauen und sich nicht als Versager und Außenseiter fühlen
- Damit sie mit sich zufrieden im seelischen Gleichgewicht sind und ein gutes Selbstwertgefühl aufbauen können.
- Um die Fähigkeit zu erlangen, ein angepasstes Sozialverhalten mit guter sozialer Kompetenz zu entwickeln, damit es ihnen gelingt, sich als ein gleichwertiges Mitglied in einer Gruppe zu integrieren
- Zur Vermeidung von Spätschäden in Form einer seelischen oder körperlichen Behinderung
- Zur Vermeidung eines Drogenkonsums als Selbstmedikation
- Um sich als gesunde Persönlichkeit entwickeln zu können, die den Anforderungen des Lebens gewachsen ist

> Wichtig ist es, sich stets über folgende Grundsätze klar zu sein:
> **Wir behandeln *nicht* mit Stimulanzien,**
>
> - um das Lernen zu erleichtern,
> - um die betroffenen Kinder und Jugendlichen in ein sozial angepasstes Schema zu pressen
> - um ihnen bessere Noten oder den Besuch einer höheren Schule zu ermöglichen
> - um ihre Individualität zu zerstören oder ihre Persönlichkeit zu verändern
> - um den Eltern die Erziehung abzunehmen
> - um ein Vorzeigekind zu haben

Die Praxis spiegelt den Erfolg einer kompetenten Behandlung wider

Ärzte und Psychologen können den Erfolg oder Misserfolg ihres Handelns immer wieder neu an der Entwicklung ihrer Patienten und den Reaktionen von deren Umfeld ablesen. So wie im Falle jenes elfjährigen Jungen namens Thomas, der trotz sehr guter intellektueller Ausstattung unter einer Rechtschreibschwäche und großen Schulproblemen auf der Hauptschule litt. Seine Mutter schrieb der behandelnden Psychiaterin folgenden Brief: »Wie abgesprochen sende ich Ihnen die Kopien der Beurteilung von Thomas durch seine Lehrerin. Es ist kaum zu glauben, welche

Fortschritte sich bei unserem Sohn in diesem Dreivierteljahr der Behandlung ergeben haben. Noch immer bin ich froh und dankbar, dass ihm so wirkungsvoll geholfen werden kann und er nun mit wesentlich mehr Zuversicht und Zutrauen in sich selbst in die Zukunft schaut.«

▶ Abb. 8.5 zeigt diese Beurteilungen der Lehrerin von Thomas vor und nach Behandlungsbeginn mittels der Conners-Skala.

Zur Behandlung von Erwachsenen mit AD(H)S

Auch Erwachsene mit AD(H)S sollten auf der Grundlage einer problem- und personenorientierten Verhaltenstherapie und wenn erforderlich auch mit Stimulanzien behandelt werden.

> **Verhaltenstherapeutische Schwerpunkte bei Erwachsenen mit AD(H)S**
>
> - Strukturierung des Ichs: Selbst- und Fremdwahrnehmung verbessern
> - Auseinandersetzen mit der Umwelt und selbstkritische Reflexion des eigenen Verhaltens
> - Soziale Interaktion üben, Durchhaltestrategien zur Ein- und Unterordnung trainieren
> - Konflikte vermeiden
> - Handlungsentwürfe erarbeiten und Verstärkerpläne zur Lösung von Aufgaben erstellen
> - Problemlösefertigkeiten einüben
> - Erreichen eines Kontrollbewusstseins
> - Rationelles Lösen von Konflikten erlernen

8 Die Bedeutung der Frühdiagnostik und Frühbehandlung

Lehrer-Fragebogen
(nach Conners 1978)

Name des Schülers: Thomas   Datum: 8.9.99

Bitte beurteilen Sie den Schüler hinsichtlich der unten aufgeführten Verhaltensmerkmale auf der vorgegebenen Antwortskala. Lassen Sie bitte kein Merkmal aus. Vielen Dank für Ihre Mitarbeit.

	Merkmal	überhaupt nicht	ein wenig	ziemlich stark	sehr stark
1.	unruhig im Sinne von zappelig	0	1	②	3
2.	macht unangebrachte Geräusche	0	①	2	3
3.	Forderungen müssen sofort entsprochen werden	0	1	②	3
4.	unverschämt oder frech	0	①	2	3
5.	Wutausbrüche und unvorhersehbares Verhalten	0	1	2	③
6.	übermäßig empfindlich gegenüber Kritik	0	1	2	③
7.	Ablenkbarkeit und problematische Aufmerksamkeit	0	1	2	③
8.	stört andere Kinder	0	1	②	3
9.	tagträumt	0	①—②		3
10.	mault und schmollt	0	1	②	3
11.	schnelle und ausgeprägte Stimmungswechsel	0	1	②—③	
12.	streitsüchtig	0	①—②		3
13.	gegenüber Autoritäten unterwürfig	⓪	1	2	3
14.	unruhig, immer "auf Sprung"	0	①	2	3
15.	erregbar, impulsiv	0	1	②—③	
16.	extreme Anforderungen an die Aufmerksamkeit des Lehrers	0	1	②—③	
17.	scheint von der Gruppe nicht akzeptiert zu werden	0	①	2	3
18.	scheint von anderen Kindern leicht geführt zu werden	⓪	1	2	3
19.	kein Gefühl für Fair-Play	0	①—②		3
20.	scheint einen Mangel an Führungsqualitäten zu haben	0	1	2	③
21.	bringt angefangene Dinge nicht zu Ende	0	1	2	③
22.	kindlich und unreif	0	1	2	③
23.	verleugnet Fehler und beschuldigt andere	0	1	②	3
24.	kommt mit anderen Kindern nicht zurecht	0	①	2	3
25.	unkooperativ mit Klassenkameraden	0	①	2	3
26.	bei Bemühungen leicht frustriert	0	1	②	3
27.	unkooperativ mit Lehrern	⓪—①		2	3
28.	Lernschwierigkeiten	0	1	2	③

218

8.3 Die Notwendigkeit der Behandlung

Lehrer-Fragebogen
(nach Conners 1978)

Name des Schülers: Thomas   Datum: 8.11.99

Bitte beurteilen Sie den Schüler hinsichtlich der unten aufgeführten Verhaltensmerkmale auf der vorgegebenen Antwortskala. Lassen Sie bitte kein Merkmal aus. Vielen Dank für Ihre Mitarbeit.

	überhaupt nicht	ein wenig	ziemlich stark	sehr stark
1. unruhig im Sinne von zappelig	0	①	2	3
2. macht unangebrachte Geräusche	⓪	1	2	3
3. Forderungen müssen sofort entsprochen werden	⓪—①		2	3
4. unverschämt oder frech	⓪	1	2	3
5. Wutausbrüche und unvorhersehbares Verhalten	⓪—①		2	3
6. übermäßig empfindlich gegenüber Kritik	0	①	2	3
7. Ablenkbarkeit und problematische Aufmerksamkeit	0	①	2	3
8. stört andere Kinder	⓪	1	2	3
9. tagträumt	0	①	2	3
10. mault und schmollt	⓪—①		2	3
11. schnelle und ausgeprägte Stimmungswechsel	⓪—①		2	3
12. streitsüchtig	⓪	1	2	3
13. gegenüber Autoritäten unterwürfig	0	①	2	3
14. unruhig, immer "auf Sprung"	⓪	1	2	3
15. erregbar, impulsiv	0	①	2	3
16. extreme Anforderungen an die Aufmerksamkeit des Lehrers	⓪—①		2	3
17. scheint von der Gruppe nicht akzeptiert zu werden	⓪	1	2	3
18. scheint von anderen Kindern leicht geführt zu werden	0	①	2	3
19. kein Gefühl für Fair-Play	⓪	1	2	3
20. scheint einen Mangel an Führungsqualitäten zu haben	0	①	2	3
21. bringt angefangene Dinge nicht zu Ende	⓪	1	2	3
22. kindlich und unreif	0	①	2	3
23. verleugnet Fehler und beschuldigt andere	⓪	1	2	3
24. kommt mit anderen Kindern nicht zurecht	0	①	2	3
25. unkooperativ mit Klassenkameraden	⓪	1	2	3
26. bei Bemühungen leicht frustriert	0	①	2	3
27. unkooperativ mit Lehrern	⓪	1	2	3
28. Lernschwierigkeiten	⓪	①—②		3

Abb. 8.5: Conners-Skala, ausgefüllt von der Lehrerin, vor und acht Wochen nach AD(H)S-Behandlungsbeginn von Thomas

9 AD(H)S erfolgreich behandeln – Erfahrungen aus der Praxis

9.1 Eltern im Dschungel gegensätzlicher Meinungen

Wird bei einem Kind von ärztlicher Seite der Verdacht auf das Vorliegen eines AD(H)S geäußert, drängen sich den meisten Eltern folgende Fragen auf:

- Bestehen neben der Kombinationsbehandlung von Methylphenidat (Ritalin® bzw. Medikinet®) und Verhaltenstherapie alternative Behandlungsmöglichkeiten?
- Gibt es Spätfolgen einer Stimulanzienbehandlung und wann und wie äußern sich diese?
- Wie können wir unserem Kind sonst noch helfen?

Wissenschaftlich begründete Erkenntnisse zum AD(H)S sind trotz vieler Fortschritte in Theorie und Praxis noch nicht allgemein bekannt. Nur so ist es zu erklären, dass viele Eltern mit ihrem Kind erst dann eine kinder- und jugendpsychiatrische Praxis aufsuchen, wenn dieses schon unter seelischen und körperlichen Folgeschäden des AD(H)S leidet. Solche Eltern hatten zuvor zumeist auf den Ratschlag vieler selbst erklärter »Fachleute« gehört und – ohne Erfolg – viele sogenannte »Therapien« ausprobiert. Andere Eltern wiederum resignieren vor der AD(H)S-Problematik. Sie akzeptieren ihr Kind, so wie es ist, und übersehen dabei hilflos, wie sehr es leidet und was das für Spätfolgen haben könnte. Ihre unterlassene Hilfestellung begründen sie frei nach dem Motto: »Früher gab es auch kein AD(H)S und wenn doch, wurde es ebenfalls nicht behandelt«.

AD(H)S ist keine neue Krankheit

AD(H)S wurde früher der Gruppe der sog. minimalen zerebralen Dysfunktion (MCD) zugeordnet, was so viel wie »leichte Funktionsstörung des Gehirns« bedeutet. Aus dieser Gruppe löste man in Deutschland etwa seit 1970 die hyperaktiven Kinder heraus. Seit 1995 definiert man schließlich die hypoaktiven Kinder als eine weitere Gruppe, die eindeutig dem Störungsbild AD(H)S zuzuordnen ist. Diese Kinder beschrieb man früher als unaufmerksam, antriebsarm, zwanghaft langsam und leicht depressiv – ihre Behandlung mit den entsprechenden Psychopharmaka blieb jedoch meist ohne dauerhaften Erfolg.

Von einem AD(H)S in hyper- oder hypoaktiver Form sind in Deutschland aktuell etwa 8–12 % aller Kinder betroffen. Diese Zahl wird noch ansteigen, einmal, weil jetzt häufiger diagnostiziert wird, und zum anderen, weil die Zunahme an Reizüberflutung und Stress die AD(H)S-Symptomatik verstärkt.

Warum die AD(H)S-Symptome heutzutage stärker ausfallen

Die Tatsache, dass die Diagnose AD(H)S heute mehr als in früheren Jahrzehnten von Ärzten gestellt wird, hängt u. a. damit zusammen, dass die Symptomatik des AD(H)S heute wesentlich ausgeprägter ist. Dies hängt wiederum mit einem veränderten Erziehungsstil zusammen. So fällt die Erziehung in den Familien zu Beginn des 21. Jahrhunderts im deutschsprachigen Raum – im Vergleich mit dem gängigen Erziehungsstil vor 50–100 Jahren – in der Regel viel weniger strukturiert und eher antiautoritär sowie häufig inkonsequent aus. Die Kinder bzw. das (Einzel-)Kind steht im Mittelpunkt der Familie und bestimmt von Anfang an, was es will. Zu selten werden ihm Grenzen gesetzt. Gleichzeitig wird im Kindergarten und in der Schule immer mehr zum freien Spiel bzw. Unterricht und zur Freiarbeit übergegangen. Auch dort herrschen im Gegensatz zu früheren Jahrzehnten weniger Ordnung und Struktur. Hinzu kommen zwei weitere Punkte: Zum einen sind Kinder und Jugendliche heute täglich einer wesentlich stärkeren Reizüberflutung ausgesetzt und zum anderen haben sie zumeist viel weniger Bewegung. Kinder, Jugendliche und Erwachsene beschäftigen sich zunehmend immer mehr Stunden täglich mit Computern oder Smartphones.

Die heutige Erziehung in vielen Familien fällt im Vergleich zu früher auch deshalb anders aus, da die Eltern nicht mehr automatisch als (positive) Vorbilder wirken. In einigen Fällen lehnen Eltern selber eine solche Funktion (und damit Verantwortung) ab, in anderen Fällen wird eine solche Rolle von den Kindern und Jugendlichen infrage gestellt und nicht akzeptiert. Damit einher geht die Tatsache, dass soziale Normen immer seltener eingehalten, bzw. überhaupt als verbindlich formuliert werden. So kann es nicht verwundern, dass ethisch-moralische Werte in unserer Gesellschaft zunehmend eine immer geringere Rolle spielen.

Ein solcher Erziehungsrahmen wirkt sich auf alle Kinder und Jugendlichen negativ aus, insbesondere schadet er jedoch Kindern und Jugendlichen, die seelisch nicht gefestigt sind, da sie mit sozialen, kognitiven und psychischen Problemen zu kämpfen haben.

Die richtige AD(H)S-Therapie auswählen: erst informieren, dann aussuchen

Während früher AD(H)S-Kinder trotz guter Intelligenz oft in ihrer Schullaufbahn zurückfielen, da ihr Störungsbild nicht erkannt wurde oder nicht ausreichend behandelt werden konnte, haben Diagnostik und Therapie des AD(H)S inzwischen wesentliche Fortschritte gemacht. Mit Recht darf man behaupten, dass sich heute AD(H)S unter gewissen Voraussetzungen effizient und dauerhaft behandeln lässt.

Damit Sie sich als Eltern eines betroffenen Kindes jedoch zusammen mit Ihrem Arzt für eine effektive Therapie des AD(H)S entscheiden können, sollten Sie sich ausführlich informieren. Gute, d. h. seriöse, wissenschaftlich fundierte Literatur finden Sie sowohl in Fachliteratur, Ratgebern als auch im Internet. Zu empfehlende Anlaufstellen, um erste Informationen einzuholen, bilden Selbsthilfegruppen und betroffene Eltern, die bereit sind, über ihre Erfahrungen zu sprechen. Eine weitere Möglichkeit besteht darin, Elternseminare oder Symposien über AD(H)S zu besuchen. Gerade deshalb, weil das öffentliche Interesse an AD(H)S derzeit so groß ist, ist es sehr wichtig, dass Sie sich als Eltern vor Beginn jeder Therapie kritisch mit deren Für und Wider auseinandersetzen und auch den Personenkreis informieren, der in die Therapie mit einbezogen werden soll.

Die wichtigsten Fragen und Antworten zum AD(H)S auf einen Blick

Um Ihnen als Eltern einen Weg aus dem Dschungel der vielen widersprüchlichen Meinungen zu zeigen, möchte ich im Folgenden auf die wichtigsten Fragen eingehen, die in der Praxis immer wieder zum Thema AD(H)S gestellt werden.

Ist AD(H)S eine Krankheit?

AD(H)S ist erblich. Es stellt für sich genommen keine Krankheit dar, sondern eine Veranlagung. Diese kann sich aber zur Krankheit entwickeln, wenn die mit der Veranlagung verknüpften Symptome die Entwicklung des Kindes stark beeinträchtigen und nicht oder zu spät behandelt werden.

Wann ist der richtige Zeitpunkt für eine AD(H)S-Behandlung?

Ist ein AD(H)S von einem sachverständigen Arzt – und dies ist in der Regel immer ein Kinder- und Jugendpsychiater oder ein Kinderarzt – eindeutig diagnostiziert, sollte es auch unmittelbar behandelt werden, besonders wenn schon Defizite in der Entwicklung bestehen. In der Praxis zeigen sich die Defizite meist erst während der Schulzeit. Nur bei besonders schwer betroffenen Kindern fällt das AD(H)S bereits vor der Einschulung auf. Eine entsprechende Therapie zu diesem Zeitpunkt bildet noch eine Ausnahme, ist aber manchmal dringend erforderlich.

Muss AD(H)S mit Medikamenten behandelt werden?

Viele Kinder haben eine AD(H)S-Veranlagung, aber nur die wenigsten von ihnen müssen mit Stimulanzien behandelt werden. Eine medikamentöse Therapie ist dann angezeigt, wenn die AD(H)S-Symptome in ausgeprägter Form vorliegen, ein Leidensdruck besteht oder die altersgerechte Entwicklung des Kindes oder Jugendlichen gefährdet ist. Eine Stimulanziengabe sollte immer verhaltens- und/oder lerntherapeutisch begleitet werden.

Können Stimulanzien süchtig machen?

Ist die Diagnose AD(H)S eindeutig, können Sie als Eltern sicher sein, dass das Stimulans Methylphenidat (Ritalin®, Medikinet®, Concerta, Equasym) Ihr Kind niemals süchtig macht. Die Stimulanzientherapie ist seit über 40 Jahren bekannt, in diesem Zeitraum ist noch nie ein entsprechendes Suchtverhalten wissenschaftlich beschrieben worden. Das Medikament gehört zudem zu einer der pharmakologisch am intensivsten untersuchten Gruppen. Sie können es Ihrem AD(H)S-Kind mit ruhigem Gewissen geben, wenn die Diagnose stimmt und ein Therapiekonzept vorliegt.

Haben Stimulanzien Nebenwirkungen?

Das Stimulans Methylphenidat hat Nebenwirkungen, aber sie lassen sich positiv beeinflussen. Die Stimulanzien verursachen prinzipiell keine Kopfschmerzen. Nur im Falle einer unzureichenden Nahrungsaufnahme kann es zu einer Unterzuckerung des Körpers kommen, die sich sodann in Kopfschmerzen, Blässe oder Zittrigkeit äußern kann. Deshalb ist es ratsam, die Stimulanzien immer nach oder vor dem Essen einzunehmen. Dies ist weiterhin auch deshalb zu empfehlen, da das Stimulans auf nüchternen Magen eingenommen bei Behandlungsbeginn Bauchschmerzen verursachen kann (in diesem Fall wird der sog. Nervus sympathicus stimuliert, der ein vermehrtes Zusammenziehen der Magen- und Darmmuskulatur bewirkt, was als unangenehm empfunden wird).

Zu Behandlungsbeginn sollte die Dosis der Stimulanzien – sofern notwendig – nur langsam gesteigert werden, da es im Rahmen eines gegenteiligen Vorgehens über die Reizung des Nervus sympaticus zu einem beschleunigten Puls und damit zu einer erhöhten Herzfrequenz und Blutdruckschwankungen kommen könnte.

In manchen Fällen verursacht das Stimulans eine Appetitlosigkeit. Betroffen sind vor allem Kinder, die schon vorher schlecht gegessen haben, die sehr zierlich und nicht in der Lage sind, trotz der vorübergehenden Appetitminderung ausreichend zu essen. Hier muss im Falle einer stärkeren Gewichtsabnahme das Medikament reduziert oder auf Strattera umgesetzt werden.

Sind mit den Stimulanzien negative Spätfolgen verbunden?

Schädliche Langzeitfolgen sind von der Stimulanzieneinnahme bisher nicht bekannt. Bei Patienten mit Epilepsie und AD(H)S sollten Stimulanzien nur unter ständiger ärztlicher und EEG-Kontrolle eingenommen werden oder besser gleich eine Behandlung mit Stattera beginnen.

Wie lange dauert es, bis unser Kind erfolgreich behandelt ist?

Die Dauer einer effektiven Behandlung hängt von vielen individuellen Faktoren ab und lässt sich nicht verallgemeinern. Wichtigen Einfluss auf die Therapiedauer haben zum Beispiel die Schwere der AD(H)S-Symptome vor Behandlungsbeginn sowie die konstruktive Mitarbeit der betroffenen Kinder und ihrer Familien. Realistisch ist es, zunächst von dem Zeitraum einiger Jahre auszugehen. Die betroffenen Kinder und Jugendlichen benötigen Zeit, um ihre Wahrnehmungs- und Verhaltensdefizite in Ruhe beseitigen, sich selbst steuern und ein positives Selbstwertgefühl aufbauen zu können. Durch intensives Training baut sich das neuronale Netzwerk im Gehirn um. Dicke Leitungsbahnen ermöglichen erst eine Verbesserung in den kognitiven Leistungen und im Verhalten. Deshalb ist es wichtig, die Stimulanzien ganztägig, sowohl an den Wochenenden und auch in den Ferien, zu geben.

Allen Eltern rate ich, in Zusammenarbeit mit dem Therapeuten ihrer Kinder etwa jedes Jahr für die Stimulanzientherapie einen Auslassversuch zu machen, um über die Notwendigkeit einer Fortführung der Therapie mit konkreten Zielvorgaben immer wieder neu entscheiden zu können.

Gibt es alternative Behandlungsverfahren?

Alternative Behandlungsmethoden zu einer kombinierten Verhaltens- und Stimulanzientherapie bzw. Gabe von Strattera (einem Noradrenalin-Wiederaufnahme-Hemmer) bei ausgeprägter und schwerer Symptomatik gibt es nicht. Alternative Verfahren können nur vorübergehend einzelne Symptome bessern, ohne jedoch die gesamte Problematik zu erfassen und ohne einen Langzeiterfolg herbeizuführen.

Ebenso sind diätetische Maßnahmen nicht geeignet, einen bleibenden Erfolg zu bringen. Sie können es auch nicht, selbst wenn einige Zeitschriften und Eltern immer wieder das Gegenteil behaupten und Omegafettsäuren oder Magnesium empfehlen. Es ist eine Tatsache, dass AD(H)S als Folge einer Unterfunktion im Stirnhirnbereich und eines Botenstoffmangels und somit auch nicht durch Einschränkung von Zucker oder anderen Stoffen behandelt werden kann. Das Gehirn benötigt zum Arbeiten Kohlenhydrate.

Auch andere Therapieverfahren wie Ergotherapie, Logotherapie sowie das Neurofeedback können als *alleinige* Behandlungsmethoden nur bei einem leichten AD(H)S vorübergehend erfolgreich sein. Sie können bei Bedarf als Bausteine einer komplexen Therapie dienen, aber nicht die Gabe von Stimulanzien ersetzen. In der Frühförderung und als Bestandteil eines *multimodalen* Therapieprogramms sollten Ergo- oder Logotherapie durchaus bei einem AD(H)S eingesetzt werden. Dabei bildet die Ergotherapie einen sehr wesentlichen Bestandteil der Therapie. Sie setzt allerdings eine genügende Kompetenz des behandelnden Ergotherapeuten in Bezug auf AD(H)S voraus. Ergotherapeuten sollten bei AD(H)S-Kindern schwerpunktmäßig die Wahrnehmungsstörungen trainieren, nämlich die visuomotorischen, die auditiven, die Konzentration, die Daueraufmerksamkeit und die Selbststeuerung. Sie sollten den Eltern rechtzeitig signalisieren, wenn sie den Eindruck gewinnen, dass Ergotherapie alleine nicht ausreicht und ein Kind trotz des Übens nur geringe Fortschritte macht.

Ergotherapie-Bericht über die sechsjährige Lisa – ein Beispiel aus der Praxis

»Lisa, sechs Jahre alt, besonders im sozialen Bereich entwicklungsverzögert, leidet unter einer basalen Wahrnehmungsverarbeitungsstörung (= von verschiedenen Gehirnzentren ausgehende Störung in der Wahrnehmung, Filterung und Verarbeitung der Reize) mit vestibulärer Hypersensibilität (= Geräuschüberempfindlichkeit) und Einschränkung der taktilen Funktionen (= Berührung spüren und Intensität der Ausübung). Sie zeigt kein altersgerechtes Spielverhalten, kann in der Schule Arbeitsaufträge nicht umsetzen und zeigt verminderte Ausdauer und Konzentration. Sie merkt zudem nicht, wann sie Grenzen überschreitet. Interaktionen mit anderen Kindern sind ihr kaum möglich. Ihre Körperkoordination ist unsicher, ihr gelingt es nicht, bipedal (= mit beiden Füßen) abzuspringen. Lisa hat Schwierigkeiten in der Tonusregulation (= Körperanspannung: hypoton = zu schlaff, hyperton = zu straff) sowie in der Fein- und Visuomotorik. In der Schule leidet das Mädchen unter einer Rechtschreibschwäche und unter Schulversagen«.

Liegt wie bei Lisa ein ausgeprägtes AD(H)S vor, ist es klar, dass eine Ergotherapie allein – selbst über mehrere Jahre angewandt – keinen ausreichenden Erfolg bringen kann. Hier können die Wahrnehmungsstörungen und die weiteren Defizite nur durch eine Verbesserung der kognitiven Fähigkeit durch Stimulanzien erreicht werden. Auf die Schwere des vorliegenden AD(H)S kommt es also an und auf die Frage, wie sehr das betroffene Kind bzw. seine Umgebung und wie stark seine Entwicklung schon beeinträchtigt ist. Bestehen ausgeprägte Ängste oder Aggressionen, liegt ein unbedingter Behandlungsbedarf durch einen kinder- und jugendpsychiatrischen Facharzt vor.

Neurofeedback – was bringt es?

Neurofeedback kann nur ein möglicher Baustein in der AD(H)S Therapie sein.

Durch Neurofeedback sollen AD(H)S-Betroffene lernen, ihre Hirnaktivität positiv zu verändern durch regelmäßiges und häufiges Training an einem speziellen EEG-Gerät. Das erfordert sehr viel Motivation, die bei Kindern mit AD(H)S meist nur solange anhält, wie alles neu ist. Nach 4–5 Sitzungen wird es dann langweilig. Aber für diese Methode sind mindestens 30 Sitzungen und dann noch weitere in größeren Abständen erforderlich. Wobei ein positiver Effekt in der Hirnstromkurve nicht zeitgleich mit einer spürbaren Verhaltensänderung korreliert.

In meiner Praxis habe ich bei keinem Kind oder Jugendlichen diese Methode auf Dauer als erfolgreich erlebt. Sie verlangt viel Zeit, die Kinder und Jugendliche mit AD(H)S besser anders verbringen sollten, z.B. mit Sport, Verhaltens- oder Lerntraining. Neurofeedback ist meiner Meinung nach als alleinige Therapiemaßnahme für Kinder und Jugendliche nicht zu empfehlen, selbst als Therapiebaustein würde ich sie als fragwürdig ansehen in Hinblick auf einen bleibenden Therapieerfolg im Verhältnis zum Zeitaufwand.

Theoretisch ist diese Methode gut gemeint, aber in der Praxis entspricht der Aufwand nicht dem Erfolg. Erwachsene, die viel Zeit und Geld haben, können diese Methode als therapiebegleitenden Maßnahme ausprobieren. Immerhin wird in Studien berichtet (Prof. Dr. Dr. Martin Holtmann von der Universitätsklinik Hamm), dass bis zu ¾ der behandelten Patienten mit AD(H)S vom Neurofeedback profitieren würden. Aber wie lange hält dieser positive Effekt an oder ist er durch Training von Konzentration, Struktur, Motivation, Lob und Anerkennung bedingt?

Fazit: Neurofeedback kann keine Alternative zur Stimulanzientherapie bei ausgeprägter AD(H)S-Symptomatik sein.

Eine erfolgreiche AD(H)S-Behandlung beginnt zu Hause

Die Behandlung des AD(H)S sollte zuerst in der Familie durch ein Überdenken des herkömmlichen Erziehungsstiles beginnen. Die Geschwister und Eltern eines betroffenen AD(H)S-Kindes müssen bereit sein, sich auf die besondere Situation einzustellen. Die Frage: »Was können wir in der Familie für unser Kind tun?«, wird leider viel zu selten oder meist gar nicht gestellt. Viele Eltern haben die Vorstellung, AD(H)S-Kinder zu möglichst vielen Therapien bringen zu müssen, um irgendwann erfolgreich zu sein, aber gerade diese Haltung ist für die betroffenen Kinder alles andere als günstig. Sie brauchen immer eine Bezugsperson und können sich schlecht von einer Therapie auf die andere umstellen. Die Mitarbeit der Eltern ist von Anfang an gefragt und sehr wichtig. AD(H)S-Kinder brauchen viel Bewegung, eine feste Struktur, eine konsequente, liebevolle und verständnisvolle Erziehung, Förderung schon im Kindergarten, eine Lehrerin, die einen strukturierten Unterricht macht und sich mit AD(H)S auskennt und die den Kindern einen festen Sitzplatz gibt, möglichst in der ersten Reihe, die mit ihnen Blickkontakt hält und sie immer wieder ermuntert weiterzuarbeiten.

Faktoren für eine positive Kindheitsentwicklung

Kinder müssen im Rahmen einer positiven Entwicklung mit ihren eigenen Sinnesorganen das Umfeld erleben, ertasten sowie erfühlen und mithilfe ihrer eigenen Kräfte erspüren, wie sie etwas gestalten können. Eine wesentliche Grundlage für die kognitive, soziale und emotionale Entwicklung der Kinder ist die Bewegung. Liebe, Geborgenheit und sichere soziale Beziehungen bilden weitere wichtige, unerlässliche Faktoren für ein gesundes Aufwachsen. Die Kinder müssen die Welt verstehen lernen, Vertrauen gewinnen, aus eigener Kraft etwas leisten zu können, und sie müssen lernen, Verantwortung zu übernehmen.

Obgleich insbesondere AD(H)S-Kinder Computer lieben – die schnelle Frequenz der Bildfolgen stimuliert ihr Gehirn und entspricht der Flexibilität ihrer Denkweise – kann er nur wenig zu einer positiven Kindheitsentwicklung beisteuern. Er hilft ihnen nicht bei der Sprachentwicklung, sich im sozialen Umfeld angemessen behaupten zu können, altersentsprechende motorische Fähigkeiten zu erlangen und zwischen Illusion und Realität sicher unterscheiden zu können. Ratsam ist es für Eltern deshalb, die Computer- und Fernsehzeit der Kinder zu begrenzen und sich stattdessen selber viel mit ihnen zu beschäftigen.

Vier Schritte auf dem Weg zu einer erfolgreichen AD(H)S-Therapie

Wie in allen Familien sollte auch bei AD(H)S-Kindern die Frage:

1. »Was ist für mein Kind das Beste?«, immer der Ausgangspunkt jeder Erziehung sein. Um entsprechend handeln zu können, bedürfen Eltern dafür zuallererst ausreichender Kenntnisse über AD(H)S, denn die Erziehung und Förderung muss stets den besonderen Bedürfnissen des AD(H)S-Kindes gerecht werden. Das Einholen und Vermitteln sachgerechter Information bildet bei jeder richtig verstandenen und durchgeführten AD(H)S-Behandlung immer den ersten Schritt.
2. Aber was sind die konkreten Bedürfnisse eines AD(H)S-Kindes? Die Beantwortung dieser Frage bildet den zweiten Schritt der Behandlung.
3. Der dritte Schritt besteht sodann darin, die Frage: »Welche Therapie ist für mein Kind die beste?«, richtig zu beantworten.
4. Damit verknüpft ist schließlich der vierte Schritt, die Auswahl der Fachleute, mit deren Hilfe man im Dschungel der AD(H)S-Therapien den für das betroffene Kind richtigen Weg findet. Ob der eingeschlagene Weg der richtige ist, wird letztlich die weitere Entwicklung des Kindes zeigen.

9.2 Goldstandard der AD(H)S-Behandlung

Der Erfolg der AD(H)S-Behandlung ergibt sich aus:

- der Qualität der fachärztlichen Betreuung,
- der Schwere der körperlichen und seelischen Beeinträchtigung des betroffenen Kindes, Jugendlichen oder Erwachsenen und
- der Mitarbeit von dessen Familie.

Die Qualität der medizinischen Betreuung sollte sich nicht nur an einer auf den Einzelfall sachgerecht bezogenen Gabe von Medikamenten messen. Eine gute Betreuung schließt darüber hinaus neben einer intensiven Aufklärung über AD(H)S eine verhaltenstherapeutische Begleitung unter Einbeziehung der Familienangehörigen mit ein. Der Therapeut sollte für die weitere Entwicklung des AD(H)S-Kindes als ständiger Berater zur Verfügung stehen.

Gemeinsam Probleme formulieren und Behandlungsschwerpunkte setzen

Zu Beginn der Behandlung sollten das betroffene Kind bzw. der betroffene Jugendliche gemeinsam mit dem Therapeuten die wichtigsten Probleme definieren, um anschließend Schwerpunkte der Therapie formulieren und setzen zu können.

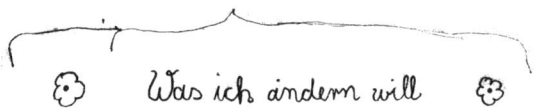

> Was ich ändern will
>
> 1.) Ich möchte ändern, dass ich nicht sogut denken kann.
>
> 2.) Ich möchte ändern, dass ich so langsam bin.
>
> 3.) Ich möchte ändern, dass ich so schlecht rechnen kann
>
> 4.) Ich möchte ändern, dass immer alles vergesse.
>
> Ich will nicht so schnell weinen.
> Ich will nicht immer zu spät kommen.
> Ich will mehr mit meinen Freunden spielen.
> Ich will das was ich lerne auch behalten
> Ich will denn anderen beweisen kommen das ich schlauer bin als sie.
> Ich will mal richtig spielen ohne sorgen für die schule zu haben.

Abb. 9.1: Kinder schreiben vor Therapiebeginn ihre Probleme auf

Welche Probleme sind beim AD(H)S am wichtigsten und müssen in der begleitenden Verhaltenstherapie zuerst bearbeitet werden? Dabei betreffen die Probleme drei verschiedene Ebenen:

- den Leistungsbereich,
- den Verhaltensbereich und
- den Bereich der sozialen Reife.

Im *Leistungsbereich* leiden Kinder und Jugendliche mit AD(H)S häufig unter:

- wenigen Erfolgen und schlechten Noten – trotz Lernens – und Minderwertigkeitsgefühlen
- einer schlechten Daueraufmerksamkeit bei großer Ablenkbarkeit
- der Schwierigkeit, eine Aufgabe nicht anfangen und nicht bei der Sache bleiben zu können
- einer großen Vergesslichkeit
- einer inneren und äußeren Unruhe, einem großen Bewegungsdrang
- unter Blackout-Reaktionen
- Leistungsabfall unter Stress
- Defiziten in der Wahrnehmung

Im *Verhaltensbereich* leiden Kinder und Jugendliche mit AD(H)S in der Regel darunter, dass sie:

- zu empfindlich und leicht erregbar sind und leicht weinen
- affektlabil sind: dass Niederlagen sie »zerstören« und Frust sie blockiert
- eine emotionale Steuerungsschwäche haben, die bei ihnen entweder zu Rückzug oder zu Aggressivität und Impulsivität führt
- unter Stress gar nichts mehr schaffen
- über wenig Selbststeuerungsmöglichkeiten verfügen
- sich selbst negativ wahrnehmen und viel grübeln
- ein großes Bedürfnis nach Stimulation zur inneren Beruhigung besitzen, das sie häufig mit intensivem Computerspielen, Sport und dem übermäßigen Konsum von Kaffee, Zigaretten, Alkohol und illegalen Drogen stillen

Im Hinblick auf die *Ebene der sozialen Reife* bestehen die schwersten Probleme von Kindern und Jugendlichen mit AD(H)S zumeist in:

- einer schlechten Selbstwertproblematik
- einer geringen Selbststeuerung
- einer mangelnden Fähigkeit, sich sozial anzupassen, und daraus resultierend im Nichtvorhandensein eines festen Freundeskreises, der ihnen Anerkennung und soziale Kompetenz vermittelt

Die *wichtigsten verhaltenstherapeutischen Schwerpunkte im sozialen Bereich* sind:

- Erlernen der Fähigkeit, sich Ziele zu setzen und sie auch zu realisieren
- Verbesserung der Selbstwertproblematik
- Verbesserung der sozialen Integration mit der Fähigkeit, sich in Gruppen ein-, unter- und überzuordnen

- Erlernen eines angemessenen Durchsetzens der eigenen Ansprüche in Familie, Peer-Gruppe und im Beruf
- Hilfestellungen geben, um einen festen Freundeskreis zu schaffen mit gegenseitiger Akzeptanz und sozialer Kompetenz
- Tagesstrukturierung mit Einhaltung von Ordnung und Terminen
- Sich eine Lebensperspektive setzen und an deren Verwirklichung zielstrebig arbeiten

Beispiele für Selbstinstruktionstraining in der AD(H)S-Therapie

- Ich konzentriere mich jetzt.
- Ich nehme mir Zeit und arbeite gründlich, aber trödele nicht.
- Ich bleibe ganz ruhig, auch wenn etwas nicht gelingen sollte.
- Ich bin freundlich und lasse mich auf eine gemeinsame Beschäftigung ein.
- Was ich begonnen habe, beende ich auch, bevor ich etwas Neues beginne.
- Ich denke gründlich nach, ehe ich reagiere.
- Ich ärgere mich nicht, sondern mache es ab sofort besser.
- Ich will nie mehr heulen wie ein kleines Kind.
- Gelingt mir etwas, freue ich mich und bin stolz darauf.
- Wenn mich etwas stört, denke ich darüber nach und rede darüber.

Als *Ziele der Verhaltenstherapie* lassen sich damit formulieren:

- Konzentration und Daueraufmerksamkeit verbessern
- Defizite abbauen (z. B. im Leistungs- und Wahrnehmungsbereich)
- Verhalten verbessern durch bessere Fremd- und Selbstwahrnehmung und Erlernen von Selbstkontrollmechanismen
- Konflikte vermeiden, soziale Interaktion üben
- soziales Kompetenztraining
- Verstärkerpläne und Tagesstrukturierung gemeinsam erarbeiten
- Protokoll führen über Problemlösung mittels Selbstinstruktionstraining mit Erreichen von Selbstständigkeit und Eigenverantwortung
- positives Selbstwertgefühl aufbauen

Beispiel eines AD(H)S-Behandlungskonzeptes mit verhaltenstherapeutischer Begleitung

- Annahme des Kindes und seiner Familie
- Problemdefinition und Zielsetzung
- Hilfe für Problemlösungen anbieten
- Einbeziehung des sozialen Umfeldes, insbesondere der Lehrer und Geschwister
- Gründliche Diagnostik
- Erarbeitung von Ressourcen und positiver Fähigkeiten
- Aufklärung der Eltern und Entlastung von Schuldgefühlen

- Aufzeigen des Unterschiedes von Nicht-wollen und Nicht-können
- Gewinnen der Eltern als Co-Therapeuten
- Akzeptieren des Andersseins
- Strukturierung und Konsequenz in der Erziehung
- Schulung der sozialen Wahrnehmung zur Erleichterung der Kontaktaufnahme
- Abbau von Selbstzweifeln und Ängsten
- Verhaltens- und Konzentrationstraining
- Erlernen von Entspannungstechniken

Entspannungsübungen – ein wichtiger Bestandteil der AD(H)S-Behandlung

Positive Wirkungen können von Entspannungsverfahren ausgehen, die einen wichtigen zusätzlichen Therapiebaustein bilden. Mit ihrer Hilfe können Kinder, Jugendliche und Erwachsene lernen, sich Ruhe zum Abbau innerer Spannungen zu verordnen. Damit wird automatisch Stress bewältigt.

Bei AD(H)S-Kindern bis zu acht Jahren empfiehlt sich die Körpermassage nach Reich, wenn sie von ihnen als angenehm empfunden wird.

Ohne die Grundlage einer Stimulanzientherapie verfügen Schulkinder in den meisten Fällen nicht über die nötige innere Ruhe und Einstellung, um aktive Entspannungsübungen zu erlernen und sie regelmäßig durchzuführen. Sie »entspannen« sich lieber bei Musik oder vor den großen und kleinen Bildschirmen. Wenngleich ein »Entspannungseffekt« auf diese Weise relativ einfach zu erreichen ist, ist er doch nicht ganz derselbe wie bei tatsächlichen, tiefer gehenden Entspannungsmethoden.

Beispiel einer konkreten Entspannungsübung

Für Jugendliche und Erwachsene mit AD(H)S empfehle ich folgende Übung, die eine Kombination aus muskulärer Entspannung nach Jacobson, Yoga und autogenem Training ist. Die Übung wird dabei in zwei Teilen in folgender Reihenfolge praktiziert:

1. Teil der Übung

- Sich in einem ruhigen Zimmer auf eine flache Liege ausstrecken.
- Sich ganz schwer machen, locker und ruhig atmen, an nichts denken.
- Sich auf den Kopf konzentrieren, ihn auf die Unterlage drücken und ruhig weiter atmen. Den übrigen Körper ganz entspannt und lockerlassen. Diese Spannung ca. 10 Sekunden halten, dann die Spannung lockern und den Kopf im Liegen leicht schütteln.
- Danach werden die Schultern in gleicher Weise auf die Unterlage gedrückt, dabei wieder den übrigen Körper ganz lockerlassen, entspannen, ruhig atmen,

ca. 10 Sekunden die Spannung halten, dann die Schultern lockern, sie hoch- und herunterziehen.
- Nun die Handflächen auf die Unterlage drücken, ruhig atmen, den übrigen Körper ganz lockerlassen und erneut ca. 10 Sekunden diese Spannung halten. Danach die Hände kurz ausschütteln, die Spannung lockern.
- Den Bauch einziehen und das Gesäß bei eingezogenem Bauch auf die Unterlage drücken und ruhig weiteratmen. Der übrige Körper ist ganz locker. Spannung ca. 10 Sekunden halten und lockerlassen.
- Zum Schluss die Fersen auf die Unterlage drücken. Ruhig atmen, den übrigen Körper lockerlassen und Spannung ca. 10 Sekunden halten.

Wichtig ist beim ersten Teil: Stets gilt es, einen Körperteil anzuspannen, den übrigen Körper ganz locker zu lassen und dabei immer ruhig und regelmäßig zu atmen.

2. Teil der Übung

- Die Handflächen auf den Bauch legen und dabei ganz ruhig, regelmäßig und locker in den Bauch hinein atmen.
- Auf die Handflächen achten, die sich gleichmäßig beim Atmen heben und senken. Sich viel Zeit für diese Übung nehmen.
- Allmählich kommt ein Gefühl der Entspannung mit leichter Müdigkeit auf. Wenn dieses Gefühl der Entspannung bewusst wahrgenommen wird, kann man in dieser Entspannung sein »Unterbewusstsein« positiv beeinflussen, indem man leise in sich hineinspricht und sich befiehlt: »Ich bin ganz ruhig, nichts stört mich, ich fühle mich sicher und stark. Alle Ängste sind weit weg.«
- Diese Ruhe und Entspannung eine ganze Weile genießen.
- Zum Abschluss der Übung an etwas Schönes denken, an ein Ereignis, bei dem man sich ganz glücklich und zufrieden gefühlt hat. Vielleicht dieses Glücksgefühl von damals versuchen nachzuempfinden.
- Danach die Übung beenden, dafür bieten sich zwei Möglichkeiten an: 1. Sich strecken, tief Luft holen, mit den Beinen in der Luft Rad fahren und über die Seitenlage sich langsam aufrichten. Oder 2. sich auf die Seite legen, das angenehme Gefühl aus der Erinnerung weiter genießen, um dabei einzuschlafen.

Diese Übung kann auch in einer Kurzfassung jederzeit angewendet werden. Voraussetzung dafür ist es, dass die betroffenen Jugendlichen und Erwachsenen lernen, sich selber automatisch in aufrechter Körperhaltung Ruhe zu suggerieren. Erforderlich ist dafür, dies regelmäßig, lange und intensiv genug im Liegen zu üben.

In schweren Fällen unverzichtbar – die Stimulanzientherapie

Je nach Schwere der Symptomatik, des Leidensdruckes des Betroffenen und seiner Familie sowie des Selbstwertgefühls und der Schwere der psychischen Beeinträchtigung ist die Gabe von Stimulanzien gleich zu Behandlungsbeginn oder nach der Ausschöpfung eigener Ressourcen, sofern diese noch vorhanden sind, erforderlich.

Zu berücksichtigen ist dabei, dass Erwachsene eine viel geringere Dosis als Kinder benötigen.

AD(H)S-Therapie mit Stimulanzien – Erfahrungen aus der Praxis

In meiner Praxis konnnte ich über 90 % aller therapiebedürftigen AD(H)S-Patienten erfolgreich mit Stimulanzien behandeln, aber immer verbunden mit einem individuell ausgerichteten multimodalen Therapieprogramm. In den Leitlinien wird dazu für Kinder eine Dosierung von 0,6 mg/kg Körpergewicht empholen. Das Stimulanz muss aber immer sehr individuell dosiert werden, so dass es über den ganzen Tag wirkt. Dazu benötigen Schulkinder morgens eine Retard-Tablette, die ca. acht Stunden wirkt, am Nachmittag dann noch eine kürzer wirkende Tablette. Jugendliche benötigen oft zwei Retard-Tabletten/Tag. Die benötigte Menge von Stimulanzien ist sehr unterschiedlich und muss genau ausgetestet werden, wenn die Therapie erfogreich sein soll. Sie setzt in jedem Fall die Mitarbeit des Betroffenen, bei Kindern und Jugendlichen auch die von deren Eltern voraus. Zwischen dem 18. und 22. Lebensjahr mit der Ausreifung des AD(H)S-Gehirns konnte die tägliche Dosis meist reduziert werden. Manche Frauen kamen mit drei Mal 5 mg aus, manche mit zwei Mal 20 mg Retard, wobei Männer meist deutlich mehr an Stimulanzien benötigten. Dabei sollte immer auf das Gewicht geachtet werden, da Stimulanzien das Hungergefühl unterdrücken können. Bei zu niedrigen Blutzuckerwerten kann es dadurch zu Kopfschmerzen kommen.

Amphetamine sind ebenfalls Stimulanzien mit einer erweiterten Wirkung. Ich verordnete Amphetamine, wenn Methylphenidat bei Impulssteuerungsschwäche, Neigung zu depressiven Abstürzen im Rahmen einer ausgeprägten emotionalen Steuerungsschwäche nicht ausreichend wirkte. Manchmal kombinierte ich auch beide Medikamente, da Methylphendat schneller und besser die Konzentration und Daueraufmerksamkeit erhöht. Dies sind Erfahrungswerte aus meiner Praxis. Jeder Therapeut wird eigene Erfahrungen machen und mehrfach je nach individuellem Bedarf und Belastung die therapeutische Dosis anpassen müssen.

Was bewirken Stimulanzien?

1. Stimulanzien regen die Hirntätigkeit an und aktivieren die von Unterfunktion betroffenen Hirnregionen. Dadurch kann das Stirnhirn Außenreize besser filtrieren und im Moment unwichtige Informationen gezielt ausblenden. Störende Impulse können besser unterdrückt, Handlungen und verbale Reaktionen besser kontrolliert werden.
2. Stimulanzien erhöhen in den synaptischen Spalten der Nervenfasern die Verfügbarkeit von Botenstoffen. So können Informatonen im Gehirn vom Arbeitsgedächtnis zum Langzeitgedächtnis schneller weitergeleitet werden.
3. Gezieltes Weiterleten von sich oft wiederholenden Informationen baut im Gehirn ein stabiles Netz von Nervenbahnen auf. Ständiges Üben trainiert und festigt diese Bahnen, so dass Gelerntes schneller zur richtigen Stelle im Langzeitgedächtnis gelangt und von dort bei Bedarf auch wieder korrekt abrufbar ist. Vor-

sätze, die oft wiederholt werden, unterstützen die Bildung dieser festen Lernbahnen (▶ Abb. 3.1).

Solche Vorsätze könnten zum Beispiel sein:

- Ich muss jetzt aufpassen
- Ich will mitschreiben, um nichts zu vergessen
- Ich darf nicht vorlaut sein
- Erst Überlegen, dann antworten
- Ganz ruhig bleiben, dreimal tief Luft holen
- Nicht gekränkt sein, sondern sich angemessen verteidigen

Stimulanzien müssen bei Behandlungsbeginn individuell und langsam aufdosiert werden. Eine zu schnelle Dosiserhöhung kann Nebenwirkungen verursachen (Herzklopfen, Blutdruckanstieg) und zur Überdosierung führen. Letzteres verstärkt dann die Unruhe, verschlechtert die Konzentration und kann kurzzeitige depressive Symptome verursachen. Eine zu hohe Dopaminkonzentration in den Synapsen beeinflusst die Leistungsfähigkeit negativ. So benötigen schwer Betroffene zwar eine ausreichende, aber keine besonders hohe Dosierung!

Eine AD(H)S-Therapie umfasst aber weit mehr als nur die Gabe von Medikamenten. Vorsätze, als ein wichtiger Bestandteil des Selbstmanagements, sind wichtig! »Man muss seinem Gehirn sagen, was man ändern will«, und immer wieder aktuell neue Vorsätze formulieren. Dafür sind folgende Fragen, die man sich täglich stellen und beantworten sollte, nützlich:

- War ich heute mit mir zufrieden?
- Worauf bin ich besonders stolz?
- Was war nicht so gut?
- Warum lief es nicht so wie erwartet?
- Was sollte ich unbedingt ändern?
- Wie können Nebenwirkungen vermieden werden?

Um mögliche Nebenwirkungen zu vermeiden, sollten die Medikamente regelmäßig und immer zu den gleichen Zeiten in Verbindung mit den Mahlzeiten eingenommen werden. Da die Stimulanzien das Gehirn zum Arbeiten anregen, verbraucht das Gehirn mehr Blutzucker. Ist der Blutzuckerspiegel zu niedrig, kann es zur Unterzuckerung mit Kopfschmerzen, allgemeiner Unruhe, Zittrigkeit und körperlicher Schwäche kommen.

Steigern Sie zu Therapiebeginn die Medikamentendosis langsam, sonst kann es zu Herzklopfen mit Erhöhung der Schlagfrequenz (Tachykardie) führen. Denn Stimulanzien regen je nach individueller Empfindlichkeit nicht nur das Gehirn zur Mehrarbeit an, auch die Muskeltätigkeit des Magen-Darm-Traktes wird angeregt, was zu Magen- oder Bauchschmerzen führen kann, besonders wenn sich keine Nahrung im Magen-Darm-Trakt befindet.

Beachten Sie die zeitliche Begrenztheit der Medikamentenwirkung. Lässt deren Wirkung nach, kommt es individuell unterschiedlich stark zum Rücklaufeffekt, der anfangs stärker ist, sich aber mit der Zeit verringert. Hierbei können dann die typischen AD(H)S-Symptome kurzzeitig verstärkt auftreten als negative Nachschwankung durch Aufhören der Stimulanzienwirkung. Dadurch können diese Medikamente das Einschlafen erschweren. Deshalb immer auf den Zeitpunkt der letzten Medikamenteneinnahme achten.

Die meist geringeren Dosierungen im Erwachsenenalter beeinflussen kaum den Appetit. Darüber habe ich in der Praxis keine Klagen gehört. Das ist bei den schon immer schlecht essenden und ständig unter Stress stehenden unruhigen hyperaktiven Kindern deutlich anders. Bei ihnen kann es zur unerwünschten Gewichtsabnahme kommen wegen Appetitlosigkeit bei hohem Kalorienverbrauch, was dann eine Umstellung auf Atomoxetin (Stattera) erforderlich macht. Strattera ist kein Stimulans, sondern ein Noradrenalin-Wiederaufnahme-Hemmer aus der Reihe der Antidepressiva. Es ist für die Behandlung des AD(H)S bei Kindern, Jugendlichen und Erwachsenen zugelassen und hat sich hier seit vielen Jahren auch bewährt.

Unter der Therapie mit Stimulanzien müssen regelmäßig Gewicht, Größe (bei Kindern), Blutdruck, Herzfrequenz und EKG kontrolliert werden. Bei Einnahme von Atomoxetin (Strattera) sind regelmäßige Kontrollen der Leberwerte erforderlich.

Zur Stimulanzientherapie gibt es unter den oben genannten Bedingungen nur Strattera als alternative medikamentöse Behandlung. Wenn die Diagnose stimmt, besteht niemals eine Gefahr der Sucht. Von den potenziellen Nebenwirkungen ist am meisten eine Appetitlosigkeit bei Kindern zu fürchten und zu beachten. Schlafstörungen treten dann auf, wenn die Tablettenwirkung zu einem Zeitpunkt nachlässt, wenn das Kind gerade einschlafen möchte bzw. soll. Dann wird es nämlich wieder innerlich unruhiger und viele Gedanken schwirren durch seinen Kopf. Gibt man dagegen abends eine geringe Dosis, die noch während der Einschlafzeit wirkt, so können Kinder mit AD(H)S gut einschlafen. Bei ihnen wirken die Stimulanzien niemals als Aufputschmittel, sondern ermöglichen im Gegenteil eine innere Ruhe, die ihr Einschlafen fördert.

Alternativ wirksame und zugelassene Medikamente zur AD(H)S-Behandlung

»Strattera« (Atomoxetin) ist ein Noradrenalin-Wiederaufnahme-Hemmer, der einmal täglich als Kapsel gegeben wird in steigender Dosierung. Vorteile: weniger Appetitlosigkeit und bessere Wirkung über den ganzen Tag. Wichtigster Nachteil: Kontrolle der Leberwerte erforderlich und verzögerter Wirkungseintritt. Gut bewährt hat sich Strattera bei AD(H)S und Tic, AD(H)S und Krämpfen, bei Impulsivität und bei AD(H)S und Ängsten.

Guanfacin »Intuniv«, ein aus Amerika stammendes Medikament, dass auch bei uns seit 1916 zur AD(H)S-Therapie zugelassen ist. Diese Substanz wirkt auf das Stirnhirn und verbessert dort die Aufnahme wichtiger Informationen, indem unwichtige unterdrückt werden. Dadurch wird schädlicher Stress reduziert. Ich habe mit diesem Medikament keine Erfahrung und würde zur Vorsicht raten. Jedenfalls sind regelmäßige Kontrollen der Leberwerte erforderlich.

Für mich sind die Stimulanzien zur AD(H)S-Behandlung noch immer die Medikamente der ersten Wahl.

Eltern als Co-Therapeuten

Soll eine AD(H)S-Therapie erfolgreich sein, müssen die Eltern die Rolle von Co-Therapeuten übernehmen. Dies erfordert für sie einen Lernprozess hin zum Coach ihres Kindes. Eltern sollten bereit sein, eine solche Funktion für die nächsten Lebensjahre einzunehmen – dazu müssen sie befähigt werden.

Ein Kind mit AD(H)S wird nur dann den Alltag im Elternhaus mit Freude, Zufriedenheit und positiver Energie verbringen, wenn es sich dort akzeptiert und verstanden fühlt. Es wird ein beständiger Auslöser von Unruhe, Unzufriedenheit und Streit sein, wenn es dort ausgegrenzt und abgelehnt wird. Verbunden ist damit ein schwerer Lernprozess für die Eltern. Mit ständigem Kritisieren, Schimpfen und Bestrafen erreichen sie oft gerade das Gegenteil und verunsichern das Kind zusätzlich.

Verläuft eine AD(H)S-Therapie erfolgreich, wird der verhaltenstherapeutisch arbeitende Arzt oder Psychologe im Laufe der Zeit vom anfänglichen Leiter zum Assistenten der Eltern bei der Behandlung ihrer Kinder. Als Eltern müssen Sie sich selbst aktiv einbringen, denn nur auf diese Weise werden Sie für Ihr Kind und Ihre ganze Familie dauerhaft eine bessere Lebensqualität erreichen. Als Coach sollten Sie Ihrem Kind täglich mit Verständnis und Sachkenntnis zur Seite stehen.

Den Eltern muss dafür die Möglichkeit gegeben werden, sich im Falle größerer Probleme stets gezielte Informationen verschaffen zu können. Um das Hintergrundwissen und die Kompetenz der Eltern im Umgang mit AD(H)S zu verbessern, sind eine Teilnahme an Selbsthilfegruppen und Elternseminaren sowie das Lesen von wissenschaftlich fundierter AD(H)S-Literatur sehr zu empfehlen.

Ergänzende Therapiebausteine

Als ergänzende, therapiebegleitende Maßnahmen sind je nach Schwere der vorliegenden AD(H)S-Symptome Ergotherapie, Logopädie, Nachhilfeunterricht (bei Lese-Rechtschreib- oder Rechenschwäche) sinnvoll und notwendig. Diese sollten vorübergehend und in der Regel einmal wöchentlich stattfinden. Wichtig ist jedoch, sich darüber im Klaren zu sein, dass sie als alleinige Behandlung oft nicht ausreichen. Regelmäßiges häusliches Üben und vor allem die Mitarbeit der Eltern können sie nicht ersetzen.

Jedes Kind braucht einen individuellen Therapieplan

Trotz immer gleichbleibender Hauptsymptome stellt sich jedes AD(H)S bei jedem Kind anders dar. Deshalb bedarf jedes Kind eines individuellen vielschichtigen Therapieprogramms. Der Therapieverlauf sollte von einem Therapeuten in größeren Abständen aktualisiert werden.

Kinder und Jugendliche müssen bereit sein, in der Therapie mitzuarbeiten

Eine Behandlung kann jedoch nur dann eine Veränderung bringen, wenn das betroffene Kind eine positive und offene Einstellung mit in die Therapie bringt. Ein Kind, das selbst keinen Leidensdruck verspürt und keinerlei Interesse an der Behandlung zeigt, schließt von vornherein einen Therapieerfolg aus.

Sport und Bewegung bewirken Positives

Ein Bestandteil des Therapieplanes ist auch, die Kinder zu motivieren, an Gruppenveranstaltungen teilzunehmen, sei es mit sportlichen, künstlerischen oder anderen kreativen Inhalten. Besonders geeignet für hyperaktive Kinder sind Ballspiele oder Kampfsportarten, während hypoaktive Kinder Sportarten betreiben sollten, die Geschwindigkeit und die Ausbildung von automatisierten Bewegungsmustern trainieren wie Tischtennis, Federball, Leichtathletik, Tischfußball, Volleyball, Ski fahren oder Inliner-Skaten.[8] Das Kind braucht dabei die Anerkennung seiner Gruppe.

> **Der Goldstandard für eine AD(H)S-Behandlung besteht in:**
>
> - einer Frühförderung der Kinder durch eine gezielte Beschäftigung und die Beurteilung ihres Entwicklungsverlaufs
> - einer »bärenstarken« Bezugsperson in der Kindheit
> - Kindern, die für eine Behandlung motiviert sind
> - Eltern, die sich über AD(H)S ausführlich und kritisch informieren
> - Geschwistern, die dem betroffenen Bruder bzw. der betroffenen Schwester helfen und ihn bzw. sie nicht abwerten und provozieren
> - Lehrern, die eine Behandlung unterstützen
> - Therapeuten, der sich mit AD(H)S auskennen
> - Freunden, die zu dem betroffenen Kind stehen, es gernhaben und es aufwerten
> - einem Formulieren realisierbarer Behandlungsziele
> - einem stabilen sozialen Umfeld, das für AD(H)S optimale Entwicklungschancen mit Freizeitgestaltung in Gruppen und viel Sport und Bewegung bietet
> - Medien und Zeitschriften, die nicht durch Fehlinformationen irritieren

---

8 Bewegung und sportliche Betätigung spielen in der Frühförderung und bei der Behandlung von AD(H)S eine große Rolle. Hierbei werden vermehrt Botenstoffe freigesetzt und Aggressionen abgebaut. Es ist nachgewiesen, dass nach sportlicher Betätigung die Konzentration und geistige Leistungsfähigkeit für einen Zeitraum von 2–3 Stunden besser ist, bei allen, nicht nur bei Menschen mit AD(H)S.

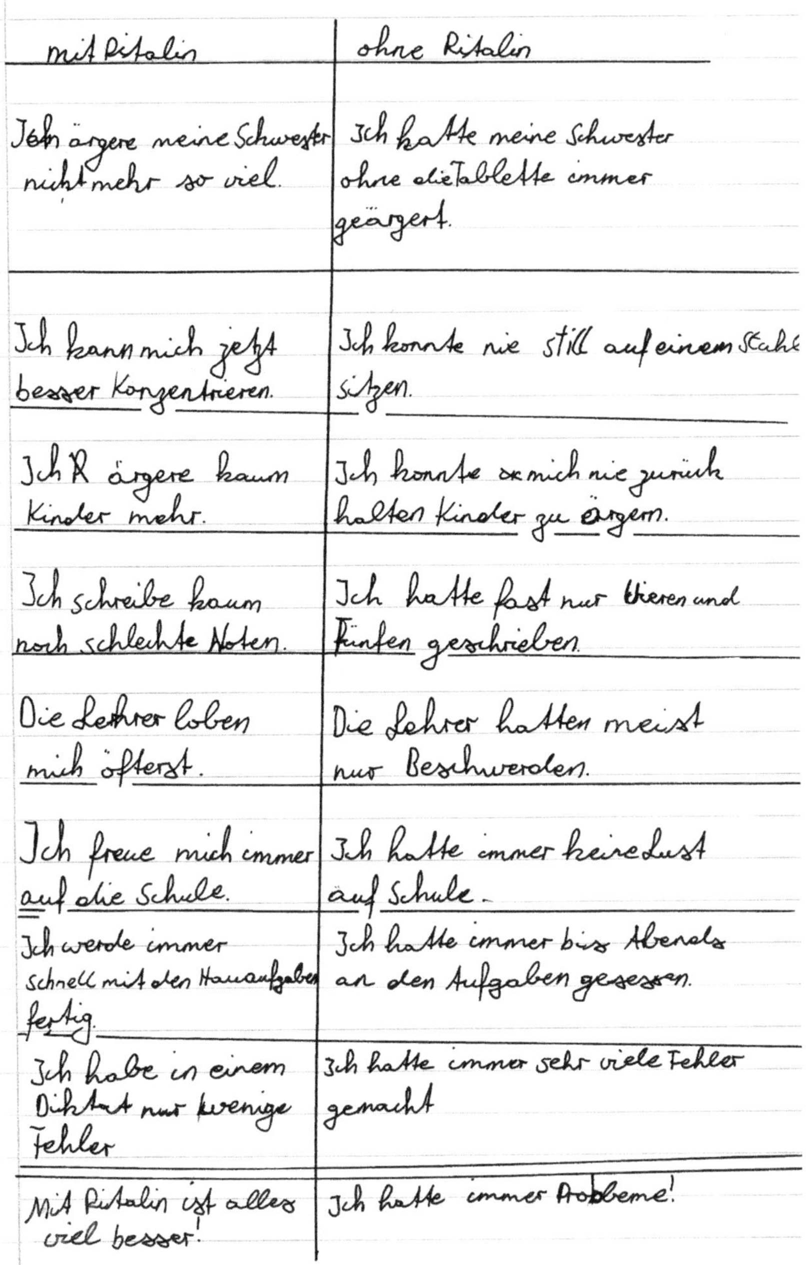

9 AD(H)S erfolgreich behandeln – Erfahrungen aus der Praxis

mit Ritalin	ohne Ritalin
Ich ärgere meine Schwester nicht mehr so viel.	Ich hatte meine Schwester ohne die Tablette immer geärgert.
Ich kann mich jetzt besser konzentrieren.	Ich konnte nie still auf einem Stuhl sitzen.
Ich ärgere kaum Kinder mehr.	Ich konnte mich nie zurück halten Kinder zu ärgern.
Ich schreibe kaum noch schlechte Noten.	Ich hatte fast nur Vieren und Fünfen geschrieben.
Die Lehrer loben mich öfters.	Die Lehrer hatten meist nur Beschwerden.
Ich freue mich immer auf die Schule.	Ich hatte immer keine Lust auf Schule.
Ich werde immer schnell mit den Hausaufgaben fertig.	Ich hatte immer bis Abends an den Aufgaben gesessen.
Ich habe in einem Diktat nur wenige Fehler	Ich hatte immer sehr viele Fehler gemacht
Mit Ritalin ist alles viel besser.	Ich hatte immer Probleme!

Abb. 9.2: »Was hat sich bei mir durch die Therapie geändert?« – Ein Kind berichtet über die Fortschritte durch seine Therapie

10 Mit AD(H)S sein Leben gut meistern

In Kindheit und Jugend »Versager« – als Erwachsene bewunderte Genies

Kinder, Jugendliche und Erwachsene mit AD(H)S haben fast immer viele Talente, von denen jedoch die meisten im Stress um die Erledigung der alltäglichen Banalitäten verkümmern. Es gibt viele Lebensbeschreibungen von Menschen, die als Erwachsene aufgrund ihrer Leistungen bewundert werden und die sich als »Genies« einen Namen gemacht haben, die jedoch in ihrer Kindheit und Jugend als »Versager« in der Schule und »Problemkinder« galten. Schaut man genauer hin, beschreiben viele dieser Biographien Symptome, die nach dem heutigen Stand einem AD(H)S entsprechen könnten.

Edison, Einstein, Churchill, Mozart – litten sie unter AD(H)S?

Einer von jenen Menschen, auf die eine solche Beschreibung und Entwicklung zutrifft, ist Thomas Alva Edison, der mehr als zweieinhalbtausend Patente anmeldete und der für Film- und Stromtechnik bahnbrechende Erfindungen machte. Er berichtet über seine Schulzeit:»Ich kann mich gut erinnern, dass ich in der Schule nicht zurechtkam, ich war immer der letzte in der Klasse, im Tempo und in der Leistung. Ich hatte immer das Gefühl, dass mein Lehrer mich nicht mochte und dass mein Vater meinte, ich sei dumm«. Der junge Edison hatte Probleme mit der Rechtschreibung und im Arbeitstempo. Schon nach drei Monaten verließ er die Schule wütend, über sich selbst enttäuscht. Von seinem Lehrer musste er die Einschätzung hören, »dumm, eigensinnig und schwierig« zu sein.

Auch die Lebensbeschreibungen von Albert Einstein zeigen, dass er unter ähnlichen Problemen litt. Ebenso Winston Churchill, der vor etwa einem halben Jahrhundert das Amt des englischen Premierministers innehatte und der zudem als Schriftsteller und Maler aktiv war, fiel durch AD(H)S-typische Schulprobleme (negativ) auf. Er bezeichnete später die Schulzeit als die schlimmste Zeit seines Lebens. Wolfgang Amadeus Mozart blieb zeitlebens eine sehr schwierige Persönlichkeit, er galt als zappelig und unruhig. Heute lässt sich mit guten Argumenten vermuten, dass auch er wahrscheinlich hyperaktiv war.

Auch in der Gegenwart gibt es sehr viele bekannte Persönlichkeiten auf allen Gebieten, bei denen sich deutliche AD(H)S-Symptome zeigen, die aber gerade deshalb so erfolgreich und kreativ sein können.

Hochbegabung und Hyperaktivität – oft treten sie gemeinsam auf

AD(H)S-Kinder sind oft hochbegabt und fallen frühzeitig durch ihre Talente auf. Ihre hyperaktive Symptomatik in Form von Impulsivität und Störungen der Feinmotorik und des Verhaltens hindert sie oft daran, ein gutes Selbstwertgefühl zu entwickeln und von ihrer überdurchschnittlichen Intelligenz zu profitieren. Gerade diese hochbegabten, hyperaktiven Kinder merken, dass sie eigentlich viel mehr können, als sie in der Schule zu leisten vermögen. Das verunsichert sie innerlich und macht sie aggressiv. Um hochbegabten, jedoch verhaltensauffälligen Kindern eine ihrer Intelligenz entsprechende Entwicklung zu ermöglichen, sollte man bei ihnen deshalb viel häufiger nach einem AD(H)S mit Hyperaktivität suchen. Der Intelligenztest zeigt bei AD(H)S-Betroffenen oft eine deutliche Differenz zwischen dem Verbal- und dem Handlungsteil, wobei der Verbalteil bessere Werte zeigt.

Ob hyperaktive Kinder, Jugendliche und Erwachsene imstande sind, ihre oft sehr guten intellektuellen Fähigkeiten zu nutzen, hängt neben dem sozialen Umfeld nicht zuletzt entscheidend von den eigenen Ressourcen ab. Aus den Biografien von Erwin Strittmatter, Johann Wolfgang von Goethe, Napoleon, Wolfgang Neuss oder Astrid Lindgren lassen sich Parallelen zur AD(H)S-Symptomatik ziehen. Viele aktuelle Schauspieler, Künstler, Spitzensportler und Schriftsteller mögen ein AD(H)S haben. Erwachsene mit AD(H)S finden wir sehr oft in sogenannten Helferberufen und in Tätigkeiten, die besonders abwechslungsreich sind. Auch unter Piloten, Polizisten, Journalisten, Feuerwehrmännern und insbesondere Computerexperten sind besonders häufig Menschen mit AD(H)S.

Die positiven Seiten des AD(H)S erkennen

Man kann das AD(H)S durchaus an seinen positiven Eigenschaften erkennen. AD(H)S zu haben heißt, auch Talente für besondere Fähigkeiten zu besitzen. Warum ist das so?

Menschen mit AD(H)S verfügen über eine assoziative Denkweise. Das heißt sie denken vielschichtig, sie können aufgenommene Sinneswahrnehmungen unbewusst verändern und sie können mit Hilfe ihrer Fantasie ganz neue Wahrnehmungen erzeugen. Das ist eine Fähigkeit des Gehirns, die nur Kindern, Jugendlichen und Erwachsenen mit AD(H)S vorbehalten ist. Dabei können sie die Umgebung sehr bewusst wahrnehmen. Sie sind in der Lage, alles zu durchschauen und direkt zu hinterfragen; sie sind hellwach, wenn etwas sie interessiert. Ihnen kann man nichts vormachen, ihnen entgeht nichts. Sie hören und sehen mehr, als für andere wahrnehmbar ist. Ist ihr Interesse einmal geweckt, ist ihre Wissbegierde riesengroß. Sie können sich dann sehr gut konzentrieren und Hervorragendes leisten. Sie besitzen einen Scharfblick mit starker Intuition, wie ihn sonst keiner hat. Sie können auch Gedachtes als real erleben, dank ihrer guten Fantasie. Sie denken vorwiegend visuell, d.h. sie stellen sich alles in Bildern vor, da sie sich diese besser einprägen können. Ausgerüstet mit einem guten Selbstbewusstsein können Menschen mit AD(H)S gerade aufgrund ihrer außergewöhnlichen Fähigkeiten in ihrem Leben Großes vollbringen. So leisten heute viele Erwachsene mit AD(H)S in der Tat Hervorragendes, ohne dass sie je von ihrem AD(H)S wussten und dessen Behandlung nötig hätten. Sie wuchsen eben trotz ihres AD(H)S unter günstigen Rahmenbedingungen auf, verfügten über ausgezeichnete intellektuelle Ressourcen und konnten deshalb ein gutes Selbstbewusstsein entwickeln.

Schule und berufliche Ausbildung – zwei zuweilen schwierige Hürden

Für viele Kinder mit AD(H)S bildet die Schule eine Problemzeit, denn gerade dort können sie bedingt durch ihre innere Unruhe, ihre gestörte Aufmerksamkeit und ihre emotionale Steuerungsschwäche nicht den Anforderungen des Lernstoffes und der sozialen Normen entsprechen. Haben sie jedoch erst einmal die Schulzeit absolviert, ohne dass ihr Selbstwertgefühl groß gelitten hat, können sie voll ihre Fähigkeiten entfalten. Eine schwierige Phase stellt dann zuweilen noch die der Berufsfindung dar. Hier stehen Jugendliche und junge Erwachsene mit AD(H)S oft vor der Schwierigkeit, sich für eine konkrete Ausbildung, ein Studium oder eine berufliche Tätigkeit entscheiden zu müssen. Nicht selten fangen sie vieles an und beenden nichts. Gehen diese jungen Menschen aber von Anfang an besonderen beruflichen Neigungen nach, sind sie im weiteren Arbeitsleben zu großen Leistungen fähig. Viele Erwachsene mit AD(H)S haben gelernt, durch eiserne Disziplin, Strukturierung und Ordnung ihr Leben sehr gut zu meistern.

Wie Eltern ihren AD(H)S-Kindern wirksam helfen können

Damit Menschen mit AD(H)S als Erwachsene möglichst viel von ihren positiven Talenten profitieren können, müssen sie eine weitestgehend unbeschadete Kindheit erlebt haben, in der sie Gelegenheit hatten, ein gutes Selbstwertgefühl aufzubauen, ohne je in die Rolle des Außenseiters gekommen zu sein. Wie können Sie als Eltern ihren AD(H)S-Kindern helfen, die Kindheit und Schulzeit positiv zu erleben und sich später optimal zu entwickeln?

- Sparen Sie bei Ihren Kindern nicht an Lob, auch bereits für ihr Bemühen, sich im Elternhaus und in der Schule positiv einzubringen.
- Setzen Sie Ihren Kindern von Anfang an Regeln und Grenzen, die in der Familie aufgestellt und von allen eingehalten werden.
- Seien Sie gegenüber Ihren Kindern in Kleinigkeiten großzügig, in wesentlichen Dingen aber konsequent.
- Seien Sie gegenüber Ihren Kindern tolerant und geduldig und bringen Sie Verständnis für deren AD(H)S-Problematik auf.
- Ermöglichen Sie Ihren Kindern viel Bewegung, zum einen zum Abbau ihrer überschüssigen Energie und zum anderen zur Überwindung ihrer Langsamkeit.
- Führen Sie schon vor der Einschulung ein Konzentrations- und Gedächtnistraining in Form von Spielstunden durch.
- Schützen Sie Ihr Kind in der Schulzeit so weit wie möglich vor der Bloßstellung und Abwertung durch die Klassenkameraden.
- Moralisieren Sie zu Hause nicht und halten Sie dort keine Vorträge, sondern geben Sie Ihren Kindern kurze, knappe Anweisungen.

- Bewahren Sie sich eine innere Ruhe und Gelassenheit. Bauen Sie zwischen sich und Ihrem Kind eine Art »Pufferzone« auf, die Ihnen hilft, Überreaktionen Ihres Kindes abzufangen und nicht gleich darauf zu reagieren. Schreien Sie Ihr Kind niemals an.
- Reagieren Sie auf negative spontane Äußerungen Ihres Kindes nicht gleich. Lassen Sie das Kind sich zunächst abreagieren und sprechen Sie mit ihm später darüber. Begegnen Sie einem nicht zu duldenden Verhalten Ihres Kindes zunächst durch Nichtbeachtung.
- Kontrollieren Sie Ihr AD(H)S-Kind stetig, aber möglichst unauffällig.
- Schaffen Sie Ihrem Kind einen strukturierten Alltag, der möglichst jeden Tag gleich abläuft. Kündigen Sie Ihrem Kind außerplanmäßige Ereignisse an.
- Treffen Sie mit Ihren Kindern gemeinsame Absprachen, auf deren Einhaltung Sie bestehen.
- Machen Sie Ihren jugendlichen Kindern immer wieder deutlich, dass Sie als Eltern zu Hause über die letztliche Entscheidungsbefugnis verfügen.

Gewinnen Eltern den Eindruck, dass ihr Kind in der Schule oder in der Freizeit möglicherweise unter einem AD(H)S leidet, sollten sie rechtzeitig einen Facharzt aufsuchen. Wichtig ist es dabei, einen Therapeuten zu finden, der über große Sachkenntnisse und viel Praxiserfahrung mit AD(H)S verfügt, dem man vertraut und der bereit ist, das Kind über mehrere Jahre zu begleiten. Eine breite Vertrauensbasis ist eine unerlässliche Voraussetzung für eine gute Zusammenarbeit zwischen Therapeuten, Kind und Elternhaus. Eine enge Zusammenarbeit ist nötig, um dem betroffenen Kind eine gute Entwicklung zu ermöglichen und sich über seine besonderen Fähigkeiten auch freuen zu können.

Wird bei einem Kind ein AD(H)S früh diagnostiziert und erziehen die Eltern konsequent, verständnisvoll und mit viel Liebe, sollten sie immer dafür sensibel sein, wann und ob ihr Kind leidet. AD(H)S-Kinder verzeihen leicht, sind sehr harmoniebedürftig und dankbar für jede ehrliche Hilfe. Reagieren AD(H)S-Kinder plötzlich unerwartet heftig und aggressiv, sollte man als Eltern immer nach den Gründen forschen und sich dabei selbstkritisch auch nach eigenen Fehlern fragen.

AD(H)S verstehen und meistern

Ein zentrales Ziel der AD(H)S-Behandlung besteht darin, es jungen Menschen mit AD(H)S zu ermöglichen, ihre besonderen Talente zu entwickeln und im weiteren Lebensweg positiv für sich zu nutzen. Vielen Jugendlichen und Erwachsenen hat es schon geholfen, als sie erfuhren, dass sich ihr »Anderssein« durch eine neurobiologische Variante erklären lässt. Sie erhielten dadurch die Möglichkeit, sich auf ihre Problematik einzustellen. In der Folge lernten sie in einer Selbsthilfegruppe oder mithilfe eines Therapeuten, mit ihrem Anderssein umzugehen und dieses soweit wie möglich positiv zu nutzen. Manchmal wurden dafür Medikamente erforderlich, die vielen Erwachsenen halfen, sich erstmals ruhig und ausgeglichen zu fühlen und ihr Leben bewusst selber zu gestalten. Bisher hatten sie immer nur das Gefühl gekannt, nicht verstanden zu werden. So hatten die meisten von ihnen die Hoffnung auf eine Besserung längst aufgegeben.

Aber Menschen mit AD(H)S sind weder »krank« noch »behindert« – einzig das Unverständnis ihres sozialen Umfeldes und ein schlechtes Selbstwertgefühl (bedingt durch das ständige Erleben ihres eigenen Versagens) haben sie verändert. Dabei besitzen diese Menschen andere, ganz besondere Fähigkeiten und wertvolle Eigenschaften. Viele von ihnen haben das Zeug dazu, sich zu hervorragenden Persönlichkeiten zu entwickeln, die in Kunst, Sport oder Wissenschaft Großes zu leisten imstande sind.

»Eine anhaltende seelische Belastung im Kindesalter und deren spätere Folgen« – ein Thema, mit dem sich Kongresse und die wissenschaftliche Forschung zunehmend zu beschäftigen beginnen. Endlich! Denn eine psychische Belastung, wie sie manche Kinder mit ausgeprägtem AD(H)S erdulden, hinterlässt Spuren und kann im weiteren Leben die Ausbildung von psychischen und psychosomatischen Erkrankungen wesentlich begünstigen. Auf diesen Zusammenhang, wie er in der Praxis gesehen wird und inzwischen auch durch Studien wissenschaftlich belegt wurde, wollte ich mit diesem Buch aufmerksam machen.

Empfohlene Ratgeber und Fachliteratur

Attwood T (2010) Asperger-Syndrom. Das erfolgreiche Praxis-Handbuch für Eltern und Therapeuten. 3. Auflage Trias, Stuttgart.
Aust-Claus E, Hammer PM (1999/2005) Das ADS-Buch, Neue Konzentrationshilfen für Zappelphilippe und Träumer. Oberstebrink, Ratingen.
Bernard-Opitz V (2020) Lernziel: Positives Sozial- und Kommunikationsverhalten. Soziale Cartoons für Kinder im Grundschulalter. Kohlhammer, Stuttgart.
Born A, Oehler C (2020) Kinder mit Rechenschwäche erfolgreich fördern. Ein Praxishandbuch für Eltern, Lehrer und Therapeuten. 6. Auflage. Kohlhammer, Stuttgart.
Born A, Oehler C (2023) Lernen mit ADHS-Kindern. Ein Praxisbuch für Eltern, Lehrer und Therapeuten. 12. Auflage. Kohlhammer, Stuttgart.
Born A, Oehler C (2021) »Gemeinsam wachsen« – der Elterngeber ADHS. Verhaltensprobleme in Familie und Schule erfolgreich meistern. 2. Auflage. Kohlhammer, Stuttgart.
Breuer H, Weuffen M (2006) Lernschwierigkeiten am Schulanfang – Lautsprachliche Lernvoraussetzungen und Schulerfolg. Eine Anleitung zur Einschätzung und Förderung lautsprachlicher Lernvoraussetzungen. 7. Auflage. Beltz, Weinheim.
Braus D (2004) EinBlick ins Gehirn. Bildgebung in der Psychiatrie. Thieme, Stuttgart.
Bundesverband Aufmerksamkeitsstörung/Hyperaktivität e. V. (1996) Unser Kind ist hyperaktiv! Was nun? Forchheim.
Bundesverband Aufmerksamkeitsstörung/Hyperaktivität e. V. (2000) Wenn die Fetzen fliegen! Was nun? Forchheim.
Claus D, Aust-Claus E, Hammer PM (2002) ADS – Das Erwachsenen-Buch. Neue Konzentrations- und Organisations-Hilfen für Ihr Berufs- und Privatleben. Oberstebrink, Ratingen.
Conners CK (1973) Rating scales for use in drug studies with children. Psychopharmacology Bulletin (Special issue; Pharmacotherapy with children) 9: 24–84.
Czerwenka K (2001) Das aufmerksamkeitsgestörte und hyperaktive Kind. Ursachen, didaktische Konzepte, schulische Hilfen. 2. Auflage. Beltz, Weinheim.
D'Amelio, Retz W, Philipsen A, Rösler M (2024) ADHS im Erwachsenenalter. Strategien und Hilfen für die Alltagsbewältigung. 3. Auflage. Kohlhammer, Stuttgart.
Davis RD (2006) Legasthenie als Talentsignal. Das Praxisbuch. Ariston.
Dieckhoff V (2002) Hyperaktivität im Kindesalter. 3. Auflage. Bundesverband Arbeitskreis Überaktives Kind e. V., Berlin.
Dietz F (1999) Wenn ich doch nur aufmerksam sein könnte! Ein hyperaktiver Jugendlicher berichtet. Eigendruck der Selbsthilfe-Gruppe, Frankfurt/Main.
Döringer I, Rittmann B. (Hrsg.) (2019) Autismus: Frühe Diagnose, Beratung und Therapie. Das Praxisbuch.
Döpfner M, Schürmann S, Lehmkuhl G (2006) Wackelpeter und Trotzkopf. Hilfen bei hyperkinetischem und oppositionellem Verhalten. 3. Auflage. Beltz PVU, Weinheim.
Döpfner M, Fröhlich J, Lehmkuhl G (2000) Leitfaden Kinder- und Jugendpsychiatrie: Hyperkinetische Störungen. Göttingen.
Döpfner M, Fröhlich J, Wolff Metternich T (2007) Ratgeber ADHS. Informationen für Betroffene, Eltern, Lehrer und Erzieher. 2. Auflage. Hogrefe, Göttingen.
Firnhaber M, Firnhaber D, Rupp H (2005) Legasthenie und andere Wahrnehmungsstörungen. 2. Auflage. Fischer-Taschenbuch, Frankfurt/M.
Fitzner T, Stark W (Hrsg.) (2002) ADS: verstehen – akzeptieren – helfen. 4. Auflage. Beltz, Weinheim.

Fitzner T, Stark W (Hrsg.) (2005) Genial, gestört, gelangweilt? ADHS, Schule und Hochbegabung. Beltz, Weinheim.
Gelb M, Gelb D (2014) ADS/ADHS. Ein Ratgeber für Eltern, Pädagogen und Therapeuten. 3. Auflage, Schulz-Kirchner-Verlag.
Goleman D (1997) Emotionale Intelligenz. Deutscher Taschenbuch Verlag, München.
Hallowell E, Ratey J (1999) Zwanghaft zerstreut. ADD – Die Unfähigkeit, aufmerksam zu sein. 12. Auflage. Rowohlt, Reinbek.
Hancox R et al.: Association of television viewing during childhood with poor educational achievement. Arch Pediatr Adolesc Med. 2005; 159: 614–618.
Hartmann T (2009) Eine andere Art, die Welt zu sehen. Das Aufmerksamkeits-Defizit-Syndrom. Eine praktische Lebenshilfe für aufmerksamkeitsgestörte Kinder und Jugendliche. 12. Auflage. Schmidt-Römhild, Lübeck.
Holowenko H (2006) Das Aufmerksamkeits-Defizit-Syndrom. Wie Zappelkindern geholfen werden kann. 6. Auflage. Weinheim.
In-Albon T, Pfeiffer S (2020) Verhaltenstherapie im Kindes- und Jugendalter. Kohlhammer, Stuttgart.
Kiphard, E J (2009) Motopädagogik. 10. Auflage. Verlag Modernes Lernen, Dortmund.
Klein J, Träbert D (2001) Wenn es mit dem Lernen nicht klappt. Schluss mit Schulproblemen und Familienstress. Rowohlt, Reinbek (Lizenzausgabe 2009 bei Beltz, Weinheim).
Krause J, Krause K-H (2009) ADHS im Erwachsenenalter. Die Aufmerksamkeitsdefizit-/Hyperaktivitätsstörung bei Erwachsenen. 3. Auflage. Schattauer, Stuttgart.
Krowatschek D (2001) Alles über ADS – Ein Ratgeber für Eltern und Lehrer. Walter, Düsseldorf (2009 bei Patmos, Düsseldorf).
Krowatschek D, Wingert G, Krowatschek G (2016) Soziales Lernen-pur. Beliebte Übungen für die Arbeit in Gruppen. 3. Auflage. Borgmann Media Verlag.
Lauth G, Naumann K, Schlottke P (2007) Rastlose Kinder, ratlose Eltern. Hilfen bei ADHS. 7. Auflage. dtv, München.
Mackowiak K, Schramm A (2016) ADHS und Schule. Grundlagen, Unterrichtsgestaltung, Kooperation und Intervention. Kohlhammer, Stuttgart.
Martens J-U, Kuhl J (2023) Die Kunst der Selbstmotivierung. Neue Erkenntnisse der Motivationsforschung nutzen. 7. Auflage. Kohlhammer, Stuttgart.
Möller C (2024) Jugend Sucht. Ein Präventionsbuch – Ehemals Abhängige berichten. 6. Auflage. Kohlhammer, Stuttgart.
Murphy-Witt M (2000) Wie Zappelkinder ruhig werden. Spielerische Förderung für unruhige und hyperaktive Kinder. Christophorus, Freiburg i. Br. (vergriffen).
Neuhaus C (2023) ADHS bei Kindern, Jugendlichen und Erwachsenen. Symptome, Ursachen, Diagnose und Behandlung. 6. Auflage. Kohlhammer, Stuttgart.
Neuhaus C (2007) Hyperaktive Jugendliche und ihre Probleme. Erwachsen werden mit ADS. Was Eltern tun können. 7. Auflage. Urania.
Neuhaus C (2009) Das hyperaktive Kind und seine Probleme. 17. Auflage. Urania.
Petermann F (Hrsg.) (2008) Lehrbuch der klinischen Kinderpsychologie. 6. Auflage. Hogrefe, Göttingen.
Petermann F (Hrsg.) (2006) Kinderverhaltenstherapie. 3. Auflage. Schneider, Hohengehren.
Petermann F, Niebank K, Scheithauer H (Hrsg.) (2003) Entwicklungswissenschaft. Entwicklungspsychologie, Genetik, Neuropsychologie. Springer, Heidelberg.
Reimann-Höhn U (2010) ADS – So stärken Sie Ihr Kind. 10. Auflage. Herder, Freiburg.
Ryffel-Rawak D (2007) ADS bei Erwachsenen. Betroffene berichten aus ihrem Leben. 2. Auflage. Huber, Bern.
Ryffel-Rawak D (2017) ADHS bei Frauen – den Gefühlen ausgeliefert. 4. Auflage. Huber, Bern.
Schulte-Körne G (2021) Lese-/Rechtschreibstörung. Kinder, Jugendliche und Erwachsene mit LRS wirksam unterstützen und fördern. Kohlhammer, Stuttgart.
Schuster E M, Werner S (2019) Sozialtherapie Impulssteuerung. Emotionsbezogene Handlungskonzepte in der Sozialen Arbeit. Kohlhammer, Stuttgart.
Simchen H (2022) AD(H)S und Hochbegabung. Lern- und Verhaltensprobleme trotz hoher Intelligenz bei Kindern und Jugendlichen. Kohlhammer, Stuttgart.

Simchen H (2023) ADS. Unkonzentriert, verträumt, zu langsam und viele Fehler im Diktat. Hilfen für das hypoaktive Kind. 12. Auflage. Kohlhammer, Stuttgart.

Simchen H (2025) Verunsichert, ängstlich, aggressiv. Verhaltensstörungen bei Kindern und Jugendlichen – Ursachen und Folgen. 2. Auflage. Kohlhammer, Stuttgart.

Simchen H (2020) Essstörungen und Persönlichkeit. Magersucht, Bulimie und Übergewicht – Warum Essen und Hungern zur Sucht werden. 3. Auflage. Kohlhammer, Stuttgart.

Solden S (2001) Die Chaos-Prinzessin – Frauen zwischen Talent und Misserfolg. Bundesverband der Eltern zur Förderung hypoaktiver Kinder e. V.

Spallek R (2008) Große Hilfen für kleine Chaoten. Ein ADS-Ratgeber. Patmos, Düsseldorf.

Spitzer M (2003) Nervensachen. Perspektiven zu Geist, Gehirn und Gesellschaft. Schattauer, Stuttgart.

Strehl U (2020) Neurofeedback. Theoretische Grundlagen- Praktisches Vorgehen- Wissenschaftliche Evidenz. 2. Auflage. Kohlhammer, Stuttgart.

Steinhausen HC, Döpfner M, Holtmann M, Philipsen A, Rothenberger A (2024) Handbuch ADHS. Grundlagen, Klinik, Therapie und Verlauf der Aufmerksamkeitsdefizit-Hyperaktivitätsstörung. 3. Auflage. Kohlhammer, Stuttgart.

Steinhausen H-C (2010) Psychische Störungen bei Kindern und Jugendlichen. Lehrbuch der Kinder- und Jugendpsychiatrie. 7. Auflage. Urban & Fischer, München.

Sternberg RJ (1998) Erfolgsintelligenz. Warum wir mehr brauchen als IQ und EQ. Lichtenberg, München.

Theunissen G, Sagrauske M (2019) Pädagogik bei Autismus. Eine Einführung. Kohlhammer, Stuttgart.

Wempe C (2019) Krisen und Krisenintervention bei Kindern und Jugendlichen. 2. Auflage. Kohlhammer, Stuttgart.

Hilfreiche Webseiten

ADHS Deutschland e. V.
www.adhs-deutschland.de

Juvemus – Vereinigung zur Förderung von Kindern mit Teilleistungsschwächen (MCD) e. V.
http://www.juvemus.de

ADHS-Spektrum Dr. Martin Winkler
https://adhsspektrum.wordpress.com/author/web4health/

Dr. med. Helga Simchen – Kompetenz für ADHS und Komorbiditäten
www.helga-simchen.info

knw Kindernetzwerk e. V. – Dachverband der Selbsthilfe von Familien mit Kindern und jungen Erwachsenen mit chronischen Erkrankungen und Behinderungen
www.kindernetzwerk.de

SEHT – Selbständigkeits-Hilfe bei Teilleistungsschwächen e. V.
www.seht.de

Kinderzentrum für Wahrnehmungsstörungen, Frankfurt am Main
http://www.kinderzentrum-frankfurt.com

zentrales adhs-netz (Universitätsklinikum Köln)
https://www.zentrales-adhs-netz.de/

Erwähnte Testverfahren

- Allgemeiner Schulleistungstest (AST) für die Klassen 2–4 von Fippinger
- Benton-Test
- Bremer Lautdiskriminationstest (BLDT) von Niemeier
- Diagnostischer Rechtschreibtest (DRT) für die Klassen 1–3 von Müller
- Dichotischer Hörtest von Feldmann
- Familien in Tieren nach Brem-Gräser
- Frostigs Entwicklungstest der visuellen Wahrnehmung (FEW)
- Göttinger Formreproduktionstest (GFT) von Schlange, Stein u. a.
- Hamburg-Wechsler-Intelligenztest für Kinder (HAWIK-R)
- Hamburg-Wechsler-Intelligenztest für Erwachsene (HAWIE)‹
- Heidelberger Sprachentwicklungstest (SET) von Grimm und Schöler
- Kaufman-Assessment-Battery for Children (K-ABC) nach Melchers und Preuß
- Lincoln-Oseretzky-Skala (LOS) nach Göllnitz
- Körperkoordinationstest für Kinder (KTK) nach Kipphard und Schilling
- Mann-Zeichentest nach Ziler
- Prüfung der sensorischen Integration nach Ayres
- Psycholinguistischer Entwicklungstest (PET) nach Angermeier
- Sceno-Test von v. Staab
- Schweizer Rechenteste für die Klassen 1–6 von Lobeck
- Standardisierter Matrizentest von Raven
- Westermann-Rechtschreibtest (WRT 4/5; WRT 6+) für die Klassen 4/5 und 6 von
- Rathenow u. a.
- Zürcher Lesetest (ZLT) von Linder und Grissemann

Informationen zum Inhalt und Bezug der genannten Testverfahren sind mithilfe der gängigen Online-Suchmaschinen leicht zu erhalten.

Sachwortverzeichnis

A

Aggressivität 74, 107, 109, 163
Allergien 172
Alternative Therapie 224
Anfallsleiden 139
Angst 8, 122, 129
Antisoziale Persönlichkeit 116
Arbeitsgedächtnis 80
Asperger-Syndrom 75
Auditive Wahrnehmungsstörung 7

B

Bauchschmerzen 119
Begleiterkrankungen 28, 74
Behandlung 213, 227, 230, 237
Berufliche Ausbildung 241
Bewegung 64, 237
Blackout 48
Blicksteuerungsschwäche 70
Borderline-Persönlichkeitsstörung 179
Botenstoffe 66, 78
Bulimie 171

C

Coaching 144
Computer 108
Computer- und Mediensucht 185

D

Dauerstress 125, 168
Depression 8, 74, 190
Diagnosestellung 81
Differenzialdiagnose 27
Dopamin 66
Drogenprävention 187

E

Einkoten 120
Einnässen 119
Eltern 96, 135, 188, 200, 204, 236, 241
Entspannungsübungen 132, 231
Entwicklung 68, 98
Entwicklungstest 65
Epilepsie 8
Erfolgsfaktoren 93
Ergotherapie 224
Erwachsene 24, 102, 124, 125, 217, 239
Erziehung 112, 142, 151, 162
Essstörungen 167

F

Familie 144, 198
Fehlentwicklung 104
Fibromyalgie 124
Folgeerkrankungen 28, 129
Frühbehandlung 194
Frühdiagnostik 194

G

Gehirn 79
Geschwister 156

H

Hilflosigkeit, erlernte 161
Hochbegabung 240
Hyperaktivität 126, 145, 240
Hypoaktivität 163, 203

I

Impulssteuerungsschwäche 174
Informationsverarbeitung 79
Intelligenz 47

J

Jugendliche 23, 102, 124, 125, 162

K

Kindergartenalter 14, 99, 143
Kleinkind 12
Kopfschmerzen 118
Kriminalität 166

L

Lehrer 207
Lese-Rechtschreib-Schwäche 7, 85, 92, 146
Logotherapie 224

M

Magersucht 170
Medienkonsum 108
Motivation 59
Motorik 64, 68

N

Neurobiologie 164
Noradrenalin 66

O

Oppositionelles Verhalten 7

P

Panik 42, 133
Phobie 131
Positive Seiten 55, 240
Probleme 52, 228
Psychosomatische Beschwerden 105, 116, 124, 126
Pubertätsmagersucht 170

R

Rechenschwäche 82, 87
Reife, soziale 101
Reiferückstand, sozialer 96
Reizverarbeitung 10

S

Säuglingsalter 11
Schilddrüsenunterfunktion 124
Schlafstörungen 121
Schule 198, 207, 241
Schulkind 14
Schulprobleme 92
Schulzeugnis 38
Seelische Behinderung 127
Selbstinstruktionstraining 230
Selbstwertgefühl 194, 196
Serotonin 66
Soziale Entwicklung 97
Soziale Integration 74
Soziale Kompetenz 104
Soziales Umfeld 198
Spiegelneurone 75
Sport 237
Stimulanzien 87, 203, 214, 232
– Nebenwirkungen 223
Stirnhirn 65
Sucht 184
Symptome 11, 19, 65

T

Teilleistungsstörung 74, 77, 82
Therapie 45, 178, 221
Tic 7, 74, 138
Tourette-Syndrom 74, 138

V

Verhalten 100, 112, 200
Verhaltenstherapie 104, 135, 179, 202, 215
Visuomotorik 7, 59
Vorbilder 153

W

Wahrnehmungsstörung 58
Winkelfehlsichtigkeit 72

Z

Zwangsstörung 8, 133, 163

3., überarb. Auflage 2024
210 Seiten. Kart.
€ 32,–
ISBN 978-3-17-044144-6

In diesem Werk wird die große Bedeutung des Selbstmanagements als Bestandteil jeder AD(H)S-Behandlung praxisnah und anschaulich verdeutlicht. Betroffenen stehen dabei viele Möglichkeiten zur Verfügung, um ihre AD(H)S nicht nur als Krankheit zu akzeptieren, sondern ihre besonderen Fähigkeiten zu fördern. Aus ihrer über 30-jährigen Erfahrung als Kinder- und Jugendpsychiaterin/-psychotherapeutin vermittelt die Autorin nützliche und erprobte Strategien, wie betroffene Jugendliche und Erwachsene sich selbst und wie Eltern ihren Kindern gezielt helfen können, ihr Leistungsvermögen und ihr Sozialverhalten zu verbessern. Dadurch erhalten die Betroffenen mehr Selbstbestimmung und der Alltag mit Schule, Studium und Beruf kann selbstbewusst und erfolgreich gemeistert werden. Das Buch eignet sich auch als Hilfestellung für ein erfolgreiches Coaching von Menschen mit AD(H)S.
Die 3. Auflage wurde überarbeitet und u.a. um neue Erkenntnisse über Begleit- und Folgeerkrankungen des AD(H)S einschließlich der Mediensucht ergänzt.

Auch als E-Book erhältlich.
Leseproben und weitere Informationen: **shop.kohlhammer.de**

2023. 165 Seiten mit 46 Abb. und 4 Tab. Kart.
€ 33,–
ISBN 978-3-17-041408-2

Bei hochbegabten Kindern mit AD(H)S wird ihre Hochbegabung meist nicht erkannt, auch weil sie beim Intelligenztest im Handlungsteil AD(H)S-bedingt schlechter abschneiden. Mithilfe einer multimodalen AD(H)S-Therapie kann dies ausgeglichen werden. Neben dem IQ-Wert können sich auch Selbstwertgefühl und soziale Kompetenz nun deutlich steigern.
Dieses Buch gibt Antworten auf häufig gestellte Fragen und zeigt auf, wie Hochbegabung bei Kindern mit AD(H)S erkannt und gefördert werden kann. Zahlreiche Fallbeispiele aus der Praxis belegen, wie Schullaufbahn und Lebensqualität sich dadurch wesentlich verbessern.

Auch als E-Book erhältlich.
Leseproben und weitere Informationen: **shop.kohlhammer.de**